Measuring Report of China Genuine Progress Indicator
(1979-2018)

中国真实进步指标
测算报告
—— 1979-2018 ——

关成华 涂勤 张婕 等 / 著

社会科学文献出版社
SOCIAL SCIENCES ACADEMIC PRESS (CHINA)

C目录
ONTENTS

第1章 绪论

改革开放以来的40余年间，我国在保持经济持续较快增长的同时，经济发展方式和发展理念也在发生着深刻的变化。改革开放之初，我国凭借改革红利和人口红利，尤其是家庭联产承包责任制释放的大量农村剩余劳动力，承接了纺织等劳动密集型产业的全球转移，以加工贸易的方式迅速融入全球分工体系；20世纪90年代，抓住新一代信息技术革命的时代机遇，我国电子产品加工组装等资本和技术密集型产业开始快速发展，城镇化进程借助房改等改革红利也正式步入快车道。这一时期的经济发展侧重于经济的快速增长，实现了经济总量快速提高和产业布局持续完善。当前中国已成为全球第二大经济体、第一大贸易国和第二大外商投资国，经济实力正在不断增强。但是除经济规模外其他领域的协调发展仍存在一定的短板，例如，城乡、地区之间的发展差距仍然较大，区域不平衡、贫富差距拉大等发展特点依旧突出，单位GDP能耗相对较高，绿色经济发展和可持续发展模式仍处于探索阶段等。

中国对可持续发展模式的探索可追溯到1994年，国务院于1994年3月审议通过《中国21世纪议程——中国21世纪人口、环境与发展白皮书》，确立了中国可持续发展的总体战略框架和各领域主要目标。1995年9月，党的十四届五中全会通过《关于制定国民经济和社会发展"九五"计划和2010年远景目标的建议》，提出"必须把社会全面发展放在重要战略地位，实现经济与社会相互协调和可持续发展"，这是党在文件中第一次使用"可持续发展"的概念。1996年3月，第八届全国人民代表大会第四次会议审议通过《国民经济和社会发展"九五"计划和2010年远景目标纲要》，明确提出了中国在经济和社会发展中实施可持续发展战略的重大决策。

可持续发展战略实施以来，中国在人口、资源、环境以及经济发展方式的转变方面取得了积极进展。2003年10月，党的十六届三中全会提出

"坚持以人为本，树立全面、协调、可持续的发展观，促进经济、社会和人的全面发展"。这是中国立足社会主义初级阶段基本国情，总结发展实践，借鉴国外经验，适应新的形势需要提出的重大理论创新，为推进可持续发展战略实施提供了重要的思想指导。同年，国务院发布《中国21世纪初可持续发展行动纲要》，进一步明确了21世纪初中国实施可持续发展战略的目标、基本原则、重点领域及保障措施。随后，中国提出建设资源节约型、环境友好型社会，发布《全国主体功能区规划》，同期中国开始实施主要污染物"总量控制"措施，陆续出台《清洁生产促进法》《循环经济促进法》以及《中国应对气候变化国家方案》等法律和政策文件。

2005年，"十一五"规划首次在五年计（规）划中引入约束性指标并延续至今，对单位GDP能耗和污染物质排放水平等事关可持续发展的关键指标都给出了明确的指引。此后的10余年间，我国先后经历全球金融危机、经济增速换挡和中美贸易冲突等严峻挑战，但始终没有放弃对可持续发展的坚持。在综合国力进一步提升的同时，经济发展方式转变也取得了积极进展，如基尼系数从21世纪初的高位稳步回落，初步遏制了全国生态环境恶化趋势，区域和城乡发展也更加均衡。党的十八大以来，中国提出了"五位一体"总体布局和"创新、协调、绿色、开放、共享"新发展理念，并提出以供给侧结构性改革为主线推进经济高质量发展。

2017年，党的十九大报告正式提出高质量发展的理念，习近平总书记在报告中明确要求"要坚决打好防范化解重大风险、精准脱贫、污染防治的攻坚战，使全面建成小康社会得到人民认可、经得起历史检验"，标志着中国经济已经从高速增长阶段转向高质量发展阶段。高质量发展不是放弃增长，但必须摒除"唯GDP论"，原先GDP导向下形成的地方政府锦标赛模式就不再适用，为此2017年中央经济工作会议要求"必须加快形成推动高质量发展的指标体系、政策体系、标准体系、统计体系、绩效评价、政绩考核"。在这一大势背景下，如何将高质量发展这一抽象概念定量化是当前需要解决的问题之一，建立科学、适用、易操作的高质量、可持续发展指标评估体系对加强和实现经济高质量发展具有重要意义。

从高质量发展和高速经济增长的主要差异看，高质量发展必然是可持续的发展。对经济高质量发展的含义，学界主流观点有三类。第一类是以经济增长为视角，突出经济指标的作用。部分学者早期在对经济发展质量内涵进行讨论时，认为经济发展质量更多表现为一个或几个经济指标的增长，例如人均 GDP、价格指数、生产效率等，这些做法从较狭义的视角出发，更多体现的是经济本身的发展质量，而没有将经济发展所带来的外部效应和社会福利纳入内涵讨论之中，可能产生较大的偏差。第二类是以平衡发展为视角，强调发展理念的作用。郭克莎作为国内较早研究经济高质量发展的学者之一，认为经济发展质量主要表现在经济增长的效率、国家竞争力、通货膨胀程度以及环境污染四个方面。发展理念是发展行动的先导，近年来也有学者认为经济高质量发展本质上是新发展理念的体现。史丹认为从宏观层面看，高质量发展具体表现为增长的稳定性、发展的均衡性、环境的可持续性和社会的公平性。詹新宇和崔培培等学者也以"五大发展理念""五位一体"的总体布局为分析框架，研究经济高质量发展的具体内涵。第三类是以民生福利为视角，从当前"人民日益增长的美好生活需要和不平衡不充分的发展之间的矛盾"出发进行论述。中国宏观经济研究院经济研究所课题组从"高质量发展是能够很好满足人民日益增长的美好生活需要的发展"这一论述出发，指出经济高质量发展就是以高效率高效益生产方式为全社会持续而公平地提供高质量产品和服务的发展模式，在具体经济形态上就是一个高质量、高效率和高稳定性的供给体系。

在指标体系的构建和测度方面，国内外学者做出了大量的研究，但对于如何评价经济发展质量或可持续性，尚未达成共识，且现有的部分指标体系并没有对短期内经济的高速增长是否会对可持续发展状态产生影响做出回答。目前，国际上较为成熟的测算经济发展质量的是真实进步指标（Genuine Progress Indicator，GPI）。真实进步指标最初是由克利福德·科布、泰德·哈斯特德和乔纳森·罗于 1995 年在原有的经济福利测度（Measure of Economic Welfare，MEW）和可持续经济福利指标（The Index of Sustainable Economic Welfare，ISEW）的基础上提出的。GPI 涵盖了经济、社会和环境三个方面，用二十余个子指标来测度市场和非市场的经济活动，通过全面核算这些活动对社会福利的贡献和损失来弥补 GDP 在测算可持续性和社会福利方面的不足。比如，核算了当期投资的"未来收益"或"未来服务价值"（如教育支出和耐用品的消费等），对环境和社会产生的负面影响（如水污染、空气污染成本和犯罪成本等），增进人类福祉但未经市场定价的经济活动（如家务劳动和志愿者服务等）。GPI 用货币单位衡量，综合经济社会环境的各方面为一个综合的指标，为判断地区经济健康、可持续发展提供了更为准确的信息。

随着 GPI 理论与实践的发展，为了更加准确地测度 GPI，使指标设置更加统一，便于进行对比，在一部分国外学者的提倡下，GPI 核算在近年来进行了一次较大的核算原则与指标体系设置的调整，亦称 GPI 2.0（Bagstad et al.，2014；Talberth & Weisdorf，2017）。本报告将主要基于 GPI 2.0 的框架，对全国和各省（区、市）自改革开放以来四十年（1979~2018）的 GPI 进行一个长时段的测度，以此评估中国经济发展质量和可持续发展的水平。本报告的主要内容包括以下几个部分。

第一章为绪论。

第二章在 1979~2018 年 29 个省（区、市）的面板数据基础上，利用真实进步指标（GPI 2.0）框架，测算以市场为基础的商品和服务价值。其中，GPI 以个人消费支出作为账户起点，并在调整收入不平等的基础上，强调消费的商品和服务带来的当期价值，比如家庭的教育投资是对未来时期的人力资本积累的投入，很大程度上其效用和福利获得也并未在当期反映；此外，在以市场为基础的商品和服务价值的子指标设置上，主要以不同消费品的效用属性为依据进行增减，反映在测算方法上，与其他衡量可持续发展的指标相比，也更加突出个人消费支出对福利的影响。具体来讲，该账户包含的子指标有：消费支出（+）、医疗保健成本（-）、食品和能源浪费成本（-）、福利中性商品成本（-）、耐用品支出成本（-）、家居维修保养及改善支出成本（-）、高等和职业教育支出成本（-）、收入不平等成本（-）、公共物品和服务价值（+）等。

第三章在 1979~2018 年 29 个省（区、市）的面板数据基础上，利用真实进步指标（GPI 2.0）框架，测算要素资本提供的服务价值。该账户主要核算生产要素和资本在促进社会可持续福利方面的价值，包括社会生产经营活动中人力资本的外部性，非市场的经济活动价值（家务劳动价值）以及固定资本和自然资本带来的服务价值。具体来讲，该账户包含的子指标有高等教育的服务价值（+）、制造业服务价值（+）、家务劳动价值（+）、交通基础设施服务价值（+）、电力燃气水基础设施服务价值（+）、家庭资本服务价值（+）、高铁服务价值（+）、自然资本服务价值（+）等。

第四章是在 1979~2018 年 29 个省（区、市）的面板数据基础上，利用真实进步指标（GPI 2.0）框架，测算人类在社会经济活动中产生的环境和社会成本。具体来讲，该账户包含的子指标有不可再生能源消耗的替代成本（-）、温室气体排放成本（-）、空气污染成本（-）、水污染成本（-）、固体废弃物污染成本（-）、噪声污染成本（-）、犯罪成本（-）、家庭变更成本（-）、通勤成本（-）、交通事故成本（-）、休闲时间损失成本（-）、就业不足成本（-）等。

第五章基于上述子指标的数据，测算了1979~2018年全国和各省区市的真实进步指标，然后结合改革开放以来不同的经济发展阶段，分别从时间、空间、账户和国际四个维度对各阶段经济发展的质量和可持续性进行了比较分析。

在常规的中国真实进步指标的对比研究之外，第六章针对影响经济发展质量和可持续福利的重要因素进行分析。主要涉及产业结构的变迁、城镇化水平、人力资本和实物资本的积累，以及科技创新水平等方面在高质量发展和可持续发展中的作用。

第七章为结论与政策建议。

参考文献

[1] Bagstad, K.J., Berik, G., & Gaddis, E. (2014). Methodological Developments in US State-level Genuine Progress Indicators: Toward GPI 2.0. *Ecological Indicators*, *45* (oct.), 474-485.

[2] Talberth, J., & Weisdorf, M. (2017). Genuine Progress Indicator 2.0: Pilot Accounts for the US, Maryland, and City of Baltimore 2012-2014. *Ecological Economics*, *142*, 1-11.

第2章 市场基础的商品和服务价值

市场基础的商品和服务价值（Final Consumption of Market-based Goods and Services）一般指居民从商品和服务的消费中所获得的效用，[1] 其作为 GPI 2.0（Talberth & Weisdorf，2017）框架中的子账户，包括调整的消费支出以及公共物品和服务价值两项。进一步说，消费支出的调整方法是先扣除防御性消费支出和家庭投资成本，[2] 然后进行收入不平等的调整。

2.1 消费支出

1. 测算方法

消费支出[3]（Household Budget Expenditure，HBE）是测算真实进步指标（GPI）的起点与基础，它被广泛视为衡量物质福利的关键指标，也是未来经济增长的主要动力（Cobb and Daly，1989；Eisner，1994；Bagstad & Shammin，2012；Lawn，2013；Kubiszewsksi et al.，2013）。在 GPI 测算中，我们关注的是由消费所产生的福利，而不是社会生产的商品和服务。

目前，消费支出的统计数据存在以下两种，即支出法 GDP 中的居民消费支出与住户调查中的居民消费。现行住户调查中的居民消费与支出法 GDP 中的居民消费支出之间的区别主要包括以下几个方面。（1）居住消费口径的区别：住户调查中的居住消费包括农村居民购买生活用房支出、建筑生活用房材料支出和建筑生活用房雇工工资支出，支出法 GDP 中的

---

[1] 此处的商品和服务既可以由市场提供也可以由政府提供，后者也称为公共物品和服务。

[2] 前者是为了避免消费福利减少而发生的外部成本，后者通常被视为家庭的投资行为，被算在家庭资本服务价值之内。

[3] 其他文献中表述为 Personal Consumption Expenditures（PCE），如 Long 和 Ji（2019），但 HBE 和 PCE 在统计口径上有区别，具体见 Talberth 和 Weisdorf（2017）。

居住消费不包括这些支出。（2）医疗保健消费口径的区别：支出法 GDP 中的医疗保健消费支出包括国家财政为农村居民支付的新农合医疗和医药费、社保基金为城镇居民支付的医疗和医药费以及行政事业单位职工享受的公费医疗和医药费，住户调查中的医疗保健消费不包括这些费用。（3）关于间接计算的金融中介服务、间接计算的保险服务和自有住房服务消费的区别：支出法 GDP 中的居民消费支出包括居民对这些类型服务的消费，住户调查中的居民消费不包括居民对这些类型服务的消费。（4）关于实物消费的区别：支出法 GDP 中的居民消费支出包括城镇居民的实物消费支出，住户调查中的居民消费不包括这种类型的消费支出。（5）关于划分为农村居民消费和城镇居民消费的区别：支出法 GDP 中的居民消费支出在具体计算时，两者按 12 个消费类别分别进行计算，而住户调查中的两者消费按照食品烟酒、衣着、居住、生活用品及服务、交通通信、教育文化娱乐、医疗保健以及其他用品及服务八大类分别进行计算（许宪春，2013；2014）。

总的来说，住户调查中的居民消费的基本用途主要反映居民消费的详细构成项目，并且为支出法 GDP 中的居民消费支出核算提供重要的基础资料，而支出法 GDP 中的居民消费支出的基本用途主要是反映居民消费总量和计算居民消费在支出法 GDP 中所占的比重（许宪春，2013）。可见，两者都可以在一定程度上较好地反映居民通过消费所获得的福利水平，但住户调查中的居民消费数据相对缺失较多，为了更好地比对 GDP，本报告选用支出法 GDP 中的居民消费支出数据。

2. 数据处理

在具体测算中，居民消费支出数据来源于 1979～2018 年《中国统计年鉴》、各省份统计年鉴和《新中国六十年统计资料汇编》中生产总值项目下的居民消费指标。对于部分地区部分年份（如江西省 1978～1979 年的数据、全国及各地区 2018 年的居民消费数据）的缺失值，本报告采用移动平均方法进行插补获得。

此外，本报告用海南省 1979～1992 年的"社会商品零售总额"数据替代其缺失的"居民消费支出"数据，原因在于社会商品零售总额和居民消费支出两个指标统计口径相差不大，前者主要统计实物消费，服务消费和隐含租金均不计入，但这部分体量较小。因此，社会商品零售总额也能较好地反映消费带来的福利变化。此外，居民消费支出数据均以2018年居民消费价格指数（CPI）为基期来调整通胀。

3. 计算结果

表2-1和表2-2分别给出了1979~2018年全国及各地区居民总消费支出及年均增长率和1979~2018年全国及各地区人均消费支出及年均增长率的结果。具体而言，全国居民总消费支出由1979年的12858.75亿元上升到2018年的342483.91亿元，年均增长率为8.78%；全国人均消费支出由1979年的1307.78元增长至2018年的25031.35元，年均增长率为7.86%。

从各地区居民总消费支出的测算结果来看（见表2-1），年均增长率超过10%的地区仅有北京，为10.29%，北京居民总消费支出从1979年的270.91亿元上升到2018年的12361.36亿元，占当年全国居民总消费支出的比重分别为2.11%和3.61%。排名紧接着北京的依次是广东、山东、江苏、浙江、福建、天津、上海和河南，其年均增长率均超过9%。而在各地区的居民总消费支出中，年均增长率最低的三个省份分别为青海、黑龙江和吉林，其年均增长率均在7%或以下。

从各地区人均消费支出的测算结果来看（见表2-2），年均增长率位于前三位的地区分别为山东、江苏和浙江，其年均增长率分别为8.91%、8.83%和8.38%。人均消费支出年均增长率位于最后三名的地区分别为黑龙江、青海和吉林，其增长率为5.88%、5.68%和5.64%。可以看到，无论是从总量消费水平还是从人均消费水平看，吉林、黑龙江和青海都是年均增长率排名最靠后的地区。

图2-1反映了全国及各地区人均消费支出方差变化的趋势。从图可知，随着时间推移，方差总体上是逐渐增加的，也就是说各地区居民的人均消费差距总体上是在不断扩大的。影响居民消费的因素有许多，例如居民可支配收入、地区居民的消费习惯、制度环境和不确定性等（马树才和刘兆博，2006）。一般来说，居民可支配收入为主导因素，这意味着中国各地区之间居民的可支配收入差距在扩大，下文的收入不平等分析可以给出具体验证。

图2-2反映了1979~2018年全国及各地区人均消费支出的变化趋势。

表2-1 1979~2018年全国及各地区居民总消费支出及年均增长率

地区	居民总消费支出（亿元）											年均增长率（%）
	1979年	1980年	1985年	1990年	1995年	2000年	2005年	2010年	2015年	2018年		1979~2018年
全国	12858.75	13862.76	23285.60	28426.42	46380.96	69243.00	102049.67	173538.76	275850.50	342483.91		8.78
北京	270.91	321.72	578.07	733.22	1248.05	1423.54	3084.72	6058.17	9013.35	12361.36		10.29
天津	200.31	226.25	323.84	400.87	542.78	904.88	1382.86	2827.42	5361.54	6520.02		9.34
河北	539.42	552.63	924.64	1301.42	1753.37	2587.85	4142.77	7022.67	10068.85	13151.91		8.53
山西	310.42	344.55	542.99	608.76	820.49	992.92	1943.69	3451.11	5476.10	7855.49		8.64
内蒙古	240.92	276.79	412.29	481.52	709.98	873.33	1539.06	3311.96	5481.34	6463.28		8.80
辽宁	711.91	761.72	1133.77	1340.33	1883.55	2775.69	3761.69	6823.92	10963.52	11382.08		7.37
吉林	417.46	422.99	595.25	681.43	964.14	1404.84	1970.79	3046.08	4244.86	4395.09		6.22
黑龙江	694.76	763.71	966.35	1025.97	1441.86	2032.27	2606.97	4099.50	6573.81	7691.19		6.36
上海	465.99	496.15	778.41	1044.75	1524.32	2825.36	4604.35	9220.52	11798.48	13945.45		9.11
江苏	947.75	970.68	1617.20	1897.61	2998.34	4353.26	7559.22	13502.91	26895.27	35130.01		9.71
浙江	599.89	615.68	1231.86	1619.42	2233.44	2974.40	6525.04	11969.34	16926.35	20965.93		9.54
安徽	566.01	649.13	985.17	1163.61	1388.57	2297.82	3291.66	5870.40	9000.62	11799.11		8.10
福建	330.96	354.44	624.50	812.97	1503.98	2177.11	3232.89	5692.89	8352.84	11210.00		9.45
江西	407.50	423.59	640.41	756.99	1038.28	1472.09	2313.49	4344.85	7027.45	8586.58		8.13

续表

居民总消费支出（亿元）

地区	1979年	1980年	1985年	1990年	1995年	2000年	2005年	2010年	2015年	2018年	年均增长率（%）1979~2018年
山东	799.19	922.61	1463.24	1774.10	2777.05	4647.90	7480.46	13360.85	21635.07	30977.50	9.83
河南	644.10	727.12	1083.69	1312.40	2120.49	3217.66	5482.44	8957.43	14537.23	18808.64	9.04
湖北	612.25	616.10	1145.77	1498.17	1854.76	2696.20	3961.30	6297.75	10781.46	14129.73	8.38
湖南	846.31	910.49	1434.62	1573.21	1924.21	2665.25	4334.31	7040.91	11644.60	14670.06	7.59
广东	921.87	1025.57	1488.84	2248.09	4163.81	6165.69	12396.05	21978.82	30353.56	37066.52	9.94
广西	425.10	448.88	651.28	820.78	1306.80	1483.29	2613.98	4356.87	7017.80	8462.36	7.97
海南	79.50	86.09	142.63	126.69	228.22	355.52	513.61	827.67	1679.44	2174.34	8.85
重庆	327.08	334.11	497.69	602.32	800.79	1119.87	1845.93	3366.04	5967.34	7661.36	8.42
四川	885.73	910.33	1459.19	1875.21	3307.59	3217.96	4830.05	7914.50	12736.68	16498.98	7.79
贵州	263.67	274.42	459.55	480.06	794.33	862.31	1663.67	2456.86	4734.15	6470.07	8.55
云南	378.23	378.98	578.06	920.79	1038.44	1671.39	2389.26	3731.68	6612.01	8286.78	8.24
陕西	406.93	426.66	583.15	738.93	754.47	1114.48	1915.99	3729.09	6123.47	7802.66	7.87
甘肃	260.32	268.12	373.76	443.46	521.40	720.78	1328.59	1884.65	3232.86	4027.97	7.28
青海	82.80	95.08	140.22	145.56	176.21	213.14	345.96	517.08	944.55	1157.82	7.00
宁夏	58.14	65.13	98.33	112.87	152.00	207.31	391.86	693.55	1212.78	1610.24	8.89

注：本表数据来自全国和地区统计年鉴，因统计口径不一，全国数据和地区加总数据不尽相同。

表2-2 1979~2018年全国及各地区人均消费支出及年均增长率

地区	人均消费支出（元）										年均增长率（%）
	1979年	1980年	1985年	1990年	1995年	2000年	2005年	2010年	2015年	2018年	1979~2018年
全国	1307.78	1393.65	2198.54	2468.22	3821.65	5582.27	8096.87	13257.35	20523.98	25031.35	7.86
北京	3019.80	3557.64	6021.57	6751.56	9976.42	10300.59	20056.71	30877.53	41517.04	57387.93	7.84
天津	2709.00	3021.07	4007.93	4534.76	5761.97	9039.79	13258.45	21766.11	34657.63	41795.00	7.27
河北	1056.66	1069.32	1666.62	2113.04	2723.89	3837.26	6046.95	9761.85	13560.74	17405.92	7.45
山西	1268.48	1391.29	2066.95	2099.90	2666.53	3011.57	5793.42	9656.15	14945.69	21128.27	7.48
内蒙古	1301.01	1475.01	2054.28	2226.18	3108.48	3675.64	6450.39	13397.88	21829.31	25506.23	7.93
辽宁	2067.70	2184.46	3075.88	3378.69	4603.00	6549.53	8911.85	15597.54	25019.44	26111.68	6.72
吉林	1910.94	1913.39	2590.28	2744.37	3719.66	5149.69	7256.24	11088.76	15419.03	16254.03	5.64
黑龙江	2192.56	2383.75	2918.59	2895.76	3895.88	5509.00	6824.54	10695.27	17245.05	20384.81	5.88
上海	4115.99	4327.46	6396.10	7814.14	10772.60	16877.88	25896.23	40037.01	48854.99	57530.73	7.00
江苏	1608.38	1634.64	2602.93	2804.21	4243.33	5852.73	10112.67	17159.63	33720.25	43634.34	8.83
浙江	1581.84	1608.96	3056.71	3885.37	5171.19	6359.64	13321.85	21974.20	30558.50	36545.11	8.38
安徽	1178.45	1326.64	1910.72	2050.41	2309.28	3838.65	5378.52	9854.63	14649.45	18657.67	7.34
福建	1330.78	1407.07	2301.86	2676.89	4646.22	6272.29	9145.38	15415.34	21757.85	28444.55	8.17
江西	1264.35	1295.31	1850.89	1986.84	2555.44	3555.77	5366.47	9737.45	15390.83	18473.71	7.12

续表

地区	人均消费支出（元）										年均增长率（%）
	1979年	1980年	1985年	1990年	1995年	2000年	2005年	2010年	2015年	2018年	1979~2018年
山东	1105.08	1264.54	1901.55	2088.89	3190.18	5119.39	8088.73	13934.97	21971.23	30832.59	8.91
河南	895.96	998.11	1405.02	1517.40	2330.21	3476.29	5844.81	9524.11	15334.63	19582.14	8.23
湖北	1321.57	1315.19	2323.60	2754.50	3213.37	4472.80	6937.47	10994.68	18423.55	23879.89	7.70
湖南	1620.33	1724.10	2551.80	2567.25	3010.35	4138.59	6851.58	10716.75	17167.33	21264.04	6.82
广东	1793.36	1960.93	2381.01	3542.53	6062.63	7134.56	13482.77	21050.49	27978.21	32669.24	7.73
广西	1225.08	1268.74	1681.58	1926.27	2876.50	3304.28	5609.40	9450.90	14632.62	17178.97	7.01
海南	1471.34	1558.03	2387.02	1910.85	3152.15	4517.37	6202.99	9524.43	18435.18	23279.87	7.34
重庆	1232.56	1253.81	1797.84	2062.12	2667.74	3624.16	6597.32	11667.37	19779.04	24698.13	7.99
四川	906.20	927.05	1432.26	1735.67	2920.61	3863.56	5881.70	9837.79	15524.96	19780.58	8.23
贵州	965.46	988.30	1548.34	1468.98	2264.35	2446.27	4460.24	7061.96	13411.19	17972.42	7.79
云南	1206.55	1194.26	1697.18	2467.95	2602.61	3897.84	5369.11	8108.81	13943.51	17156.89	7.04
陕西	1449.71	1507.09	1942.53	2228.39	2147.04	3091.49	5150.51	9984.18	16144.13	20193.22	6.99
甘肃	1374.62	1397.58	1831.25	1966.58	2138.64	2813.36	5121.80	7361.91	12434.06	15274.82	6.37
青海	2225.74	2522.64	3445.24	3249.03	3663.45	4114.59	6371.29	9184.30	16063.76	19201.00	5.68
宁夏	1596.64	1742.80	2369.46	2401.41	2962.88	3688.79	6574.84	10956.48	18155.38	23404.65	7.13

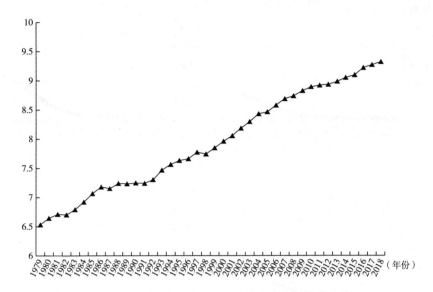

图 2-1　1979~2018 年全国居民人均消费支出的收敛情况

注：纵坐标数值由对应年份各地区家庭人均消费支出的方差取对数得到。

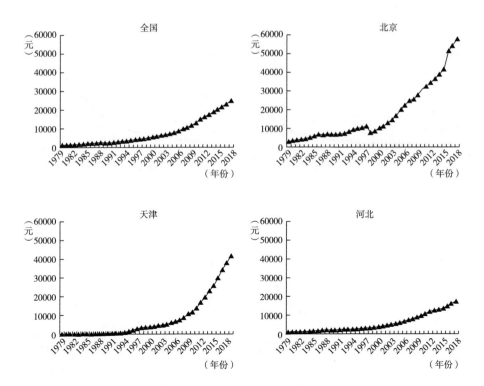

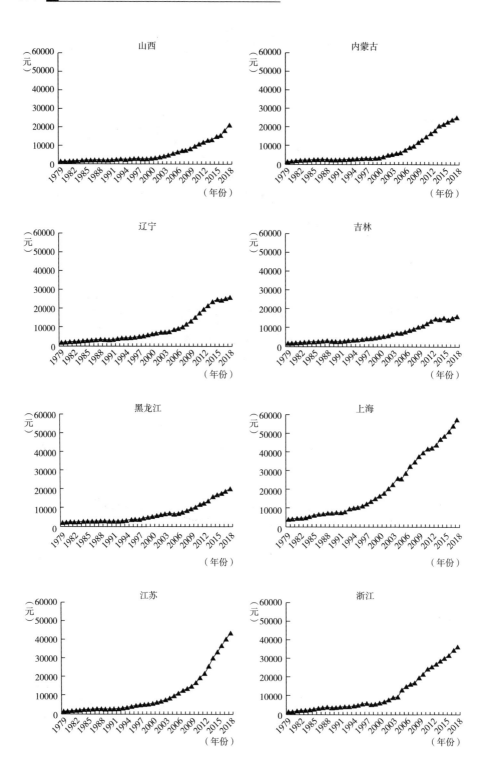

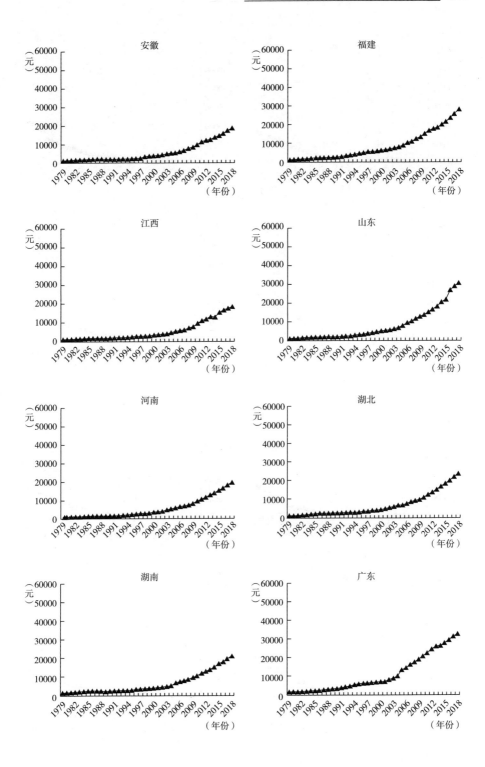

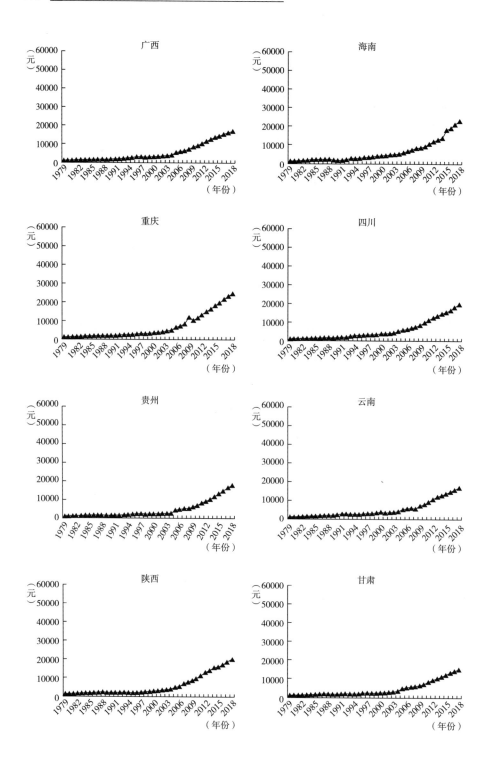

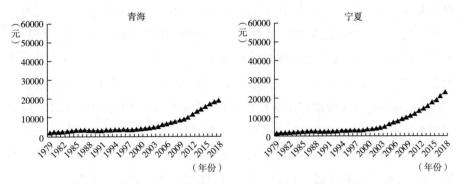

图 2-2　1979~2018 年全国及各地区人均居民消费支出变化趋势

2.2　防御性消费支出

防御性消费支出（Defensive and Regrettable Expenditures）是指为减轻或避免某些外部成本而发生的支出，例如人们为了预防或者治愈一些疾病而发生一些医疗支出，这些支出被视为居民获得效用的机会成本。根据 Talberth 和 Weisdorf（2017）构建的 GPI 2.0 框架，防御性消费支出包括医疗保健成本、法律服务成本、食品和能源浪费成本、福利中性商品成本、防尘防雾霾成本、保险成本、家庭安全成本等。但鉴于中国经济所处的发展阶段以及数据的可得性，在核算中国的防御性消费支出时，这些成本并非每一项都能测算，本报告只选取了其中一些重要且符合中国发展阶段的子指标，即医疗保健成本、食品和能源浪费成本及福利中性商品成本。[①]

2.2.1　医疗保健成本

1. 测算方法

医疗保健成本（Costs of Medical Care）是家庭成员为了保持身体健康，提高自身福利水平而发生的消费支出。通常，医疗保健成本是作为享有福

---

① 因为本报告是核算 GPI 的长期变化趋势，而在改革开放早期，防尘防雾霾成本和保险成本几乎可以忽略，其他指标的舍弃则是因为数据缺失。

利的成本予以扣除的。关于医疗保健成本的测算，国内外研究的处理方法存在差异。Wen 等（2007）在关于中国城市 GPI 的案例研究中，仅仅对汽车事故造成的医疗和维修成本以 100% 的比例进行了扣除，由于数据的局限性其并未对其他原因造成的医疗保健成本予以相应的扣除。国外的研究主要有两种常见的方法：一是，按一定比例从家户消费支出中剔除，如 Andrade 和 Garcia（2015）在估计巴西从 1970 年到 2010 年的 GPI 时，认为防御性消费支出由私人和公共部门在教育和健康方面的支出所构成，进而假定 25% 的家户消费支出应被划归为防御性消费支出进行扣除；二是，采用 50% 的扣除比例对医疗保健成本进行直接处理，这些研究包括 Lawn 和 Clarke（2006）、Lawn（2013）、Delang 和 Yu（2015）、Long 和 Ji（2019）以及 Talberth 和 Weisdorf（2017）。

医疗保健成本属于防御性消费支出的重要组成部分，在 GPI 核算中应按一定比例进行扣除。本报告采用第二种方法，即把 50% 的家庭医疗保健支出看作医疗保健成本，将其划归为防御性消费支出，并进行直接扣除。国家统计局住户调查中的居民消费项下设有医疗保健支出这一条目，本报告在此用该数据来核算医疗保健成本，扣除标准则是把医疗保健开支的 50% 划归为防御性消费支出。

在具体计算中，由于统计年鉴中的居民消费支出在 2013 年以前均是分城镇居民家庭和农村居民家庭进行统计的，为保持数据的连续性，我们对医疗保健支出也分城镇、农村进行加权处理。此外，考虑到支出法 GDP 中的居民消费支出和分城镇、农村加权计算出的居民消费支出存在差别，在获得医疗保健支出的基础上还需要乘以消费的转化系数进行调整。医疗保健成本的计算公式和步骤如下：

$$\overline{C}_{j\_t} = 50\% \times \frac{\overline{C}_{medical\_j\_t\_1} \times Pop_{j\_t\_1} + \overline{C}_{medical\_j\_t\_2} \times Pop_{j\_t\_2}}{Pop_{j\_t}} \times \omega_{j\_t}^*$$

其中，$\overline{C}_{j\_t}$ 表示 t 年 j 地区的人均医疗保健成本；$\overline{C}_{medical\_j\_t\_1}$、$\overline{C}_{medical\_j\_t\_2}$ 分别表示 t 年 j 地区的城镇居民家庭人均医疗保健支出和农村居民家庭人均医疗保健支出；$Pop_{j\_t\_1}$、$Pop_{j\_t\_2}$、Pop_{j_t} 分别表示 t 年 j 地区的城镇人口、农村人口和总人口；$\omega_{j\_t}^*$ 表示 t 年 j 地区消费的转化系数，可用公式表示为：

$$\omega_{j\_t}^* = \frac{C'_{total\_j\_t}}{\overline{C}_{total\_j\_t\_1} \times Pop_{j\_t\_1} + \overline{C}_{total\_j\_t\_2} \times Pop_{j\_t\_2}}$$

其中，$C'_{total\_j\_t}$ 表示 t 年 j 地区支出法 GDP 中的居民消费支出；$\overline{C}_{total\_j\_t\_1}$、$\overline{C}_{total\_j\_t\_2}$ 分别表示 t 年 j 地区的城镇居民家庭人均消费支出和农村居民家庭人均消费支出。

而 t 年 j 地区的总医疗保健成本为：

$$C_{j\_t} = \overline{C}_{j\_t} \times Pop_{j\_t}$$

全国人均医疗保健成本和总医疗保健成本的计算步骤同上。

2. 数据处理

城镇居民家庭人均消费支出、农村居民家庭人均消费支出以及相应的医疗保健支出数据来源于历年《中国统计年鉴》、各省份统计年鉴中人民生活项目下的"城镇居民家庭每人全年消费支出"和"农村居民家庭每人全年消费支出"指标。居民消费总值数据来源见前文的"家庭消费支出"指标。

缺失数据的处理：城镇居民家庭人均医疗保健支出的缺失数据主要采用移动平均方法和全国居民家庭人均医疗保健支出增长率替代法进行处理；农村居民家庭的人均医疗保健支出的缺失数据主要集中在 1979~1992 年的部分省份，所以按照其增长率等于城镇居民家庭增长率的方式进行计算，辅之以移动平均法。

另外，测算居民家庭总消费支出还需要全国及各地区的人口数据。总人口、城镇人口和农村人口数据来源于历年《中国统计年鉴》、各省份统计年鉴和《新中国六十年统计资料汇编》中人口项目下的"人口数及构成"与"人口状况"。对于缺失的部分年份和地区的城镇人口和农村人口数据，我们进行了如下处理：城镇人口数缺失值直接采用移动平均方法和增长率等于全国城镇人口增长率的方式进行插补；部分年份和地区农村人口数的缺失值则通过地区总人口数减去相应地区城镇人口数进行插补。

3. 计算结果

表 2-3 和表 2-4 分别给出了 1979~2018 年全国及各地区的总医疗保健成本及年均增长率和 1979~2018 年全国及各地区人均医疗保健成本及年均

增长率的结果。具体而言，全国总医疗保健成本由 1979 年的 338.24 亿元上升到 2018 年的 14399.02 亿元，年均增长率为 10.10%；全国居民人均医疗保健成本由 1979 年的 34.40 元增长至 2018 年的 1052.39 元，年均增长率为 9.17%。

从各地区总医疗保健成本的测算结果来看（见表 2-3），年均增长率超过 11% 的有山东和天津，为 11.39% 和 11.17%，即分别从 1979 年的 19.73 亿元、4.69 亿元上升到 2018 年的 1323.90 亿元和 291.49 亿元；紧接着是江苏和山西，年均增长率均超过 10%，高于全国医疗保健成本的年均增长率，其余地区的医疗保健成本的年均增长率均低于全国水平。此外，医疗保健成本上升最为缓慢的三个省份为黑龙江、浙江和湖北，年均增长率均在 8% 以下。

表 2-3　1979~2018 年全国及各地区总医疗保健成本及年均增长率

地区	总医疗保健成本（亿元）										年均增长率（%）
	1979年	1980年	1985年	1990年	1995年	2000年	2005年	2010年	2015年	2018年	1979~2018年
全国	338.24	299.31	540.31	766.34	1211.52	3070.43	5100.36	7221.90	10952.71	14399.02	10.10
北京	15.81	14.65	25.55	25.78	32.97	79.89	200.56	248.37	313.20	507.94	9.30
天津	4.69	5.31	7.32	9.84	12.49	53.42	94.84	129.67	205.18	291.49	11.17
河北	16.29	13.51	22.95	39.19	52.55	140.36	243.87	376.65	481.80	598.00	9.68
山西	9.31	8.51	11.95	17.23	22.40	48.46	102.57	170.15	265.43	432.29	10.34
内蒙古	15.38	15.48	22.66	28.34	24.57	51.17	88.28	168.23	229.56	301.16	7.93
辽宁	21.81	17.93	28.23	34.06	50.03	148.54	254.56	343.04	510.49	598.06	8.86
吉林	12.69	10.78	16.35	23.92	30.13	80.84	134.68	192.01	247.96	256.03	8.01
黑龙江	28.50	24.90	30.85	42.73	52.01	114.31	183.21	231.14	407.05	502.42	7.63
上海	18.02	17.54	16.15	20.76	27.77	98.67	189.33	246.81	412.83	494.80	8.87
江苏	25.54	22.19	29.37	36.45	56.51	178.93	340.21	457.59	973.84	1407.85	10.83
浙江	42.54	36.82	59.81	68.16	72.10	178.61	310.76	455.02	530.39	728.12	7.55

续表

地区	总医疗保健成本（亿元）										年均增长率（%）
	1979年	1980年	1985年	1990年	1995年	2000年	2005年	2010年	2015年	2018年	1979~2018年
安徽	11.68	11.48	19.87	24.72	27.86	63.06	143.24	225.33	337.20	418.90	9.61
福建	9.96	8.15	13.78	19.20	22.15	66.48	113.44	148.60	235.06	296.96	9.09
江西	10.89	9.22	14.46	20.41	22.49	43.31	92.41	141.80	207.41	268.71	8.57
山东	19.73	18.47	28.78	51.09	71.17	220.44	382.90	564.37	913.63	1323.90	11.39
河南	36.89	34.36	63.59	73.46	65.48	155.89	283.68	458.06	657.20	940.82	8.66
湖北	43.75	33.79	53.93	66.07	41.60	87.78	191.72	249.18	494.12	683.17	7.30
湖南	22.54	20.09	35.98	45.47	48.47	105.65	217.96	277.60	421.62	653.36	9.02
广东	55.69	51.09	77.33	91.89	107.95	191.17	498.90	674.66	742.92	1071.76	7.88
广西	12.66	10.52	17.60	20.72	22.44	55.67	112.96	162.62	248.20	383.05	9.14
海南	3.75	3.04	3.61	3.72	4.36	11.73	21.30	25.99	65.72	76.96	8.06
重庆	17.51	13.78	20.66	23.51	17.44	42.96	90.98	153.21	229.01	329.56	7.82
四川	28.13	27.30	41.03	60.41	58.67	130.46	218.36	287.27	518.92	719.14	8.67
贵州	14.44	11.27	17.91	17.22	15.57	36.66	71.56	90.09	140.62	254.74	7.64
云南	11.96	9.75	18.97	45.82	34.78	69.99	144.43	141.65	272.43	367.06	9.18
陕西	14.93	12.07	19.50	26.56	27.41	70.84	140.42	194.88	331.27	417.62	8.92
甘肃	9.55	8.04	14.50	25.94	16.09	42.87	69.05	93.33	145.28	213.45	8.29
青海	3.33	3.12	4.67	6.32	7.93	14.29	23.97	25.46	47.48	63.75	7.87
宁夏	2.05	1.86	3.13	4.53	5.46	11.65	26.22	35.97	68.25	82.50	9.93

注：本表数据来自全国和地区统计年鉴，因统计口径不一，全国数据和地区加总数据不尽相同。

从各地区人均医疗保健成本的测算结果来看（见表2-4），年均增长率位于前三名的是山东、江苏和山西，分别为10.45%、9.95%和9.16%。人均医疗保健成本的年均增长率位于最后三名的省份为青海、浙江和广东，分别为6.54%、6.42%和5.71%。可以看到，无论是从地区总的医疗保健成本还是从地区的人均医疗保健成本来看，浙江省都表现出缓慢的增长趋势，说明浙江省居民支付了相对便宜的医疗服务费用。

图 2-3 直观展示了 1979~2018 年全国及各地区的人均医疗保健成本的变化趋势。

表 2-4　1979~2018 年全国及各地区人均医疗保健成本及年均增长率

地区	人均医疗保健成本（元）										年均增长率（%）
	1979 年	1980 年	1985 年	1990 年	1995 年	2000 年	2005 年	2010 年	2015 年	2018 年	1979~2018 年
全国	34.40	30.09	51.01	66.54	99.83	247.53	404.67	551.71	814.91	1052.39	9.17
北京	176.28	162.02	266.19	237.40	263.58	578.08	1304.04	1265.91	1442.67	2358.11	6.88
天津	63.45	70.86	90.60	111.31	132.60	533.72	909.34	998.20	1326.33	1868.52	9.06
河北	31.90	26.14	41.36	63.63	81.64	208.13	355.96	523.56	648.88	791.43	8.58
山西	38.06	34.35	45.51	59.42	72.78	146.99	305.71	476.09	724.43	1162.68	9.16
内蒙古	83.06	82.52	112.92	131.01	107.56	215.38	370.00	680.54	914.21	1188.47	7.06
辽宁	63.33	51.41	76.58	85.85	122.26	350.49	603.07	784.08	1164.98	1372.02	8.21
吉林	58.11	48.76	71.14	96.35	116.26	296.35	495.87	698.98	900.69	946.87	7.42
黑龙江	89.95	77.71	93.16	120.59	140.53	309.88	479.61	603.02	1067.82	1331.63	7.15
上海	159.14	153.00	132.70	155.25	196.27	589.44	1064.83	1071.67	1709.44	2041.24	6.76
江苏	43.34	37.37	47.27	53.87	79.98	240.56	455.12	581.51	1220.97	1748.66	9.95
浙江	112.17	96.22	148.41	163.52	166.94	381.89	634.45	835.36	957.55	1269.17	6.42
安徽	24.32	23.46	38.54	43.55	46.33	105.35	234.05	378.27	548.83	662.40	8.84
福建	40.06	32.37	50.78	63.21	68.42	191.54	320.91	402.38	612.30	753.52	7.81
江西	33.79	28.19	41.79	53.58	55.35	104.62	214.35	317.79	454.24	578.13	7.55
山东	27.27	25.32	37.40	60.15	81.75	242.80	414.04	588.62	927.83	1317.71	10.45
河南	51.31	47.16	82.45	84.94	71.95	168.42	302.43	487.04	693.25	979.51	7.86
湖北	94.43	72.14	109.36	121.47	72.07	145.61	335.76	435.02	844.35	1154.59	6.63
湖南	43.15	38.05	64.00	74.20	75.82	164.05	344.54	422.53	621.58	947.03	8.24
广东	108.33	97.69	123.67	144.80	157.18	221.21	542.64	646.17	684.78	944.61	5.71
广西	36.49	29.72	45.45	48.62	49.39	124.02	242.41	352.75	517.51	777.60	8.16

续表

| 地区 | 人均医疗保健成本（元） | | | | | | | | | | 年均增长率（%） |
---	1979 年	1980 年	1985 年	1990 年	1995 年	2000 年	2005 年	2010 年	2015 年	2018 年	1979 ~ 2018 年
海南	69.35	55.10	60.46	56.08	60.18	149.05	257.26	299.06	721.44	823.98	6.55
重庆	65.99	51.72	74.63	80.48	58.11	139.04	325.15	531.05	759.07	1062.42	7.39
四川	28.78	27.80	40.27	55.92	51.81	156.64	265.90	357.08	632.52	862.17	9.11
贵州	52.87	40.60	60.34	52.69	44.37	104.00	191.85	258.95	398.36	707.61	6.88
云南	38.14	30.73	55.70	122.81	87.16	163.22	324.55	307.80	574.50	759.95	7.97
陕西	53.20	42.63	64.95	80.10	78.01	196.52	377.46	521.76	873.37	1080.79	8.03
甘肃	50.44	41.93	71.07	115.05	65.98	167.34	266.20	364.56	558.76	809.43	7.38
青海	89.40	82.70	114.73	141.06	164.91	275.78	441.46	452.15	807.50	1057.16	6.54
宁夏	56.36	49.67	75.47	96.36	106.37	207.29	439.99	568.19	1021.65	1199.12	8.16

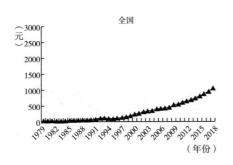

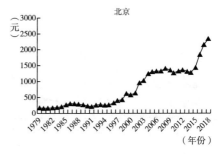

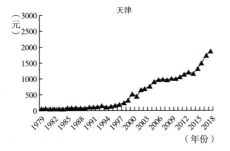

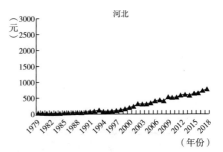

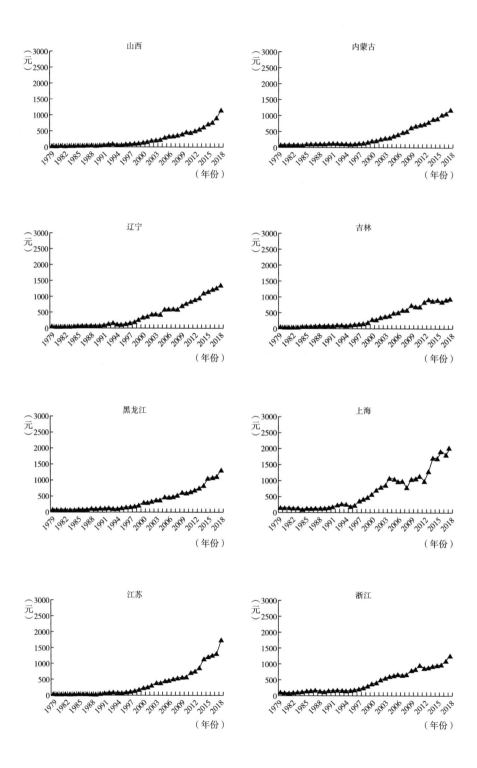

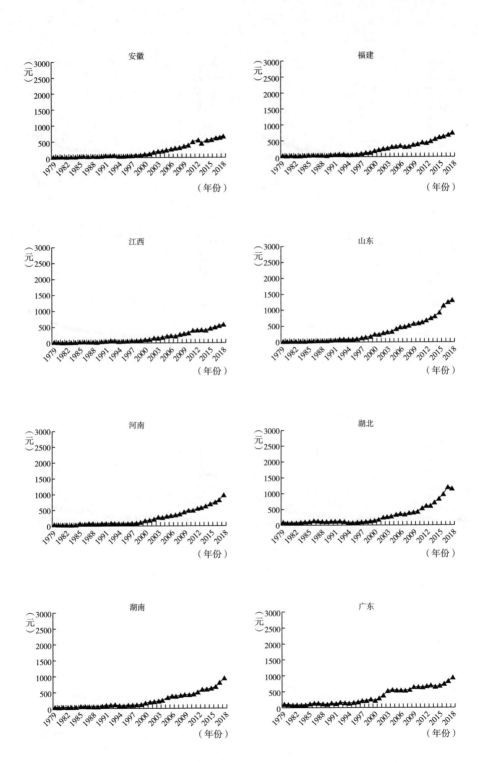

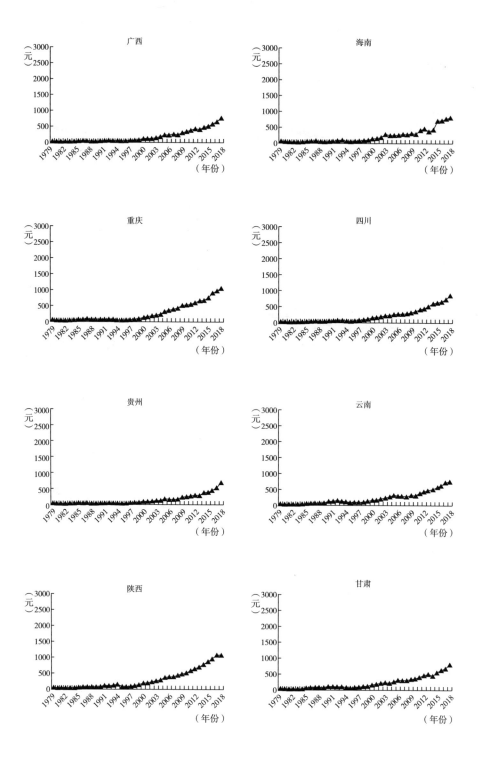

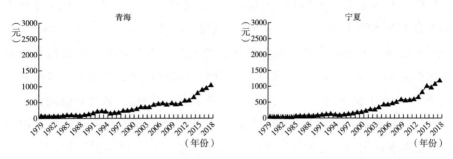

图 2-3　1979～2018 年全国及各地区人均医疗保健成本变化趋势

2.2.2　食品和能源浪费成本

1. 测算方法

Lawn（2005）在评估可持续经济福利指数（ISEW）的核算方法时，认为居民食品消费中的 20% 属于垃圾食品（Berik & Gaddis，2011），消费者并未从中获得效用。Lawn 和 Clarke（2006）在 GPI 指标的建构中，把食品方面的花费分为两个部分，一部分是在家就餐的食品花费，另一部分是在酒店、咖啡馆及餐馆的食品花费，两者在消费支出中的扣除比例分别为 50% 和 25%。① Delang 和 Yu（2015）在测算香港地区的 GPI 时，把 25% 的食品支出和 25% 的燃料和电力消费支出划归为防御性消费，进行扣除；而在测算新加坡的 GPI 时，把 25% 的食品及非酒精饮料支出和 12.5% 的食品服务方面的支出划归为防御性消费性支出，进行了扣除。Talberth 和 Weisdorf（2017）在计算美国国家层面以及马里兰州（Maryland）和巴尔的摩市（Baltimore）的 GPI 时，使用了美国国家自然资源保护委员会提供的关于食品和能源浪费比例的估计结果，即在食品消费性支出中扣除了 25% 的在家食品消费支出及 19% 的外出就餐花费支出；在能源浪费成本计算中，对于马里兰州和巴尔的摩市测算时扣除了 16% 电力和 42% 天然气的能源消费支出，对于美国国家层面 GPI 的测算调整，则采用 Granade 等（2009）报告中

---

① 两者扣除的食品消费部分均是防御性的，但他们认为后者提供的营养物质超过了正常标准，所以扣除比例要低于前者。之后，Lawn（2013）在测算澳大利亚 1962～2010 年 GPI 时，调整了扣除比例，把 25% 的在家食品消费支出以及 12.5% 的酒店、咖啡馆及餐馆的食品花费予以扣除。

采用的麦卡锡公司（McKinsey & Company）的估计结果，认为在电力消费方面还有12%的潜力节约空间，在天然气消费方面仍然有9%的节约空间。

考虑到中国居民在家以及在外就餐的习惯，本报告按照食品消费的浪费比例为5%予以扣除。关于能源浪费方面的扣除比例，本报告参考国家发改委于2016年发布的《"十三五"全民节能行动计划》，该计划强调在"十三五"时期要确保完成单位国内生产总值能耗降低15%的目标，这说明目前的能源利用中至少存在15%的改进和节约空间，所以本报告把15%的能源支出看作能源浪费成本。

在具体计算中，本报告使用统计年鉴中的宏观数据进行测算。与测算医疗保健成本的处理类似，食品和能源支出仍然分城镇、农村进行加权处理。由于居民家庭食品支出中涵盖了烟草、酒精和饮料支出，而这部分支出所产生的相关成本被称为"福利中性商品支出成本"，在后文中会单独进行讨论，所以这里的食品支出指的是食品支出扣除了烟草、酒精和饮料支出后的部分。此外，与医疗保健成本核算一致，考虑到支出法GDP中的居民消费支出和分城镇、农村加权计算出的居民消费存在差别，在获得食品和能源支出的基础上还需乘以消费的转化系数进行调整。食品和能源浪费成本的计算公式和步骤如下：

$$\overline{C}_{j\_t} = (5\% \times \frac{\overline{C}_{food\_j\_t\_1} \times Pop_{j\_t\_1} + \overline{C}_{food\_j\_t\_2} \times Pop_{j\_t\_2}}{Pop_{j\_t}} +$$

$$15\% \times \frac{\overline{C}_{energy\_j\_t\_1} \times Pop_{j\_t\_1} + \overline{C}_{energy\_j\_t\_2} \times Pop_{j\_t\_2}}{Pop_{j\_t}}) \times \omega_{j\_t}^{*}$$

其中，$\overline{C}_{j\_t}$ 表示 t 年 j 地区的人均食品和能源浪费成本；$\overline{C}_{food\_j\_t\_1}$、$\overline{C}_{food\_j\_t\_2}$ 分别表示 t 年 j 地区的城镇居民家庭人均食品（扣除烟草、酒精和饮料）支出和农村居民家庭人均食品（扣除烟草、酒精和饮料）支出；$\overline{C}_{energy\_j\_t\_1}$、$\overline{C}_{energy\_j\_t\_2}$ 分别表示 t 年 j 地区的城镇和农村居民家庭人均能源支出；$Pop_{j\_t\_1}$、$Pop_{j\_t\_2}$、Pop_{j_t} 分别表示 t 年 j 地区的城镇人口、农村人口和总人口；$\omega_{j\_t}^{*}$ 表示 t 年 j 地区消费的转化系数，具体可参见前文医疗保健成本部分的叙述。

而 t 年 j 地区的总食品和能源浪费成本为：

$$C_{j\_t} = \overline{C}_{j\_t} \times Pop_{j\_t}$$

全国人均食品和能源浪费成本及总食品和能源浪费成本的计算步骤同上。

2. 数据处理

城镇和农村居民家庭人均食品支出数据来源于历年《中国统计年鉴》、各省份统计年鉴中"人民生活"项目下的"城镇居民家庭每人全年消费支出"和"农村居民家庭每人全年消费支出"中的"食品"和该项目下的"烟类"与"酒精及饮料类"。[①] 城镇和农村居民家庭人均能源支出数据则来自"人民生活"项目下的"城镇居民家庭每人全年消费支出"和"农村居民家庭每人全年消费支出"中居住类消费的"水电燃料及其他"。

食品支出的数据相对较为完善，城镇和农村居民家庭的食品支出数据缺失的部分也相对集中在1979年和1980年，对此缺失值的填补主要采用移动平均法进行。

城镇居民家庭的能源消费支出部分的缺失主要有两个部分：第一部分是2013~2018年数据的集中缺失，这部分数据缺失是由2013年国家统计局调整居民消费支出口径造成的。为了与2012年的统计口径保持相对一致，本报告采用相应年份"城镇居民家庭人均消费支出"的同比增长率方式进行插补。对于农村居民家庭能源消费支出的数据缺失部分，处理方法和上述类似，主要采用移动平均法和农村居民家庭"居住类"同比增长率替代的插补法。

3. 计算结果

表2-5和表2-6给出了1979~2018年全国及各地区总食品和能源浪费成本及年均增长率和1979~2018年全国及各地区人均食品和能源浪费成本及年均增长率的结果。具体而言，全国总食品和能源浪费成本由1979年的430.31亿元上升到2018年的7304.06亿元，增长了近16倍，年均增长率为7.53%；全国居民人均食品和能源浪费成本由1979年的43.76元增长至2018年的533.84元，年均增长率为6.62%。

---

① "食品"支出项下的"烟类""酒精及饮料类"是需要扣除的部分，在福利中性商品成本中会有详细处理过程，这里暂不说明。

从各地区总食品和能源浪费成本的测算结果来看（见表 2-5），山东省的年均增长率最高，为 9.65%，即从 1979 年的 18.87 亿元上升到 2018 年的 685.80 亿元，食品和能源浪费程度愈加严重；此外，食品和能源浪费较为严重的省份为浙江、北京、福建和广东，其年均增长率均超过 8%，高于全国总食品和能源浪费成本的年均增长率。各地区的总食品和能源浪费成本上升最为缓慢的三个地区分别为湖南、云南和吉林，其年均增长率均在 6% 以下，其中吉林的食品和能源节约工作做得最好，总食品和能源浪费成本的年均增长率不到 5%。

从各地区人均食品和能源浪费成本的测算结果来看（见表 2-6），人均食品和能源浪费成本增速排在前三位的省份为山东、浙江和河南，分别为 8.73%、7.21% 和 6.99%，其中山东和浙江居民人均食品和能源浪费成本的年均增长率依然最高，而北京和广东居民人均食品和能源浪费成本不像总成本那样突出。家庭人均食品和能源浪费成本年均增长率最低的三个省份分别为海南、云南和吉林，其年均增长率均在 5% 以下。在地区总的食品和能源浪费成本以及地区人均食品和能源浪费成本中，吉林省两者的浪费成本年均增长速度均为最低。

图 2-4 展示了 1979~2018 年全国及各地区人均食品和能源浪费成本的变化趋势。

表 2-5　1979~2018 年全国及各地区总食品和能源浪费成本及年均增长率

地区	总食品和能源浪费成本（亿元）										年均增长率（%）
	1979 年	1980 年	1985 年	1990 年	1995 年	2000 年	2005 年	2010 年	2015 年	2018 年	1979~2018 年
全国	430.31	463.22	728.58	856.40	1494.42	1959.91	2733.35	4696.24	6337.07	7304.06	7.53
北京	8.91	9.47	15.16	20.41	30.75	36.86	62.83	122.57	144.02	191.77	8.19
天津	7.22	7.49	9.52	12.23	16.52	23.16	36.76	69.89	118.04	135.27	7.80
河北	18.57	17.87	27.15	37.85	54.89	73.66	117.24	199.30	242.56	308.89	7.47
山西	9.64	10.56	14.37	14.88	23.77	24.42	48.54	92.90	128.38	178.40	7.77
内蒙古	9.23	10.67	14.73	17.76	22.32	26.02	43.45	75.95	114.95	128.43	6.98

地区	总食品和能源浪费成本（亿元）										年均增长率（%）
	1979年	1980年	1985年	1990年	1995年	2000年	2005年	2010年	2015年	2018年	1979~2018年
辽宁	26.25	25.82	35.09	39.77	59.69	76.81	107.62	181.50	247.96	248.42	5.93
吉林	16.71	15.75	18.30	20.15	31.20	38.00	56.39	87.34	97.37	99.16	4.67
黑龙江	23.59	24.95	30.48	30.77	56.22	66.34	94.86	143.67	185.94	214.66	5.83
上海	12.05	13.71	19.62	27.38	40.00	61.97	103.62	180.49	198.12	224.19	7.78
江苏	32.83	32.57	48.62	53.65	89.50	112.08	181.94	313.87	495.62	603.50	7.75
浙江	18.30	20.29	35.12	43.99	59.48	82.23	144.92	262.44	338.64	417.46	8.35
安徽	17.09	20.82	32.58	36.01	48.76	62.02	101.78	163.90	220.12	271.93	7.35
福建	12.75	13.62	21.01	28.03	51.98	67.85	99.00	166.11	202.82	265.83	8.10
江西	14.25	15.40	21.71	26.64	38.83	50.40	73.81	139.80	194.71	222.20	7.30
山东	18.87	25.42	45.33	50.86	85.86	122.05	197.11	342.19	497.77	685.80	9.65
河南	20.97	23.45	34.84	37.20	69.57	92.16	156.91	237.33	322.49	390.99	7.79
湖北	27.10	23.98	32.37	47.17	58.69	69.35	112.33	163.20	230.39	285.64	6.23
湖南	36.37	35.87	48.11	48.51	69.08	84.54	119.99	202.03	285.28	327.78	5.80
广东	41.70	42.14	53.31	73.70	139.64	193.62	345.97	586.37	728.97	853.81	8.05
广西	16.58	17.04	22.11	27.44	37.76	46.56	85.85	142.10	195.94	217.64	6.82
海南	5.96	6.15	6.00	5.53	8.05	11.56	16.38	26.19	46.11	57.98	6.01
重庆	13.42	12.81	16.23	18.62	23.75	31.91	46.78	85.48	127.99	153.30	6.44
四川	36.04	45.52	50.02	60.63	79.90	97.53	139.35	224.89	315.30	387.50	6.28
贵州	12.83	11.81	15.65	15.87	24.59	38.54	59.76	90.60	130.35	159.64	6.68
云南	18.46	15.92	20.13	26.95	30.02	46.52	66.22	98.47	130.62	144.17	5.41
陕西	13.62	15.02	20.01	21.10	24.39	32.82	59.15	106.99	145.78	177.89	6.81
甘肃	10.87	10.03	11.88	13.58	18.39	24.60	39.74	62.96	87.40	103.44	5.95
青海	3.35	3.47	4.15	4.16	5.84	6.86	11.48	20.19	28.71	33.11	6.05
宁夏	1.88	2.08	2.93	3.21	4.15	5.13	10.82	17.30	24.61	31.99	7.54

注：本表数据来自全国和地区统计年鉴，因统计口径不一，全国数据和地区加总数据不尽相同。

表 2-6　1979~2018 年全国及各地区人均食品和能源浪费成本及年均增长率

地区	人均食品和能源浪费成本（元）										年均增长率（%）
	1979 年	1980 年	1985 年	1990 年	1995 年	2000 年	2005 年	2010 年	2015 年	2018 年	1979~2018 年
全国	43.76	46.57	68.79	74.36	123.14	158.01	216.87	358.77	471.49	533.84	6.62
北京	99.30	104.69	157.87	187.98	245.82	266.74	408.54	624.73	663.38	890.29	5.79
天津	97.62	99.98	117.79	138.36	175.33	231.41	352.49	538.06	763.05	867.12	5.76
河北	36.39	34.57	48.94	61.45	85.27	109.22	171.13	277.04	326.68	408.80	6.40
山西	39.40	42.63	54.69	51.33	77.24	74.08	144.67	259.93	350.39	479.84	6.62
内蒙古	49.85	56.84	73.38	82.11	97.71	109.50	182.09	307.22	457.77	506.84	6.13
辽宁	76.25	74.04	95.20	100.26	145.86	181.23	254.96	414.85	565.86	569.89	5.29
吉林	76.47	71.26	79.65	81.14	120.38	139.30	207.62	317.95	353.68	366.71	4.10
黑龙江	74.45	77.87	92.06	86.84	151.90	179.84	248.32	374.82	487.78	568.93	5.35
上海	106.42	119.62	161.19	204.77	282.71	370.21	582.78	783.70	820.37	924.89	5.70
江苏	55.72	54.85	78.26	79.28	126.67	150.68	243.40	398.87	621.39	749.59	6.89
浙江	48.25	53.03	87.14	105.54	137.72	175.83	295.89	481.80	611.37	727.66	7.21
安徽	35.58	42.56	63.19	63.45	81.08	103.62	166.31	275.14	358.26	429.99	6.60
福建	51.28	54.08	77.43	92.30	160.58	195.49	280.06	449.79	528.31	674.53	6.83
江西	44.21	47.09	62.76	69.91	95.56	121.74	171.20	313.30	426.44	478.04	6.29
山东	26.09	34.84	58.91	59.89	98.63	134.44	213.13	356.89	505.50	682.60	8.73
河南	29.17	32.19	45.17	43.01	76.45	99.57	167.28	252.35	340.18	407.07	6.99
湖北	58.50	51.19	65.64	86.72	101.69	115.05	196.72	284.91	393.69	482.74	5.56
湖南	69.64	67.91	85.58	79.17	108.08	131.28	189.67	307.51	420.58	475.11	5.05
广东	81.11	80.58	85.25	116.14	203.32	224.05	376.30	561.60	671.92	752.52	5.88
广西	47.79	48.17	57.09	64.39	83.11	103.73	184.24	308.24	408.55	441.81	5.87
海南	110.33	111.31	100.35	83.39	111.12	146.84	197.85	301.36	506.12	620.82	4.53
重庆	50.58	48.06	58.63	63.74	79.13	103.28	167.20	296.30	424.23	494.20	6.02
四川	36.87	46.36	49.10	56.11	70.55	117.09	169.69	278.92	384.32	464.57	6.71
贵州	46.98	42.54	52.74	48.57	70.09	109.32	160.20	260.41	369.26	443.45	5.92
云南	58.90	50.18	59.09	72.24	75.24	108.50	148.81	213.98	275.45	298.49	4.25
陕西	48.53	53.07	66.64	63.64	69.42	91.03	159.00	286.45	384.34	460.38	5.94
甘肃	57.41	52.31	58.21	60.20	75.42	96.01	153.19	245.93	336.17	392.25	5.05
青海	90.05	91.99	101.97	92.96	121.38	132.36	211.42	358.63	488.26	549.01	4.74
宁夏	51.53	55.55	70.50	68.31	80.87	91.35	181.62	273.33	368.40	464.92	5.80

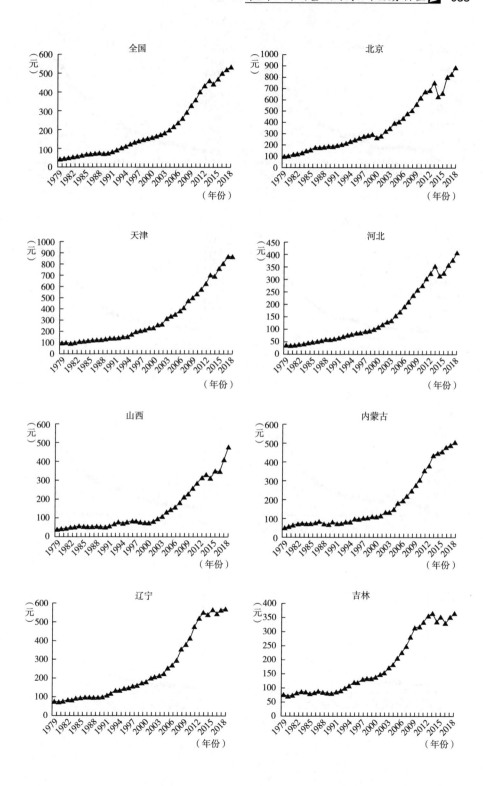

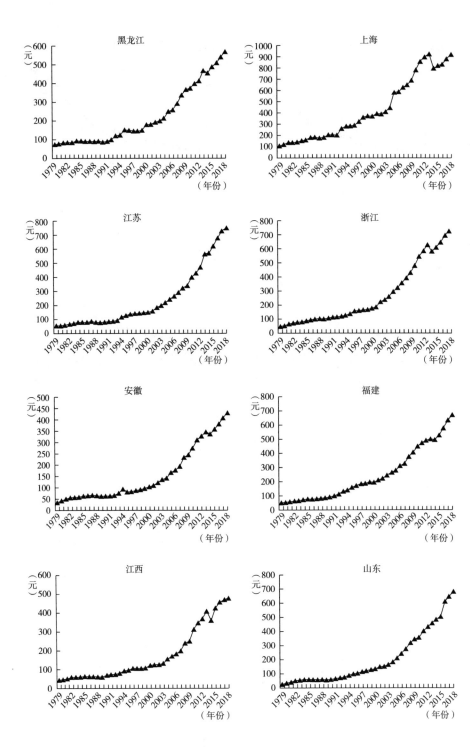

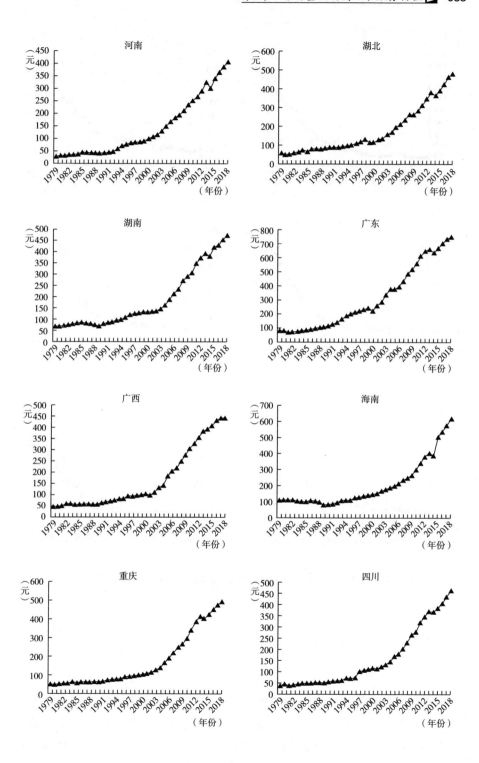

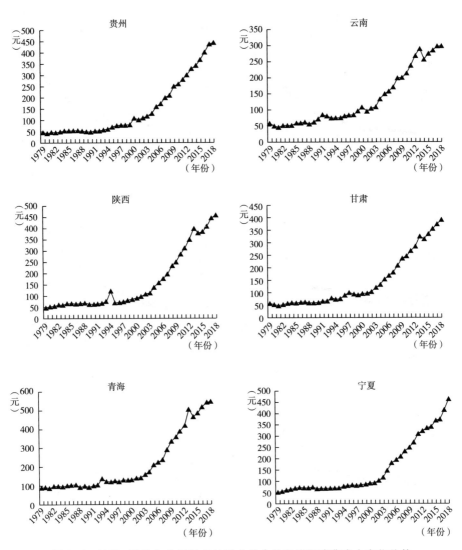

图2-4 1979~2018年全国及各地区人均食品和能源浪费成本变化趋势

2.2.3 福利中性商品成本

1. 测算方法

福利中性商品（Welfare Neutral Goods）主要指的是烟草和酒精饮料等商品。福利中性商品也在一定程度上对个人效用产生负向作用，所以要在个人消费中进行一定比例的扣除调整。关于具体的调整比例，有如下几种方法：Lawn 和 Clarke（2006）在 GPI 指标建构中，认为烟草的消费对身体全部产生负效用，而酒精饮料的饮用会对身体产生一定比例的负效用，具体调整比例是把 100% 的烟草消费支出和 50% 的酒精饮料支出从个人消费支出中扣除。[①]而 Lawn（2013）在测算澳大利亚 1962~2010 年 GPI 时，将酒精饮料支出由原来 50% 的扣除比例调整为 25%。[②]烟类、酒类及饮料类商品在提供给居民消费福利满足的同时，也对身体健康产生不利影响，所以在 GPI 测算中把这类福利中性商品产生的成本从 GPI 中进行了扣除。通常认为 100% 的烟类支出和 25% 的酒精饮料类支出应被扣除。本报告采用参考文献中的主流方法：在福利中性商品支出中把 100% 的烟草支出和 25% 的酒精饮料支出部分看作福利中性商品成本，视为防御性消费支出部分，予以扣除。

福利中性商品主要核算烟类支出和酒精饮料类支出，与前文的医疗保健成本与食品、能源浪费成本核算类似，考虑到支出法 GDP 中的居民消费支出和分城镇、农村加权计算出的居民消费存在差别，在获得烟类支出和酒精饮料类支出的基础上还需乘以消费的转化系数进行调整。福利中性商品成本的计算公式和步骤如下：

$$\overline{C}_{j\_t} = (100\% \times \frac{\overline{C}_{smoking\_j\_t\_1} \times Pop_{j\_t\_1} + \overline{C}_{smoking\_j\_t\_2} \times Pop_{j\_t\_2}}{Pop_{j\_t}} +$$

$$25\% \times \frac{\overline{C}_{alcohol\_j\_t\_1} \times Pop_{j\_t\_1} + \overline{C}_{alcohol\_j\_t\_2} \times Pop_{j\_t\_2}}{Pop_{j\_t}}) \times \omega^{*}_{j\_t}$$

其中，$\overline{C}_{j\_t}$ 表示 t 年 j 地区的人均福利中性商品成本；$\overline{C}_{smoking\_j\_t\_1}$、$\overline{C}_{smoking\_j\_t\_2}$ 分别表示 t 年 j 地区的城镇居民家庭人均烟类支出和农村居民家庭人均烟类支出；$\overline{C}_{alcohol\_j\_t\_1}$、$\overline{C}_{alcohol\_j\_t\_2}$ 分别表示 t 年 j 地区的城镇居民家庭人均酒精及饮料类支出和农村居民家庭人均酒精及饮料类支出；$Pop_{j\_t\_1}$、$Pop_{j\_t\_2}$、Pop_{j_t} 分别表示 t 年 j 地区的城镇人口、农村人口和总人口；$\omega^{*}_{j\_t}$ 表示

[①] Berik 和 Gaddis（2011）在测算美国犹他州（Utah）1990~2007 年的 GPI 中，也采用了同样比例的调整方法进行扣除处理。

[②] Talberth 和 Weisdorf（2017）测算美国国家层面以及马里兰州和巴尔的摩的 GPI 时，也是参考 Lawn（2013）中的做法对福利中性商品产生的防御性消费支出进行了扣除。

t 年 j 地区消费的转化系数，具体可参见前文医疗保健成本部分的叙述。

而 t 年 j 地区的总福利中性商品成本为：

$$C_{j\_t} = \overline{C}_{j\_t} \times Pop_{j\_t}$$

全国人均福利中性商品成本和总福利中性商品成本的计算步骤同上。

2. 数据处理

城镇居民家庭人均烟类、酒精及饮料类支出数据来源于历年《中国统计年鉴》、各省份统计年鉴中人民生活项目下的"城镇居民家庭每人全年消费支出"中的"烟类""酒精及饮料类"。统计年鉴中给出的数据主要分为三类：第一类，1992~2012 年的全国及各地区的分项"烟类"和"酒精及饮料类"支出数据；第二类，2013~2018 年和 1979~1991 年"烟类"和"酒精及饮料类"数据并没有分开归类；第三类，2013~2018 年和 1979~1991 年的部分数据缺失。

由于烟草和酒精饮料均属于刚性商品，居民的消费习惯较为稳定，第二类"烟类"和"酒精及饮料类"混合数据的处理是按照相邻两年的烟草和酒精类的平均占比进行比例赋值和计算的。第三类缺失值主要采用移动平均方法进行插补，辅以前两年增长率均值方式进行插补完成。

3. 计算结果

表 2-7 和表 2-8 给出了 1979~2018 年全国及各地区总福利中性商品成本及年均增长率和 1979~2018 年全国及各地区人均福利中性商品成本及年均增长率的结果。具体而言，总福利中性商品成本由 1979 年的 433.79 亿元上升到 2018 年的 7115.02 亿元，年均增长率为 7.44%；全国居民人均福利中性商品成本由 1979 年的 44.12 元增长至 2018 年的 520.02 元，年均增长率为 6.53%。

从各地区总福利中性商品成本的测算结果来看（见表 2-7），年均增长率超过 10% 的有山东、天津和广东，分别为 11.59%、11.53% 和 10.72%，其中山东的总福利中性商品成本增速最快，即从 1979 年的 6.71 亿元上升到 2018 年的 482.60 亿元；此外，安徽、广西、江苏、贵州和陕西等省份的年均增长率超过 8%，高于全国总福利中性商品成本的年均增长率。各地区总福利中性商品成本上升最为缓慢的三个省份分别为甘肃、吉林和海南，其年均增长率均在 5% 以下，其中海南省福利中性商品成本的年均增长率最低，为 4.20%。

从各地区人均福利中性商品成本的测算结果来看（见表 2-8），人均福利中性商品成本年均增速位于前三名的省份为山东、天津和广东，分别为 10.65%、9.41% 和 8.50%，其中山东居民人均福利中性商品成本的年均增长率高居榜首，天津和广东的人均福利中性商品与对应的各自总福利中性商品成本相比下降到 10% 以下。人均福利中性商品年均增长率成本年均增长率最低的三个省份为甘肃、北京和海南，其增长率均在 4% 以下，其中海南省人均福利中性商品成本的增长最为缓慢，其年均增长率为 2.75%。

图 2-5 展示了 1979~2018 年全国及各地区人均福利中性商品成本的发展趋势。

表 2-7　1979~2018 年全国及各地区总福利中性商品成本及年均增长率

地区	总福利中性商品成本（亿元）										年均增长率（%）
	1979 年	1980 年	1985 年	1990 年	1995 年	2000 年	2005 年	2010 年	2015 年	2018 年	1979~2018 年
全国	433.79	470.18	859.27	1113.26	1373.63	1907.04	2422.49	3962.98	5930.00	7115.02	7.44
北京	13.33	13.68	17.08	21.46	26.12	29.18	48.43	109.20	133.21	114.43	5.67
天津	2.03	2.37	5.77	12.01	14.29	19.45	27.90	54.70	111.31	143.07	11.53
河北	16.91	16.17	31.49	47.58	50.76	64.06	106.62	126.63	152.01	181.38	6.27
山西	11.93	14.00	30.98	34.77	39.55	36.43	51.68	91.11	147.77	214.38	7.69
内蒙古	13.20	14.61	25.09	30.19	24.13	26.89	40.23	86.95	155.68	213.75	7.40
辽宁	24.05	24.39	41.85	54.69	55.07	80.97	110.90	151.83	184.86	196.11	5.53
吉林	10.54	10.39	20.42	18.59	18.84	25.95	41.29	50.51	60.07	57.10	4.43
黑龙江	10.36	18.21	31.43	30.30	36.09	41.51	41.81	64.88	95.91	103.57	6.08
上海	8.09	11.74	18.62	27.43	44.60	69.32	106.02	207.08	176.22	161.53	7.98
江苏	24.11	26.92	59.02	76.66	96.21	126.02	207.12	349.49	581.61	692.44	8.99
浙江	12.97	16.47	48.76	83.42	76.69	115.69	203.68	317.89	206.29	130.99	6.11
安徽	16.71	22.31	49.38	62.30	57.23	99.61	126.85	225.45	393.94	519.33	9.21
福建	8.27	9.55	18.61	25.38	62.22	65.50	62.12	98.73	137.24	180.32	8.22

续表

地区	总福利中性商品成本（亿元）										年均增长率（%）
	1979年	1980年	1985年	1990年	1995年	2000年	2005年	2010年	2015年	2018年	1979~2018年
江西	12.41	14.05	22.81	26.56	25.99	34.82	51.50	104.20	138.25	169.04	6.93
山东	6.71	10.04	33.97	63.50	71.44	88.80	120.11	213.80	346.86	482.60	11.59
河南	19.24	21.61	37.71	60.04	73.60	118.25	129.67	186.11	287.62	364.66	7.84
湖北	36.40	31.28	44.97	73.73	58.65	78.73	114.89	183.74	289.72	296.69	5.53
湖南	20.17	28.25	59.19	60.24	60.03	78.83	118.89	189.06	320.23	420.98	8.10
广东	11.19	12.45	28.23	43.32	56.47	77.39	137.42	243.68	438.02	594.55	10.72
广西	6.49	9.17	14.98	15.85	15.63	24.59	33.94	67.56	143.70	190.24	9.05
海南	5.97	6.13	5.40	4.22	3.95	6.58	9.99	14.23	29.23	29.75	4.20
重庆	10.30	9.12	20.66	34.27	27.45	35.18	55.32	80.48	176.73	240.74	8.42
四川	32.22	42.92	64.73	86.95	92.25	121.68	144.46	233.58	329.41	372.38	6.48
贵州	9.58	10.96	24.41	30.09	33.17	60.33	71.21	88.61	178.37	257.22	8.80
云南	15.64	14.15	29.55	43.93	42.91	92.10	121.08	167.85	274.76	347.86	8.28
陕西	7.66	11.18	23.93	28.07	22.84	33.99	55.10	107.68	125.64	183.22	8.48
甘肃	17.50	15.24	19.24	26.31	27.58	35.23	42.24	56.93	85.83	100.96	4.60
青海	4.87	5.07	8.01	9.89	9.30	8.51	8.99	12.94	29.65	44.13	5.81
宁夏	1.27	1.84	4.63	6.29	5.96	6.22	10.25	17.83	19.02	20.39	7.37

注：本表数据来自全国和地区统计年鉴，因统计口径不一，全国数据和地区加总数据不尽相同。

表 2-8   1979~2018 年全国及各地区人均福利中性商品成本及年均增长率

地区	人均福利中性商品成本（元）										年均增长率（%）
	1979年	1980年	1985年	1990年	1995年	2000年	2005年	2010年	2015年	2018年	1979~2018年
全国	44.12	47.27	81.13	96.66	113.18	153.74	192.21	302.75	441.21	520.02	6.53
北京	148.56	151.25	177.87	197.59	208.78	211.17	314.87	556.56	613.58	531.23	3.32
天津	27.45	31.66	71.42	135.90	151.71	194.26	267.52	421.09	719.54	917.11	9.41

续表

地区	人均福利中性商品成本（元）										年均增长率（%）
	1979年	1980年	1985年	1990年	1995年	2000年	2005年	2010年	2015年	2018年	1979~2018年
河北	33.13	31.30	56.77	77.26	78.86	94.99	155.63	176.02	204.72	240.04	5.21
山西	48.77	56.54	117.94	119.93	128.53	110.51	154.04	254.93	403.30	576.61	6.54
内蒙古	71.26	77.86	125.01	139.57	105.63	113.16	168.62	351.75	620.00	843.54	6.54
辽宁	69.86	69.93	113.54	137.86	134.59	191.07	262.74	347.03	421.87	449.90	4.89
吉林	48.24	47.01	88.84	74.88	72.68	95.13	152.04	183.88	218.20	211.17	3.86
黑龙江	32.70	56.85	94.92	85.86	97.51	112.51	109.46	169.28	251.61	274.51	5.61
上海	71.43	102.44	153.02	205.15	315.17	414.12	596.29	899.19	729.69	666.38	5.89
江苏	40.92	45.33	95.00	113.28	136.16	169.42	277.09	444.14	729.21	860.06	8.12
浙江	34.20	43.04	120.99	200.14	177.56	247.35	415.85	583.61	372.43	228.33	4.99
安徽	34.79	45.59	95.77	109.77	95.18	166.40	207.28	378.46	641.18	821.21	8.44
福建	33.26	37.90	68.61	83.57	192.22	188.70	175.74	267.33	357.49	457.54	6.95
江西	38.51	42.96	65.92	69.70	63.98	84.11	119.46	233.52	302.78	363.68	5.93
山东	9.28	13.76	44.15	74.77	82.07	97.80	129.88	222.99	352.25	480.34	10.65
河南	26.76	29.66	48.89	69.42	80.87	127.75	138.24	197.89	303.40	379.65	7.04
湖北	78.57	66.78	91.20	135.55	101.61	130.61	201.21	320.78	495.08	501.41	4.87
湖南	38.61	53.50	105.29	98.31	93.92	122.41	187.94	287.76	472.11	610.20	7.33
广东	21.77	23.80	45.14	68.26	82.22	89.55	149.47	233.39	403.74	524.01	8.50
广西	18.69	25.91	38.67	37.20	34.39	54.77	72.84	146.55	299.62	386.19	8.07
海南	110.52	111.01	90.45	63.69	54.57	83.57	120.66	163.72	320.84	318.51	2.75
重庆	38.82	34.22	74.62	117.32	91.45	113.85	197.70	278.98	585.78	776.08	7.98
四川	32.96	43.71	63.53	80.48	81.46	146.10	175.91	290.35	401.53	446.45	6.91
贵州	35.09	39.47	82.25	92.07	94.55	171.16	190.91	254.71	505.31	714.49	8.03
云南	49.90	44.58	86.76	117.74	107.54	214.78	272.09	364.73	579.42	720.21	7.08
陕西	27.29	39.48	79.73	84.64	65.01	94.28	148.13	288.31	331.23	474.17	7.60
甘肃	92.41	79.46	94.29	116.69	113.14	137.49	162.84	222.40	330.12	382.86	3.71
青海	130.94	134.44	196.82	220.73	193.27	164.36	165.50	229.88	504.23	731.78	4.51
宁夏	35.01	49.32	111.53	133.80	116.18	110.74	171.99	281.66	284.80	296.35	5.63

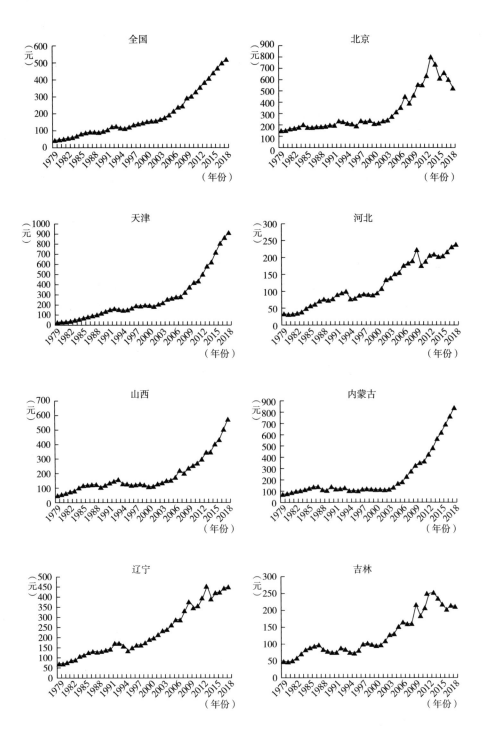

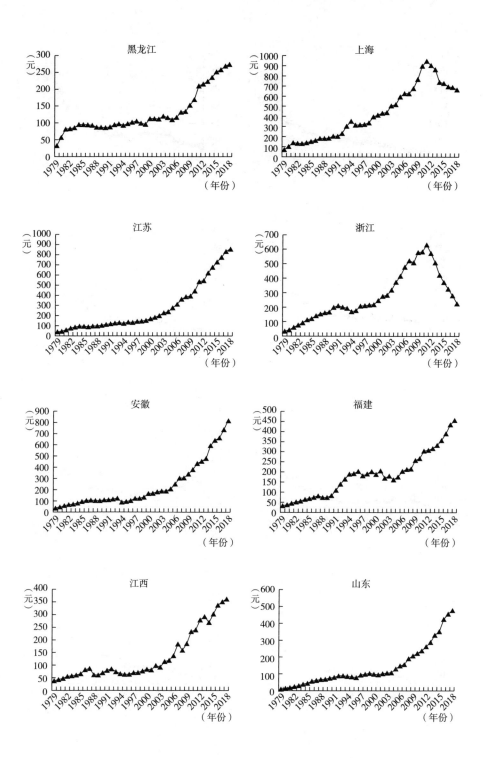

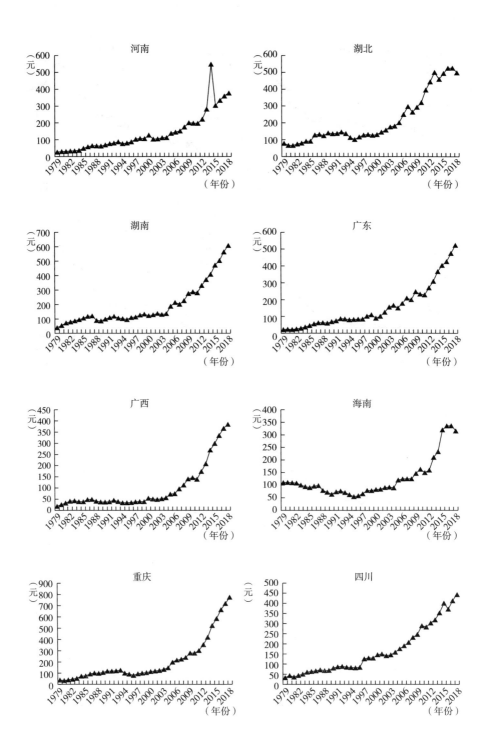

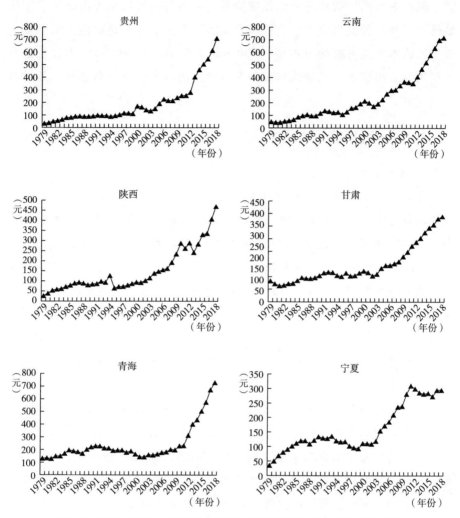

图 2-5 1979~2018 年全国及各地区人均福利中性商品成本变化趋势

2.3 家庭投资成本

家庭投资成本（Cost of Household Investments）是指家庭成员为从实物资本和人力资本获得长期的效用，而发生的投资行为。在 GPI 1.0 框架中，家庭投资成本只包含耐用品支出成本（Delang & Yu, 2015）。而在 GPI 2.0 框架中，家庭投资成本将家庭投资支出的范围从耐用消费品扩展到了能在未来产生效用的其他投资项目，具体包括耐用品支出成本、家居维修保养及改善支出成本、高等和职业教育支出成本、储蓄性投资和养老金支出成本及慈善捐助成本等（Talberth & Weisdorf，2017）。本报告测算了耐用品支出成本、家居维修保养及改善支出成本，以及高等和职业教育支出成本。

2.3.1 耐用品支出成本

1. 测算方法

在 GPI 1.0 框架中，耐用品支出（Consumer Durables Expenditures）被当作福利的成本项从消费支出中扣除（为避免重复计算）。而由于数据的局限，学者常利用国家层面的数据结合专项调查数据衡量耐用品支出，如 Costanza 等（2004）在计算 Vermont 州的 GPI 时，用本州的人均收入乘以国家层面的持久消费支出占总收入的比例来测算耐用品投资成本。Berik 和 Gaddis（2011）以及 Bagstad 和 Shammin（2012）直接使用州层面的耐用品消费数据分别测算了 Utah 州和 Ohio 州的 GPI。在 GPI 2.0 框架中，学者们认为耐用品消费是家庭投资的重要支出部分，当属于一种投资行为，因为其会产生未来的效用，通常这些效用会在家庭资本服务价值中被衡量，所以应直接进行扣除（Posner & Costanza，2011；Talberth & Weisdorf，2017）。

本报告以 GPI 2.0 框架为基础，认为耐用品消费支出属于家庭投资支出，当期的投资支出会产生未来的效用，虽然当期投入会产生部分福利价值，但在 GPI 架构中该部分的服务价值已经被反映到家庭资本服务价值之中，为了避免重复计算，在消费支出中应予以全部扣除。

在具体计算中，与前文的医疗保健成本、食品和能源浪费成本以及福利中性商品成本的核算类似，此处仍考虑进行权重系数调整。根据数据可得性及各类消费品的性质，在居民消费支出中其他类别的商品消费很难区分开一般日用品和耐用品，所以此处涉及的耐用品主要包含两类：家庭机电类耐用品和文娱用耐用品。耐用品支出成本计算公式和步骤如下：

$$\overline{C}_{j\_t} = \frac{(\overline{C}_{durable1\_j\_t\_1} + \overline{C}_{durable2\_j\_t\_1}) \times Pop_{j\_t\_1} + (\overline{C}_{durable1\_j\_t\_2} + \overline{C}_{durable2\_j\_t\_2}) \times Pop_{j\_t\_2}}{Pop_{j\_t}} \times \omega_{j\_t}^{*}$$

其中，$\overline{C}_{j\_t}$ 表示 t 年 j 地区的人均耐用品支出成本；$\overline{C}_{durable1\_j\_t\_1}$、$\overline{C}_{durable2\_j\_t\_1}$ 分别表示 t 年 j 地区的城镇居民家庭的机电类耐用品支出和文娱用耐用品支出；$\overline{C}_{durable1\_j\_t\_2}$、$\overline{C}_{durable2\_j\_t\_2}$ 分别表示 t 年 j 地区的农村居民家庭的机电类耐用品支出和文娱用耐用品支出；$Pop_{j\_t\_1}$、$Pop_{j\_t\_2}$、Pop_{j_t} 分别表示 t 年 j 地区的城镇人口、农村人口和总人口；$\omega^{*}_{j\_t}$ 表示 t 年 j 地区消费的转化系数，具体可参见前文医疗保健成本部分的叙述。

而 t 年 j 地区的总耐用品支出成本为：

$$C_{j\_t} = \overline{C}_{j\_t} \times Pop_{j\_t}$$

全国人均耐用品支出成本和全国总耐用品支出成本的计算步骤同上。

2. 数据处理

城镇（农村）居民家庭机电类耐用品支出和文娱用耐用品支出数据主要来源于历年《中国统计年鉴》、各省份统计年鉴中"城镇（农村）居民家庭每人全年消费支出"条目下的"家庭设备及服务"类和"教育文化娱乐服务"类等。

1979~1990 年的数据部分缺失，部分地区只给出了总"耐用消费品"的数据，本报告首先根据相应地区、年份的家庭机电消费品的同比变化率进行插补，而后采用移动平均法进行补充，文娱用耐用消费品支出则等于总耐用品支出减去机电类耐用消费品支出。2013~2018 年的全国及各地区的缺失数据分两步进行处理：第一步，根据相应地区的生活用品及服务类增长率插补 2013~2017 年的数据；第二步，采用移动平均法插补 2018 年的数据。①

3. 计算结果

表 2-9 和表 2-10 给出了 1979~2018 年全国及各地区总耐用品支出成本及年均增长率和 1979~2018 年全国及各地区人均耐用品支出成本及年均增长率的结果。具体而言，全国总耐用品支出成本由 1979 年的 877.39 亿元上升到 2018 年的 13871.00 亿元，年均增长率为 7.33%；全国居民人均耐用品

---

① 实际计算中家庭机电类耐用品和文娱用耐用品都是分城乡进行核算的，缺失数据用其他指标同比变化率替代法和移动平均法来处理，例如 1993~2018 年缺失的"农村居民文娱用耐用品支出"数据使用城镇家庭文娱用耐用品支出在家庭文教娱乐支出中的占比等同于农村相应占比来获得。

支出成本由 1979 年的 89.23 元增长至 2018 年的 1013.80 元，年均增长率为 6.43%。

表 2-9　1979~2018 年全国及各地区总耐用品支出成本及年均增长率

地区	总耐用品支出成本（亿元）										年均增长率（%）
	1979 年	1980 年	1985 年	1990 年	1995 年	2000 年	2005 年	2010 年	2015 年	2018 年	1979~2018 年
全国	877.39	849.87	1673.89	1778.41	2835.03	4771.44	4829.43	8279.39	11206.21	13871.00	7.33
北京	41.22	45.66	97.40	68.17	97.66	203.98	219.93	392.86	421.78	635.50	7.27
天津	26.83	18.45	40.99	35.61	40.91	102.86	87.98	181.26	292.48	357.57	6.87
河北	44.27	41.99	79.18	83.22	113.68	220.23	251.10	394.18	438.47	578.14	6.81
山西	18.61	17.76	38.44	35.01	40.34	68.52	102.73	175.26	223.70	314.58	7.52
内蒙古	26.85	27.10	39.97	36.03	31.65	54.13	64.62	133.98	191.55	250.59	5.89
辽宁	52.27	50.28	92.99	61.53	74.87	158.19	123.94	249.20	320.04	340.66	4.92
吉林	21.84	21.37	39.34	32.40	30.20	61.57	70.54	119.85	137.78	148.32	5.03
黑龙江	41.25	42.13	51.57	48.52	57.60	69.97	84.75	140.21	178.69	210.62	4.27
上海	49.75	41.42	71.88	90.74	144.97	218.01	313.73	614.29	650.92	783.17	7.32
江苏	67.46	59.31	117.33	106.95	198.89	347.52	405.38	647.28	988.26	1371.22	8.03
浙江	65.23	60.45	125.63	135.37	195.02	284.67	334.08	562.98	673.25	844.12	6.79
安徽	29.89	31.53	57.26	54.91	74.67	110.53	152.65	234.28	316.86	388.81	6.80
福建	27.47	28.18	55.71	48.66	59.90	144.24	141.45	261.75	309.69	443.55	7.39
江西	17.32	16.28	28.66	35.43	46.23	71.12	103.42	206.88	301.16	355.43	8.05
山东	66.42	70.56	123.80	147.83	185.62	418.32	487.98	775.56	1069.36	1564.65	8.44
河南	35.97	38.04	51.28	68.59	106.35	212.79	252.59	482.09	652.67	861.32	8.48
湖北	48.22	38.95	94.00	106.35	102.57	138.42	174.14	318.04	470.97	575.14	6.56
湖南	38.99	40.56	79.87	101.54	120.13	209.76	213.34	359.04	512.08	611.18	7.31
广东	79.17	99.30	133.62	182.87	355.73	399.81	520.74	906.32	1223.15	1537.17	7.90
广西	33.76	31.11	64.17	73.29	103.50	119.24	140.02	264.48	414.33	498.82	7.15

续表

地区	总耐用品支出成本（亿元）										年均增长率（%）
	1979 年	1980 年	1985 年	1990 年	1995 年	2000 年	2005 年	2010 年	2015 年	2018 年	1979~2018 年
海南	4.65	4.42	7.06	6.01	13.73	10.85	19.48	27.11	44.53	54.29	6.51
重庆	27.84	13.18	25.34	29.62	54.17	81.86	108.84	192.15	311.37	404.35	7.10
四川	58.44	65.53	111.99	123.50	161.06	188.93	251.35	400.78	557.56	742.53	6.74
贵州	14.18	19.34	22.98	24.54	54.02	71.28	70.16	95.97	149.81	207.36	7.12
云南	23.08	19.83	40.86	61.54	59.76	114.64	134.42	193.23	289.60	391.75	7.53
陕西	26.40	22.86	40.74	43.94	47.15	100.64	109.31	165.10	222.36	289.93	6.34
甘肃	13.44	12.88	20.93	23.82	20.62	67.53	75.22	98.50	131.09	157.49	6.51
青海	3.35	3.40	6.40	8.17	7.66	13.00	14.92	22.77	28.39	35.91	6.27
宁夏	4.17	3.69	7.26	7.33	8.28	16.15	24.82	34.05	51.02	72.78	7.61

注：本表数据来自全国和地区统计年鉴，因统计口径不一，全国数据和地区加总数据不尽相同。

表 2-10 1979~2018 年全国及各地区人均耐用品支出成本及年均增长率

地区	人均耐用品支出成本（元）										年均增长率（%）
	1979 年	1980 年	1985 年	1990 年	1995 年	2000 年	2005 年	2010 年	2015 年	2018 年	1979~2018 年
全国	89.23	85.44	158.04	154.42	233.60	384.67	383.18	632.50	833.77	1013.80	6.43
北京	459.43	504.96	1014.63	627.67	780.69	1475.99	1429.98	2002.35	1942.77	2950.33	4.88
天津	362.83	246.38	507.35	402.80	434.30	1027.55	843.50	1395.40	1890.62	2292.10	4.84
河北	86.73	81.25	142.72	135.13	176.60	326.56	366.52	547.93	590.53	765.15	5.74
山西	76.03	71.71	146.33	120.76	131.11	207.83	306.20	490.38	610.54	846.09	6.37
内蒙古	144.99	144.44	199.13	166.60	138.57	227.82	270.83	541.99	762.84	988.92	5.05
辽宁	151.82	144.20	252.27	155.11	182.97	373.26	293.63	569.60	730.35	781.51	4.29
吉林	99.97	96.67	171.21	130.47	116.53	225.68	259.71	436.31	500.49	548.51	4.46

地区	人均耐用品支出成本（元）										年均增长率（%）
	1979年	1980年	1985年	1990年	1995年	2000年	2005年	2010年	2015年	2018年	1979~2018年
黑龙江	130.18	131.49	155.77	136.94	155.64	189.68	221.85	365.80	468.75	558.24	3.80
上海	439.41	361.25	590.66	678.70	1024.56	1302.30	1764.51	2667.33	2695.32	3230.89	5.25
江苏	114.48	99.88	188.85	158.04	281.47	467.22	542.32	822.57	1239.05	1703.17	7.17
浙江	172.00	157.96	311.73	324.79	451.55	608.65	682.08	1033.57	1215.47	1471.37	5.66
安徽	62.24	64.43	111.05	96.77	124.18	184.64	249.42	393.28	515.73	614.81	6.05
福建	110.46	111.85	205.36	160.22	185.06	415.56	400.13	708.78	806.69	1125.47	6.13
江西	53.75	49.77	82.82	93.00	113.80	171.78	239.90	463.64	659.57	764.70	7.05
山东	91.84	96.70	160.88	174.06	213.24	460.76	527.66	808.89	1085.98	1557.33	7.53
河南	50.04	52.22	66.48	79.31	116.87	229.90	269.29	512.59	688.47	896.75	7.68
湖北	104.08	83.14	190.63	195.52	177.70	229.63	304.97	555.24	804.80	972.01	5.90
湖南	74.65	76.81	142.07	165.70	187.94	325.71	337.25	546.48	754.94	885.89	6.55
广东	154.01	189.87	213.69	288.17	517.95	462.63	566.39	868.04	1127.43	1354.81	5.73
广西	97.30	87.92	165.68	171.99	227.83	265.63	300.47	573.70	863.91	1012.63	6.19
海南	85.98	80.06	118.08	90.69	189.63	137.81	235.32	312.00	488.78	581.31	5.02
重庆	104.91	49.45	91.52	101.40	180.44	264.92	388.99	666.03	1032.06	1303.52	6.67
四川	59.79	66.74	109.96	114.31	142.21	226.84	306.08	498.18	679.62	890.22	7.17
贵州	51.91	69.65	77.43	75.08	153.99	202.22	188.09	275.87	424.39	576.00	6.37
云南	73.64	62.50	119.96	164.94	149.78	267.35	302.06	419.88	610.70	811.08	6.34
陕西	94.05	80.73	135.72	132.50	134.19	279.16	293.85	442.04	586.23	750.34	5.47
甘肃	70.96	67.12	102.57	105.63	84.56	263.58	289.97	384.77	504.20	597.23	5.61
青海	90.15	90.16	157.18	182.39	159.29	251.01	274.81	404.36	482.81	595.60	4.96
宁夏	114.53	98.83	174.91	155.99	161.50	287.29	416.48	537.84	763.85	1057.86	5.87

图 2-6 给出了不同时间段全国人均耐用品支出成本的年均增长率，其中 1979~1988 年全国人均耐用品支出成本年均增长率最高，为 8.79%，紧接着依次为 1989~1998 年、2009~2018 年、1999~2008 年，其年均增长率分别为 7.55%、6.45% 和 3.35%；1999~2008 年和 2009~2018 年的全国人均耐用品支出成本年均增长率低于 1979~2018 年的年均增长率。

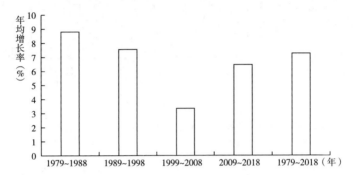

图 2-6 1979~2018 年分阶段全国人均耐用品支出成本年均增长率

从各地区总耐用品支出成本的测算结果来看（见表 2-9），年均增长率超过全国总耐用品支出成本年均增长率的有河南、山东、江西、江苏、广东、宁夏、云南、山西和福建，分别为 8.48%、8.44%、8.05%、8.03%、7.90%、7.61%、7.53%、7.52% 和 7.39%，其中河南的耐用品支出成本增长最多，即从 1979 年的 35.97 亿元上升到 2018 年的 861.32 亿元；上海、湖南和北京等地区总耐用品支出成本的年均增长率低于全国水平。黑龙江省总耐用品支出成本的年均增长率最低，为 4.27%。

从各地区人均耐用品支出成本的测算结果来看（见表 2-10 和图 2-7），前期发展过程中，各地区人均耐用品支出成本的年均增长率波动幅度较大，后期相对稳定，并且山西、内蒙古、安徽、河南、海南、重庆和宁夏等地区增长较多。人均耐用品支出成本年均增长率排名位于前三位的省份为河南、山东和四川，分别为 7.68%、7.53% 和 7.17%，其中河南省人均耐用品支出成本的年均增长率依然位居首位。此外，江苏、江西、重庆和湖南人均耐用品支出成本的年均增长率要高于全国水平；人均耐用品支出成本年均增长率最低的三个省份为东北三省（总耐用品支出成本的排位也是如此），其中黑龙江人均耐用品支出成本的年均增长率最低，为 3.80%。

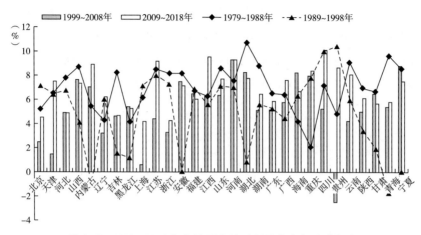

图 2-7 1979~2018 年各地区人均耐用品支出年均增长率

图 2-8 展示了 1979~2018 年全国及各地区人均耐用品支出成本的变化趋势。

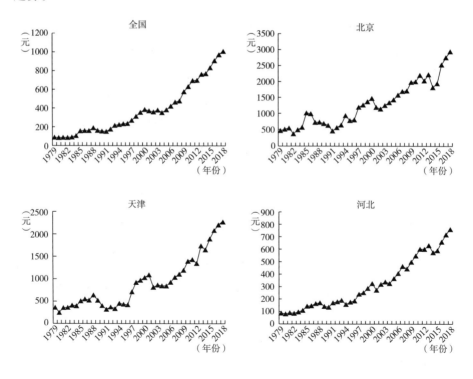

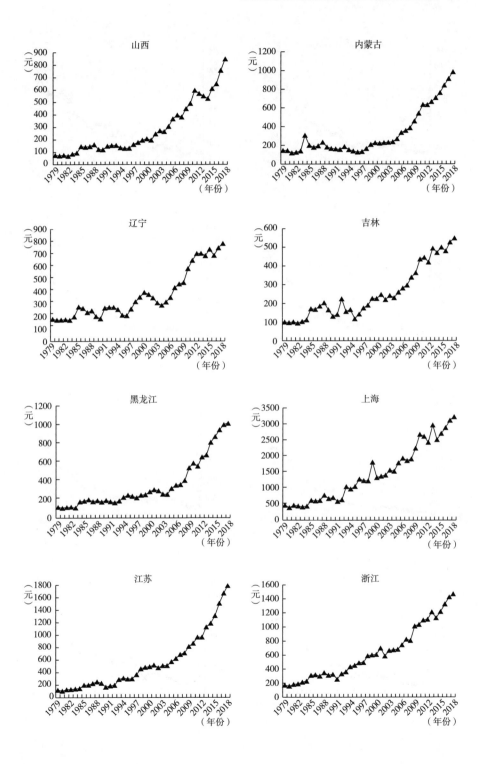

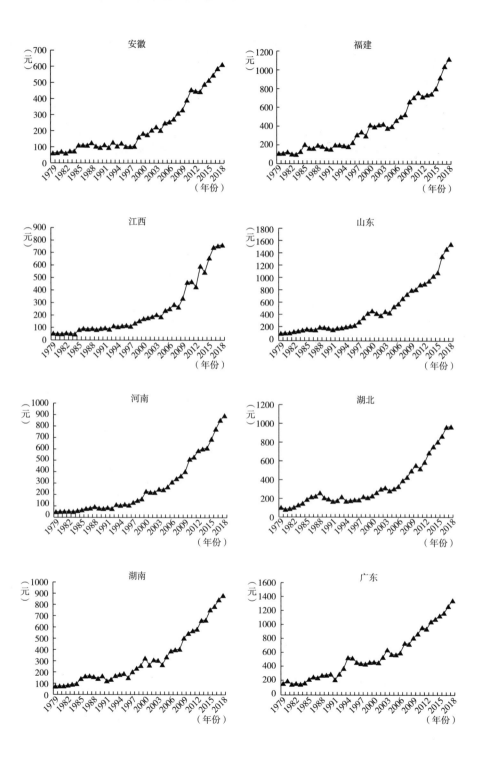

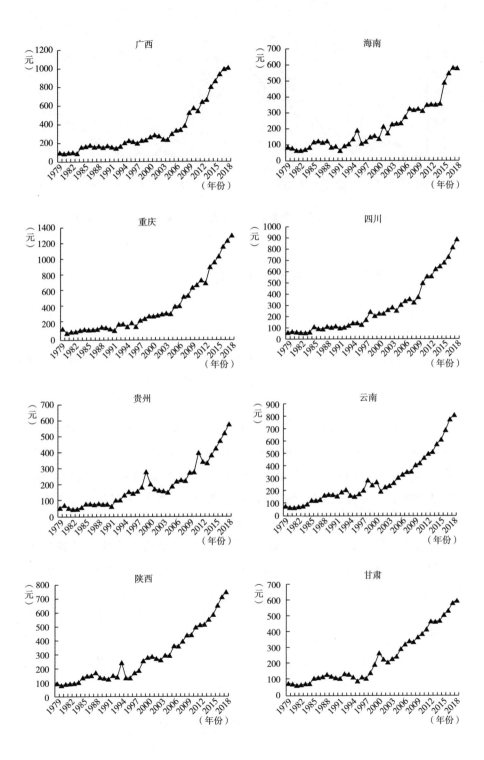

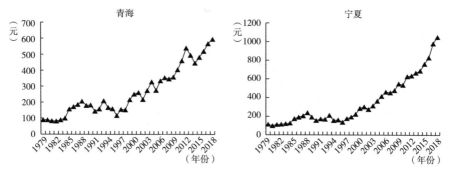

图 2-8　1979~2018 年全国及各地区人均耐用品支出成本的变化趋势

2.3.2　家居维修保养及改善支出成本

1. 测算方法

在 GPI 1.0 框架中并未涉及家居维修保养及改善支出成本，如 Wen 等（2007）在比较苏州、宁波、广州和扬州的 GPI 时，Long 和 Ji（2019）在测算中国 1997~2015 年的 GPI 时，以及 Hou（2017）在测算中国辽宁省的 GPI 时，都没有考虑家居维修保养及改善支出成本，但在 GPI 2.0 框架中，Talberth 和 Weisdorf（2017）认为家居维修保养及改善支出（Household Repairs and Maintenance & Home Improvement）与耐用消费品一样属于家庭投资的范畴，将会在未来产生潜在的效用，而这些效用会在家庭资本服务中具体被衡量，为避免重复计算，在此需要直接扣除。本报告基于此算法，直接从家庭消费支出中全部扣除家居维修保养及改善支出。

在具体计算中，全国及各地区家居维修保养及改善支出的数据缺乏，所以我们根据现有数据，即北京市 2003~2012 年公布的消费支出中的住房维修及管理支出数据，计算出住房维修及管理支出占居住支出的比例（经计算，城镇与农村均采用 40% 的比例）作为其他地区的测算依据。此外，与前述其他指标类似，本报告在获得家居维修保养及改善支出的基础上仍需进行权重系数调整。家居维修保养及改善支出成本的计算公式和步骤如下：

$$\overline{C}_{j\_t} = \frac{\overline{C}_{decoration\_j\_t\_1} \times Pop_{j\_t\_1} + \overline{C}_{decoration\_j\_t\_2} \times Pop_{j\_t\_2}}{Pop_{j\_t}} \times \omega_{j\_t}^{*}$$

其中，$\overline{C}_{j\_t}$ 表示 t 年 j 地区的人均家居维修保养及改善支出成本；$\overline{C}_{decoration\_j\_t\_1}$、$\overline{C}_{decoration\_j\_t\_2}$ 分别表示 t 年 j 地区的城镇和农村居民家庭的家居维修保养及改善支出；$Pop_{j\_t\_1}$、$Pop_{j\_t\_2}$、Pop_{j_t} 分别表示 t 年 j 地区的城镇人口、农村人口和总人口；$\omega_{j\_t}^{*}$ 表示 t 年 j 地区消费的转化系数，具体可参见前文医疗保健成本部分的叙述。

而 t 年 j 地区的总家居维修保养及改善支出成本为：

$$C_{j\_t} = \overline{C}_{j\_t} \times Pop_{j\_t}$$

全国人均家居维修保养及改善支出成本和总家居维修保养及改善支出成本的计算步骤同上。

2. 数据来源

首先，本报告调整指标，并构造房屋及建筑材料费、房租、服务修理费和燃料费项。1979～1990 年全国层面居住消费支出的部分缺失数据根据消费支出的同比变化率进行插补；对于 1979～1990 年各地区层面的缺失数据，本报告考虑到各地区自身及各地区间的关系，采用点位置法进行插补。由于 2013 年前后居住消费支出统计口径的变化，2013～2018 年全国及地区层面的缺失数据借助统计年鉴上所给出的对应年份"城镇居民家庭人均消费支出"的同比变化率进行插补。农村居住类消费支出缺失数据的处理方法与之类似。

3. 计算结果

表 2-11 和表 2-12 给出了 1979～2018 年全国及各地区总家居维修保养及改善支出成本及其年均增长率和 1979～2018 年全国及各地区人均家居维修保养及改善支出成本及其年均增长率的结果。具体而言，全国总家居维修保养及改善支出成本由 1979 年的 565.57 亿元上升到 2018 年的 15002.41 亿元，年均增长率为 8.77%；全国居民人均家居维修保养及改善支出成本由 1979 年的 57.52 元增长至 2018 年的 1096.49 元，年均增长率为 7.85%。

从各地区总家居维修保养及改善支出成本的测算结果来看（见表 2-11），年均增长率超过 10% 的有山西和北京，分别为 10.22% 和 10.17%，其中山西省的总家居维修保养及改善支出成本增速最快，即从 1979 年的 9.84 亿元上升到 2018 年的 438.34 亿元；除了山西和北京之外，宁夏、广东、天津、青海和山东等12个地区的总家居维修保养及改善支出成本的年均增长率也高于全国水平。黑龙江、吉林和上海的总家居维修保养及改善支出成本增长较为缓慢，分别为7.18%、7.17%和6.96%。

从各地区人均家居维修保养及改善支出成本的测算结果来看（见表2-12），人均家居维修保养及改善支出成本增速排名位于前三的省份有山西、河南和山东，分别为9.05%、8.53%和8.53%，其中山西人均家居维修保养及改善支出成本的年均增长率依然位居首位。此外，贵州、湖北、四川、内蒙古、宁夏、青海和福建的人均家居维修保养及改善支出成本的年均增长率要高于全国水平；人均家居维修保养及改善支出成本的年均增长率最低的三个省份为吉林、海南和上海，其中上海人均家居维修保养及改善支出成本的增长率最低，为4.89%。

图2-9展示了1979~2018年全国及各地区人均家居维修保养及改善支出成本的变化趋势。

表2-11　1979~2018年全国及各地区总家居维修保养及改善支出成本及年均增长率

地区	总家居维修保养及改善支出成本（亿元）										年均增长率（%）
	1979年	1980年	1985年	1990年	1995年	2000年	2005年	2010年	2015年	2018年	1979~2018年
全国	565.57	649.95	1250.67	1442.56	1900.82	3246.21	4461.89	8430.89	12451.22	15002.41	8.77
北京	10.06	11.22	20.62	21.70	24.64	51.52	102.73	209.12	317.61	440.22	10.17
天津	7.00	8.17	12.26	13.65	16.92	37.43	76.91	114.16	209.89	256.07	9.67
河北	27.40	30.03	57.45	79.51	80.19	165.60	228.45	439.57	602.64	768.51	8.92
山西	9.84	12.35	22.99	26.33	22.58	38.88	87.19	194.28	310.47	438.34	10.22
内蒙古	9.40	11.30	17.36	21.54	26.35	42.73	75.68	147.34	238.05	279.60	9.09
辽宁	27.41	29.02	46.95	57.56	60.83	111.37	170.45	302.22	435.37	452.38	7.45
吉林	13.67	15.17	22.18	26.71	32.78	56.61	96.57	160.97	197.79	203.88	7.17
黑龙江	22.78	24.98	33.26	47.72	58.58	85.48	143.61	208.26	291.93	340.41	7.18
上海	29.47	32.40	66.67	61.72	100.73	147.05	192.32	357.27	345.98	406.64	6.96
江苏	57.61	64.76	109.93	142.51	159.75	210.71	320.74	573.82	1013.33	1313.88	8.35
浙江	32.14	38.02	76.00	104.07	106.13	157.92	275.89	546.82	655.70	794.42	8.57
安徽	28.29	33.73	52.52	68.25	64.73	88.68	156.70	329.68	469.04	613.31	8.21
福建	15.06	16.73	31.77	37.70	54.37	99.34	162.69	277.81	362.79	484.18	9.31
江西	19.25	19.80	27.41	40.34	48.20	77.40	107.23	234.30	356.01	424.70	8.26

续表

地区	总家居维修保养及改善支出成本（亿元）										年均增长率（%）
	1979年	1980年	1985年	1990年	1995年	2000年	2005年	2010年	2015年	2018年	1979~2018年
山东	45.35	53.70	80.75	100.50	124.98	225.01	357.83	664.73	1090.01	1531.38	9.44
河南	29.10	33.34	59.52	76.96	93.84	196.21	289.93	495.51	749.83	947.49	9.34
湖北	24.01	25.06	48.01	67.97	68.19	132.80	174.02	325.04	551.44	716.09	9.10
湖南	32.36	36.07	61.75	73.35	86.50	139.20	181.64	338.17	558.46	683.79	8.14
广东	41.35	47.34	70.71	114.04	197.09	352.87	529.72	987.03	1264.08	1559.09	9.75
广西	18.53	20.30	27.67	34.17	40.27	93.09	135.48	242.27	412.77	497.60	8.80
海南	5.40	5.76	8.11	6.35	7.03	14.62	18.72	39.38	82.53	106.24	7.94
重庆	14.02	14.45	24.89	22.22	25.96	49.95	76.45	142.72	190.18	243.00	7.59
四川	35.07	44.32	61.14	88.35	95.72	159.26	196.73	366.87	540.47	697.12	7.97
贵州	9.74	9.73	12.31	15.42	19.60	44.56	82.41	141.26	227.57	304.91	9.23
云南	14.49	14.80	20.41	34.46	29.58	77.10	91.42	175.63	279.78	343.50	8.45
陕西	15.71	16.08	29.32	40.08	31.37	62.54	89.86	198.24	315.25	392.92	8.60
甘肃	7.52	7.67	11.02	18.06	17.00	36.02	61.61	97.17	157.61	193.16	8.68
青海	1.84	2.18	2.97	4.21	4.15	7.06	17.43	30.49	52.17	62.32	9.45
宁夏	1.81	2.09	3.54	4.78	5.21	8.59	20.64	35.59	54.76	72.45	9.93

注：本表数据来自全国和地区统计年鉴，因统计口径不一，全国数据和地区加总数据不尽相同。

表 2-12 1979~2018 年全国及各地区人均家居维修保养及改善支出成本及年均增长率

地区	人均家居维修保养及改善支出成本（元）										年均增长率（%）
	1979年	1980年	1985年	1990年	1995年	2000年	2005年	2010年	2015年	2018年	1979~2018年
全国	57.52	65.34	118.08	125.26	156.62	261.70	354.02	644.07	926.40	1096.49	7.85
北京	112.19	124.10	214.75	199.81	196.99	372.77	667.96	1065.83	1462.99	2043.74	7.73
天津	94.68	109.14	151.76	154.42	179.62	373.90	737.41	878.84	1356.77	1641.50	7.59
河北	53.66	58.11	103.55	129.09	124.57	245.55	333.45	611.02	811.63	1017.08	7.84
山西	40.22	49.87	87.51	90.84	73.40	117.93	259.88	543.60	847.35	1178.97	9.05

地区	人均家居维修保养及改善支出成本（元）										年均增长率（%）
	1979年	1980年	1985年	1990年	1995年	2000年	2005年	2010年	2015年	2018年	1979~2018年
内蒙古	50.77	60.19	86.52	99.59	115.36	179.84	317.18	596.04	948.04	1103.40	8.21
辽宁	79.60	83.22	127.38	145.11	148.66	262.79	403.80	690.79	993.54	1037.80	6.81
吉林	62.57	68.63	96.54	107.59	126.45	207.51	355.54	586.00	718.45	753.98	6.59
黑龙江	71.88	77.98	100.44	134.70	158.27	231.71	375.93	543.33	765.83	902.23	6.70
上海	260.26	282.62	547.84	461.61	711.90	878.41	1081.65	1551.32	1432.64	1677.54	4.89
江苏	97.77	109.06	176.94	210.60	226.09	283.29	429.09	729.21	1270.48	1631.95	7.48
浙江	84.74	99.36	188.58	249.70	245.72	337.65	563.28	1003.90	1183.78	1384.72	7.43
安徽	58.89	68.94	101.86	120.27	107.65	148.15	256.04	553.43	763.41	969.82	7.45
福建	60.55	66.40	117.10	124.13	167.95	286.20	460.22	752.26	945.00	1228.57	8.02
江西	59.72	60.54	79.21	105.89	118.64	186.95	248.72	525.10	779.71	913.73	7.24
山东	62.71	73.60	104.94	118.33	143.58	247.84	386.92	693.29	1106.95	1524.22	8.53
河南	40.48	45.77	77.17	88.98	103.12	211.99	309.10	526.85	790.96	986.45	8.53
湖北	51.82	53.51	97.37	124.96	118.13	220.31	304.76	567.46	942.31	1210.22	8.41
湖南	61.96	68.30	109.84	119.69	135.33	216.15	287.13	514.72	823.33	991.14	7.37
广东	80.44	90.51	113.08	179.71	286.97	408.33	576.15	945.34	1165.15	1374.14	7.55
广西	53.39	57.37	71.45	80.19	88.64	207.37	290.72	525.54	860.65	1010.15	7.83
海南	99.94	104.20	135.69	95.72	97.03	185.72	226.06	453.15	905.98	1137.51	6.43
重庆	52.84	54.23	89.90	76.06	86.49	161.64	273.24	494.68	630.36	783.38	7.16
四川	35.88	45.13	60.02	81.78	84.52	191.21	239.57	456.02	658.79	835.78	8.41
贵州	35.68	35.06	41.48	47.19	55.88	126.41	220.94	406.03	644.67	846.96	8.46
云南	46.24	46.64	59.92	92.35	74.14	179.80	205.44	381.64	590.00	711.18	7.26
陕西	55.97	56.80	97.67	120.87	89.27	173.48	241.55	530.76	831.14	1016.87	7.72
甘肃	39.73	39.96	53.99	80.10	69.71	140.58	237.52	379.55	606.17	732.50	7.76
青海	49.43	57.75	72.96	93.87	86.27	136.33	320.93	541.62	887.20	1033.43	8.11
宁夏	49.63	55.82	85.25	101.73	101.49	152.93	346.31	562.21	819.72	1053.02	8.15

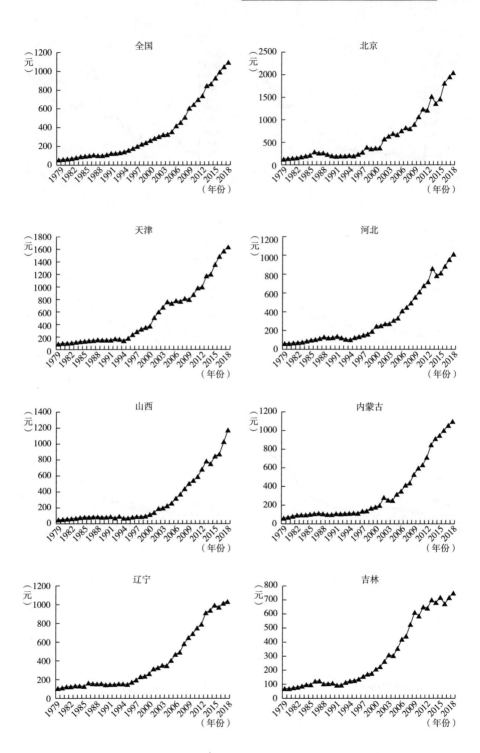

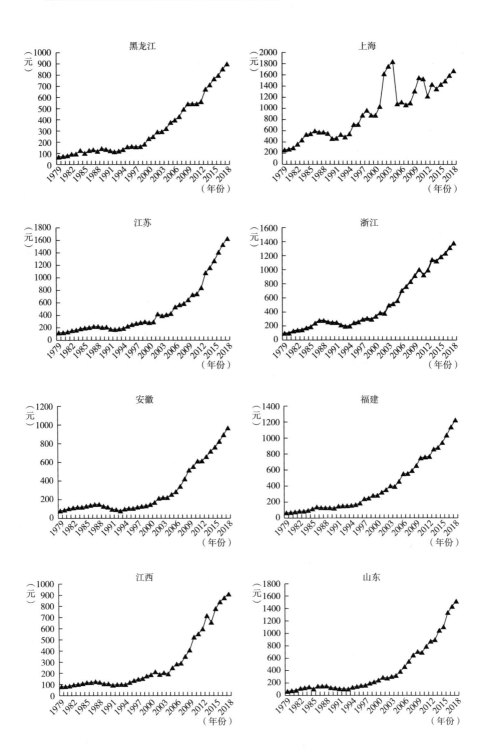

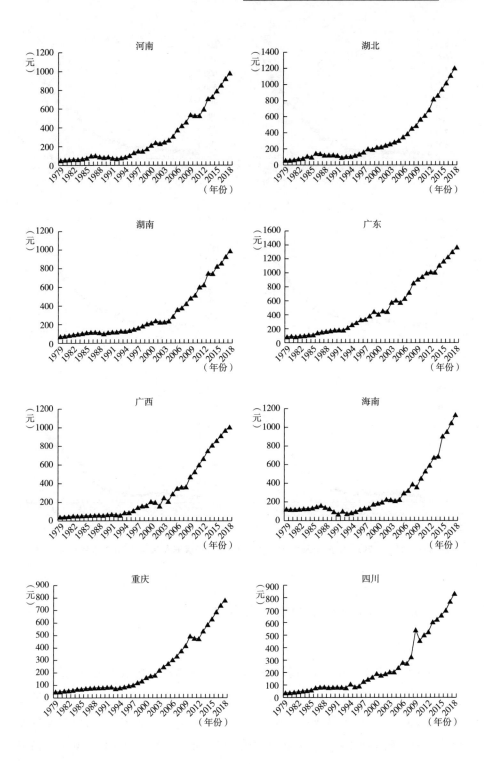

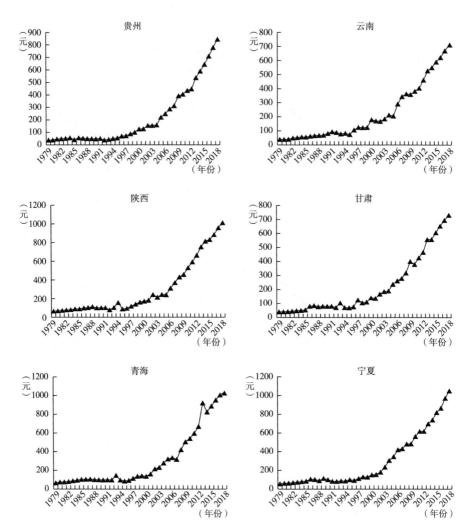

图 2-9　1979~2018 年全国及各地区人均家居维修保养及改善支出成本的变化趋势

2.3.3　高等和职业教育支出成本

1. 测算方法

在 GPI 1.0 框架中，高等教育的服务价值被考虑在内（Wen et al., 2007；Berik & Gaddis, 2011；Long & Ji, 2019；Hou, 2017），高等教育支出则没有被考虑在内。Talberth 和 Weisdorf（2017）认为这是不合理的，高等教育服务价值作为未来收益流需要个人在早期进行教育投资，所以在 GPI 2.0 中他们把家庭投资支出的范围从耐用消费品扩展到代表未来收益流的其他项目——如家庭装修、退休供款和高等教育。[①] Forgie 等（2008）在测算新西兰 GPI 时，把教育支出的 10% 划归为防御性消费支出。Lawn（2008）在测算澳大利亚 GPI 时，把教育支出的 25% 划归为防御性消费支出。[②]

本报告参考 Talberth 和 Weisdorf（2017）的方法，认为家庭教育支出属于家庭的消费及投资行为，假定初级及中等教育阶段的支出主要是消费导向的，而高等和职业教育方面的花费属于人力资本投资的一种形式。虽然相关统计年鉴中给出了高等和职业教育人数及一些地区、年份的总体高等教育学杂费数据，但缺乏学生籍贯地区的划分，导致无法在居民消费中进行扣除处理。[③] 此外，很多地区未详细给出高等教育和职业教育的支出，本报告计算出部分地区（北京和吉林）城镇居民家庭和农村居民家庭高等和职业教育支出占家庭教育支出的比例分别为 25% 和 20%，然后选用该比例测算全国及各地区的高等和职业教育支出。与前述指标类似，本报告在获得高等和职业教育支出的基础上还需乘以消费的转化系数进行调整。高等和职业教育支出成本的计算公式和步骤如下：

$$\overline{C}_{j\_t} = \frac{25\% \times \overline{C}_{edu\_j\_t\_1} \times Pop_{j\_t\_1} + 20\% \times \overline{C}_{edu\_j\_t\_2} \times Pop_{j\_t\_2}}{Pop_{j\_t}} \times \omega_{j\_t}^{*}$$

其中，$\overline{C}_{j\_t}$ 表示 t 年 j 地区的人均高等和职业教育支出成本；$\overline{C}_{edu\_j\_t\_1}$、$\overline{C}_{edu\_j\_t\_2}$ 分别表示 t 年 j 地区的城镇居民家庭人均高等和职业教育支出及农村居民家庭人均高等和职业教育支出；$Pop_{j\_t\_1}$、$Pop_{j\_t\_2}$、Pop_{j_t} 分别表示 t 年 j 地区的城镇人口、农村人口和总人口；$\omega_{j\_t}^{*}$ 表示 t 年 j 地区消费的转化系数，具体可参见前文医疗保健成本部分的叙述。

而 t 年 j 地区的总高等和职业教育支出成本为：

---

① 在 GPI 2.0 的框架下，初级及中等教育阶段的教育支出部分是以消费为导向的，而高等和职业教育阶段的支出是投资导向的，所以高等和职业教育支出被视为家庭投资成本的一项重要内容。

② Delang 和 Yu（2015）在对新加坡和香港的 GPI 进行测算时，也是仿效 Lawn（2008）的调整方法进行扣除的。

③ 这里为了保持数据的一致性，仍然使用统计年鉴中的城镇居民家庭和农村居民家庭相关教育支出方面的数据。

$$C_{j\_t} = \overline{C}_{j\_t} \times Pop_{j\_t}$$

全国人均高等和职业教育支出成本和总高等和职业教育支出成本的计算步骤同上。

2. 数据处理

本部分的数据主要来源于历年《中国统计年鉴》、各省份统计年鉴，其中数据缺失部分和对应的处理方法可分为两类：第一类为 1979~1991 年的缺失数据，对这部分数据缺失在移动平均法的基础上结合全国变化率进行插补；第二类为 2013~2018 年的缺失数据，对该部分使用同期同地区城镇居民家庭平均每人高等和职业教育支出的同比增长率进行插补。

此外，农村居民教育支出数据无法直接获得，与前面耐用品支出获取方法一样，需要借用城镇地区的占比来构造。缺失数据使用城镇家庭高等和职业教育支出在"用品及其他"支出中的占比等于农村相应占比和城镇家庭高等和职业教育支出在家庭文教娱乐支出中的占比等于农村相应占比的方法来获得。

3. 计算结果

表 2-13 和表 2-14 给出了 1979~2018 年全国及各地区总高等和职业教育支出成本及年均增长率和 1979~2018 年全国及各地区人均高等和职业教育支出成本及年均增长率的结果。具体而言，总高等和职业教育支出成本由 1979 年的 37.17 亿元上升到 2018 年的 3764.99 亿元，年均增长率为 12.57%；全国人均高等和职业教育支出成本由 1979 年的 3.78 元增长至 2018 年的 275.17 元，年均增长率为 11.62%。

表 2-13　1979~2018 年全国及各地区总高等和职业教育支出成本及年均增长率

地区	总高等和职业教育支出成本（亿元）										年均增长率（%）
	1979 年	1980 年	1985 年	1990 年	1995 年	2000 年	2005 年	2010 年	2015 年	2018 年	1979~2018 年
全国	37.17	37.33	81.19	163.66	469.08	1118.11	1619.22	1938.01	2963.35	3764.99	12.57
北京	0.84	0.96	2.25	4.47	11.73	28.80	52.00	73.71	86.97	115.82	13.45
天津	0.43	0.60	1.16	1.85	5.60	13.46	24.58	30.59	51.81	71.55	13.99
河北	0.92	1.00	2.65	6.05	16.96	38.60	56.45	62.56	138.33	174.21	14.40
山西	0.98	0.98	2.25	4.85	10.10	17.24	39.62	50.07	119.98	157.71	13.92

续表

| 地区 | 总高等和职业教育支出成本（亿元） | | | | | | | | | | 年均增长率（%） |
	1979年	1980年	1985年	1990年	1995年	2000年	2005年	2010年	2015年	2018年	1979~2018年
内蒙古	2.48	2.68	2.38	3.65	8.53	18.05	28.08	34.26	77.33	88.09	9.58
辽宁	1.64	1.76	4.00	6.63	22.74	46.86	66.53	90.94	171.01	185.89	12.90
吉林	0.55	0.83	2.17	4.68	9.70	23.38	34.76	41.88	88.24	86.50	13.85
黑龙江	1.79	2.29	3.93	6.45	15.54	32.99	46.15	53.02	118.18	148.34	11.99
上海	1.69	1.74	1.92	3.64	10.23	37.00	92.81	111.07	116.25	154.11	12.26
江苏	4.17	4.33	8.19	7.42	24.36	68.03	131.82	182.56	355.62	459.59	12.82
浙江	1.55	1.63	3.94	6.55	18.09	51.96	118.48	182.05	247.61	291.38	14.37
安徽	3.75	3.34	3.81	7.12	13.67	32.36	44.30	76.09	158.22	214.02	10.92
福建	1.57	1.37	2.33	5.59	13.95	29.22	44.46	53.82	90.06	113.17	11.59
江西	2.08	1.45	1.98	5.17	10.86	23.81	32.14	41.08	99.42	121.25	10.99
山东	0.97	1.33	4.00	9.90	26.91	76.69	127.74	139.19	311.86	468.39	17.17
河南	2.29	2.60	3.51	7.42	17.37	43.89	77.98	68.32	209.65	261.44	12.91
湖北	0.49	0.83	3.91	11.20	25.00	52.83	67.81	72.58	164.15	209.19	16.78
湖南	1.45	1.55	3.89	8.44	28.60	55.12	71.16	74.30	261.69	380.18	15.34
广东	2.60	3.01	4.87	15.14	51.77	100.54	182.49	221.37	343.94	446.90	14.11
广西	0.33	0.94	3.30	8.00	17.89	27.77	39.97	36.70	123.63	155.05	17.11
海南	0.33	0.32	0.59	0.90	2.29	6.21	6.90	8.66	25.04	36.88	12.85
重庆	1.13	0.73	1.16	2.06	7.21	22.37	37.28	26.79	61.20	89.82	11.88
四川	1.45	1.93	3.79	9.34	21.35	51.06	65.67	58.80	169.09	227.99	13.84
贵州	1.84	1.47	2.04	2.83	8.00	14.35	23.06	25.50	91.59	130.44	11.54
云南	0.83	0.71	1.85	5.95	10.48	21.45	25.82	22.75	106.17	137.83	14.02
陕西	1.30	1.33	2.37	4.32	7.46	21.84	53.26	54.34	120.10	140.77	12.76
甘肃	1.16	0.94	1.40	2.92	4.18	11.60	23.49	19.93	51.13	55.43	10.41
青海	0.21	0.20	0.39	0.85	1.59	3.36	3.90	3.88	15.39	18.86	12.25
宁夏	0.18	0.21	0.31	0.67	1.33	2.63	5.30	6.18	18.88	25.99	13.58

注：本表数据来自全国和地区统计年鉴，因统计口径不一，全国数据和地区加总数据不尽相同。

表 2-14　1979~2018 年全国及各地区人均高等和职业教育支出成本及年均增长率

| 地区 | 人均高等和职业教育支出成本（元） | | | | | | | | | | 年均增长率（%） |
	1979 年	1980 年	1985 年	1990 年	1995 年	2000 年	2005 年	2010 年	2015 年	2018 年	1979~2018 年
全国	3.78	3.75	7.67	14.21	38.65	90.14	128.47	148.05	220.48	275.17	11.62
北京	9.40	10.58	23.39	41.13	93.74	208.40	338.07	375.67	400.59	537.68	10.93
天津	5.86	8.02	14.30	20.92	59.39	134.51	235.71	235.49	334.88	458.67	11.83
河北	1.79	1.94	4.78	9.83	26.34	57.23	82.40	86.96	186.31	230.55	13.26
山西	4.00	3.96	8.58	16.73	32.82	52.28	118.10	140.10	327.47	424.19	12.70
内蒙古	13.42	14.31	11.85	16.88	37.35	75.96	117.67	138.59	307.96	347.62	8.70
辽宁	4.76	5.05	10.86	16.71	55.57	110.57	157.62	207.87	390.25	426.46	12.22
吉林	2.51	3.74	9.44	18.86	37.42	85.71	127.98	152.45	320.54	319.90	13.23
黑龙江	5.66	7.14	11.88	18.21	41.99	89.43	120.82	138.33	310.01	393.17	11.49
上海	14.95	15.22	15.79	27.23	72.28	221.04	521.97	482.30	481.38	635.75	10.09
江苏	7.07	7.29	13.18	10.96	34.47	91.46	176.34	232.00	445.86	570.84	11.92
浙江	4.09	4.26	9.76	15.71	41.87	111.09	241.90	334.22	447.03	507.90	13.16
安徽	7.81	6.82	7.39	12.54	22.74	54.06	72.38	127.73	257.52	338.43	10.14
福建	6.31	5.43	8.58	18.42	43.09	84.17	125.78	145.73	234.59	287.16	10.28
江西	6.45	4.43	5.71	13.57	26.74	57.51	74.56	92.07	217.73	260.87	9.95
山东	1.34	1.82	5.19	11.66	30.92	84.48	138.13	145.17	316.71	466.19	16.19
河南	3.19	3.56	4.54	8.57	19.08	47.42	83.13	72.64	221.15	272.19	12.08
湖北	1.06	1.78	7.93	20.58	43.32	87.65	118.76	126.71	280.50	353.54	16.05
湖南	2.78	2.93	6.91	13.77	44.74	85.58	112.48	113.09	385.80	551.07	14.52
广东	5.06	5.75	7.78	23.86	75.38	116.33	198.49	212.02	317.02	393.88	11.81
广西	0.94	2.66	8.52	18.77	39.37	61.87	85.78	79.60	257.78	314.75	16.06
海南	6.12	5.85	9.82	13.51	31.58	78.92	83.34	99.67	274.83	394.82	11.27
重庆	4.25	2.75	4.19	7.04	24.03	72.40	133.23	92.88	202.84	289.55	11.43
四川	1.49	1.96	3.72	8.65	18.85	61.30	79.97	73.08	206.10	273.34	14.31
贵州	6.75	5.29	6.89	8.65	22.79	40.70	61.84	73.29	259.45	362.34	10.75
云南	2.64	2.24	5.43	15.95	26.26	50.02	58.03	49.43	223.89	285.37	12.76
陕西	4.64	4.68	7.91	13.02	21.24	60.58	143.18	145.50	316.64	364.31	11.84
甘肃	6.15	4.88	6.87	12.94	17.15	45.29	90.56	77.85	196.64	210.19	9.48
青海	5.59	5.40	9.48	19.08	33.10	64.78	71.85	68.91	261.75	312.76	10.87
宁夏	4.98	5.54	7.41	14.26	25.97	46.78	88.94	97.67	282.62	377.74	11.74

从表 2-15、图 2-10 可以看到，全国人均高等和职业教育支出成本在 1989~1998 年年均增长率最高，为 19.64%，高于 1979~1988 年的 13.01%，2009~2018 年的 7.55% 和 1999~2008 年的 5.40%。此外，仅有 1979~1998 年人均高等和职业教育支出成本的年均增长率高于整个时间段的平均水平。

表 2-15　1979~2018 年分阶段全国及各地区人均高等和职业教育支出年均增长率

地区	年均增长率（%）				
	1979~1988 年	1989~1998 年	1999~2008 年	2009~2018 年	1979~2018 年
全国	13.01	19.64	5.40	7.55	11.62
北京	14.96	20.15	4.03	5.25	10.93
天津	10.93	21.85	7.04	8.43	11.83
河北	15.00	21.13	3.09	13.50	13.26
山西	13.71	10.08	11.06	15.29	12.70
内蒙古	1.00	14.18	6.71	10.79	8.70
辽宁	13.37	19.44	6.75	9.19	12.22
吉林	24.09	14.92	5.30	8.34	13.23
黑龙江	10.47	13.23	8.56	12.85	11.49
上海	4.70	23.28	9.67	3.62	10.09
江苏	7.08	20.20	10.51	10.88	11.92
浙江	13.55	20.57	13.18	5.29	13.16
安徽	2.97	16.06	8.25	12.99	10.14
福建	9.44	19.33	7.74	8.26	10.28
江西	0.88	18.58	3.69	15.41	9.95
山东	22.06	22.06	7.71	14.40	16.19
河南	9.73	17.61	9.32	13.88	12.08
湖北	33.72	15.73	4.10	11.93	16.05
湖南	18.57	18.84	3.33	19.62	14.52
广东	12.12	22.59	3.20	7.89	11.81
广西	34.00	14.29	1.83	18.23	16.06
海南	9.41	19.01	3.95	17.19	11.27
重庆	4.74	21.11	6.81	11.82	11.43
四川	18.01	19.93	3.71	14.86	14.31
贵州	1.08	14.50	4.26	21.51	10.75
云南	14.02	10.79	-0.54	23.08	12.76
陕西	11.46	14.85	10.38	12.20	11.84
甘肃	4.84	13.22	6.84	13.02	9.48
青海	7.89	13.75	2.57	17.50	10.87
宁夏	8.98	9.06	10.25	17.04	11.74

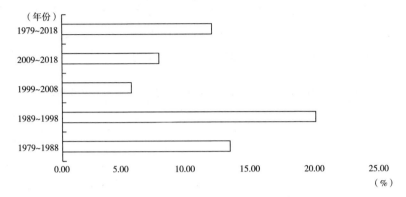

图 2-10　不同时段全国人均高等和职业教育支出成本年均增长率

从各地区总高等和职业教育支出成本的测算结果来看（见表 2-13），年均增长率超过 15% 的有山东、广西、湖北和湖南，分别为 17.17%、17.11%、16.78% 和 15.34%，其中山东省的总高等和职业教育支出成本增速最快，即从 1979 年的 0.97 亿元上升到 2018 年的 468.39 亿元；除了上述地区之外，河北、浙江、广东和云南等 15 个地区的总高等和职业教育支出成本也出现较快增长，并且高于全国总高等和职业教育支出成本的年均增长率水平（12.57%）。安徽、甘肃和内蒙古的总高等和职业教育支出成本的增长较为缓慢，其年均增长率分别为 10.92%、10.41% 和 9.58%。

从各地区人均高等和职业教育支出成本的测算结果来看（见表 2-14 和图 2-11），人均高等和职业教育支出成本增速排名位于前三位的省份为山东、广西和湖北，分别为 16.19%、16.06% 和 16.05%，其中山东省的人均高等和职业教育支出成本的年均增长率依然位居首位。高等和职业教育支出成本的年均增长率最低的三个地区分别为江西、甘肃和内蒙古，其中内蒙古人均高等和职业教育支出成本的年均增长率最低，为 8.70%。

图 2-12 展示了全国及各地区人均高等和职业教育支出成本的变化趋势。

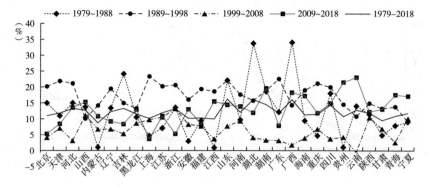

图 2-11　不同阶段各地区人均高等和职业教育支出成本年均增长率

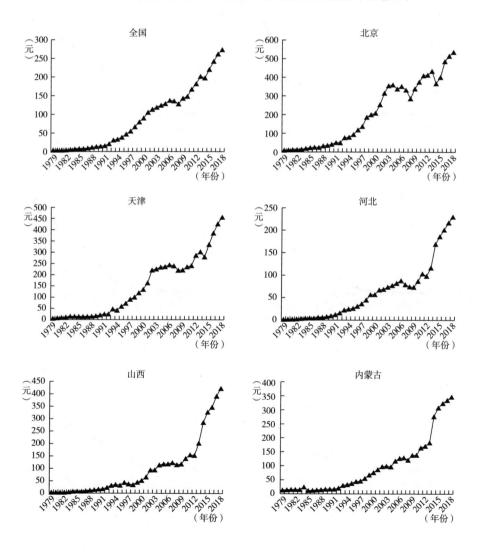

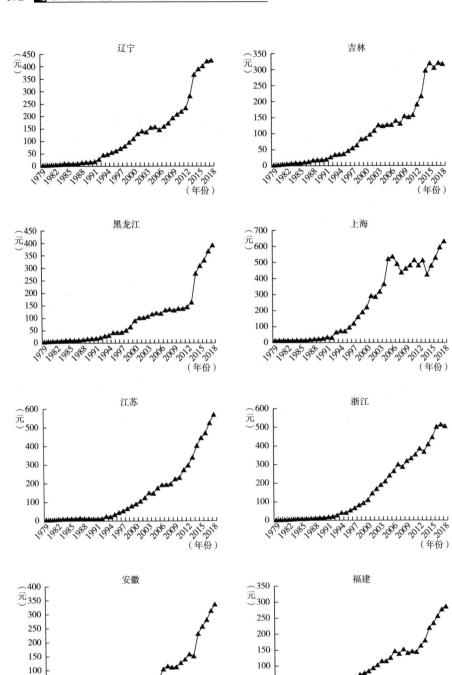

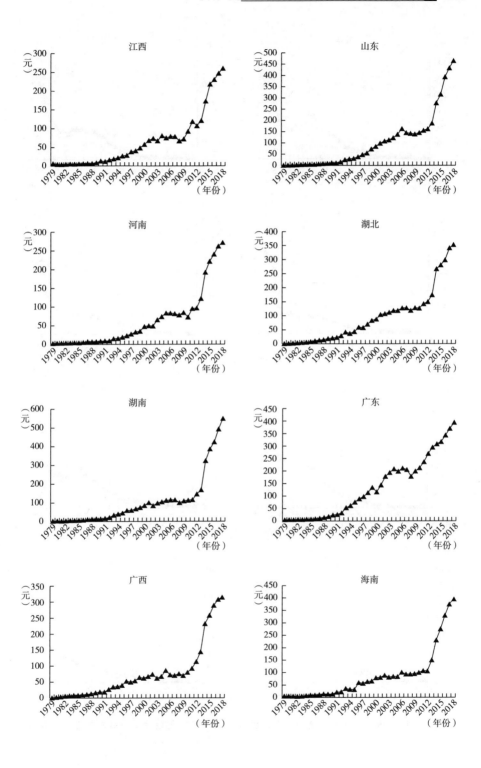

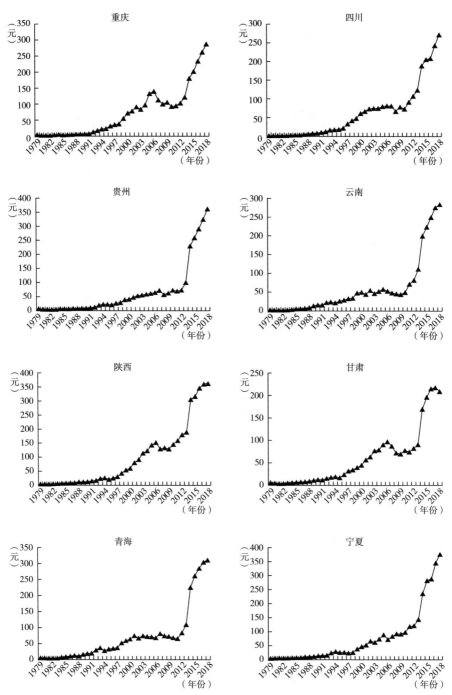

图 2-12　1979~2018 年全国及各地区人均高等和职业教育支出成本的变化趋势

2.4 收入不平等成本

1. 测算方法

收入不平等系数的调整通常借助于基尼系数（Gini Index）来测算，具体来说，使消费支出以基尼系数的百分比变化予以平减，以获取真实福利（Wen et al., 2007；Berik & Gaddis, 2011；Hou, 2017）。该方法的不足在于：（1）基尼系数与任何社会福利函数都没有关联（Stymne & Jackson, 2000；Dietz & Neumayer, 2006）；（2）社会对收入不平等的厌恶并没有在基尼系数中得到明确反映（Howarth and Kennedy, 2016）。而阿特金森（Atkinson）指数明确了研究者关于社会对收入不平等的厌恶的假设（Jackson et al., 2008），可以克服基尼系数的上述不足。Long 和 Ji（2019）在测算中国 1997~2015 年的 GPI 时，通过阿特金森指数测算了不平等调整系数。此外，GPI 2.0 框架是基于收入边际效用递减规律适用于消费的假设的，其用收入边际效用递减（Declining Marginal Utility of Income，DMUI）先调整收入，然后用调整的收入计算不平等调整系数（Talberth & Weisdorf, 2017）。

本报告的测算方法如下：1979~1996 年采用基尼系数计算不平等指数；1997~2018 年则参考 Long 和 Ji（2019）的计算方法，使用阿特金森指数计算不平等指数。

2. 数据说明

由于数据的可得性，1979~1996 年的基尼系数用城乡收入比替代，其原因在于两者绝对值的相关性。从全国层面来看，以国家统计局公布的基尼系数（其年份包括 2003~2017 年）为基准（朱之鑫，2002），城乡收入比与基尼系数两指标的相关系数为 0.88，相关性较高（见图 2-13），说明在没有更好的替代指标的情况下，城乡收入比可作为基尼系数的替代指标。

2017 年和 2018 年的不平等指数均用 2016 年使用阿特金森指数计算的不平等程度代替。

3. 测算结果

计算结果如表 2-16 所示，2018 年收入不平等调整系数最小的两个地区分别是甘肃和贵州，两者收入不平等导致消费效用损失的比重均达到 40%；

图 2-13　2003~2017 年全国城乡收入比与基尼系数分布情况

云南、青海、陕西和广西消费效用损失比重均超过 35%，不平等调整系数分别为 0.61、0.63、0.64 和 0.64；北京、上海和天津效用损失比重较小，分别为 25%、24% 和 23%，其不平等调整系数分别为 0.75、0.76 和 0.77。

表 2-16　1979~2018 年各地区收入不平等调整系数

地区	1979 年	1980 年	1985 年	1990 年	1995 年	2000 年	2005 年	2010 年	2015 年	2018 年	改善与恶化
北京	0.92	0.90	0.93	0.92	0.89	0.74	0.75	0.78	0.75	0.75	-0.17
天津	0.92	0.94	0.95	0.95	0.93	0.73	0.73	0.75	0.77	0.77	-0.15
河北	0.88	0.88	0.92	0.89	0.88	0.71	0.66	0.66	0.68	0.68	-0.20
山西	0.90	0.89	0.93	0.91	0.88	0.68	0.62	0.62	0.66	0.66	-0.24
内蒙古	0.90	0.90	0.92	0.91	0.89	0.68	0.63	0.65	0.67	0.67	-0.24
辽宁	0.95	0.94	0.95	0.94	0.93	0.71	0.69	0.69	0.70	0.70	-0.25
吉林	0.92	0.91	0.92	0.92	0.89	0.69	0.67	0.69	0.70	0.70	-0.22
黑龙江	0.89	0.91	0.91	0.93	0.91	0.70	0.67	0.71	0.71	0.71	-0.18
上海	0.93	0.92	0.94	0.94	0.92	0.77	0.77	0.79	0.76	0.76	-0.17
江苏	0.92	0.91	0.93	0.93	0.92	0.74	0.68	0.69	0.72	0.72	-0.20
浙江	0.88	0.87	0.90	0.90	0.88	0.71	0.68	0.70	0.73	0.73	-0.15

续表

地区	1979 年	1980 年	1985 年	1990 年	1995 年	2000 年	2005 年	2010 年	2015 年	2018 年	改善与恶化
安徽	0.92	0.91	0.93	0.90	0.88	0.67	0.61	0.63	0.67	0.67	-0.25
福建	0.83	0.84	0.88	0.86	0.86	0.70	0.65	0.65	0.70	0.70	-0.13
江西	0.92	0.92	0.93	0.92	0.91	0.70	0.65	0.66	0.68	0.68	-0.24
山东	0.88	0.90	0.92	0.90	0.89	0.68	0.65	0.65	0.69	0.69	-0.20
河南	0.87	0.88	0.91	0.89	0.87	0.70	0.63	0.64	0.68	0.68	-0.20
湖北	0.88	0.86	0.91	0.88	0.85	0.69	0.64	0.65	0.70	0.70	-0.18
湖南	0.90	0.91	0.92	0.90	0.86	0.66	0.62	0.64	0.66	0.66	-0.24
广东	0.90	0.91	0.90	0.88	0.85	0.68	0.65	0.68	0.70	0.70	-0.20
广西	0.94	0.94	0.95	0.95	0.93	0.63	0.58	0.58	0.64	0.64	-0.30
海南	0.87	0.87	0.90	0.87	0.83	0.68	0.65	0.65	0.68	0.69	-0.18
重庆	0.89	0.88	0.88	0.87	0.84	0.62	0.59	0.64	0.68	0.69	-0.20
四川	0.87	0.88	0.88	0.85	0.81	0.64	0.62	0.62	0.66	0.66	-0.21
贵州	0.90	0.90	0.89	0.84	0.82	0.60	0.56	0.56	0.60	0.60	-0.30
云南	0.86	0.87	0.89	0.87	0.81	0.57	0.54	0.56	0.61	0.61	-0.25
陕西	0.92	0.91	0.93	0.91	0.89	0.60	0.56	0.59	0.64	0.64	-0.28
甘肃	0.87	0.91	0.91	0.90	0.88	0.62	0.56	0.57	0.60	0.60	-0.28
青海	0.86	0.86	0.90	0.90	0.86	0.61	0.58	0.59	0.63	0.63	-0.23
宁夏	0.89	0.89	0.90	0.89	0.85	0.65	0.61	0.61	0.66	0.66	-0.23

对比 1979 年与 2018 年各地区不平等程度改善与恶化的情况（见表 2-16），相比 1979 年，2018 年不平等情况均出现恶化。其中，恶化幅度最大的地区是广西和贵州，不平等调整系数下降了 0.30，也就是说，相比 1979 年，2018 年消费效用减少了 30 个百分点；恶化程度较轻的地区是天津、浙江和福建，不平等系数分别下降了 0.15、0.15 和 0.13；同理，消费效用损失了 15 个百分点、15 个百分点和 13 个百分点；贵州、陕西、甘肃、云南、安徽和辽宁消费效用损失均超过了 25 个百分点。

2.5 公共物品和服务价值

1. 测算方法

公共物品和服务价值（Public Provision of Goods and Services）一般指政府部门及公益机构提供的非防御性公共物品和服务给居民带来的效用，非防御性公共物品和服务包括免费的文化艺术展览、食品、能源、金融服务、住房等。与之前核算的高等和职业教育支出成本等子指标类似，尽管非防御性公共物品和服务可以给人们带来正向效用，但 GPI 1.0 版本并不包含该指标（Wen et al., 2007；Berik & Gaddis, 2011；Long & Ji, 2019；Hou, 2017）。Talberth 和 Weisdorf（2017）在 GPI 2.0 版本上认为与联邦、州和地方政府支出相关的公共物品和服务价值不被包括在 PCE 中，因此它低估了家庭最终消费和福利的真实价值。本报告参考 Talberth 和 Weisdorf（2017）的处理方式，将公共物品和服务价值作为福利指标之一纳入 GPI 的测算体系当中。

在具体计算中，本报告主要考虑政府提供的非防御性公共物品和服务的价值，[①] 但由于缺乏政府消费的具体项目分类，本报告将一般公共预算支出中的"外交支出、国防支出和公共安全支出"占总预算支出的比重作为政府消费中防御性消费所占的比重，将防御性政府消费予以扣除。由此，国家及各省区市公共物品和服务价值的计算公式为：公共物品和服务价值=政府消费-防御性政府消费，即从政府消费支出中扣除防御性政府消费，其中将"外交支出、国防支出和公共安全支出"占一般公共预算支出的比重视为政府消费中防御性消费所占的比重，计算出防御性政府消费，具体计算公式如下：

$$V_{j\_t} = C_{j\_t} \times (1 - \rho_{j\_t})$$

其中，V_{j_t} 表示 t 年 j 地区公共物品和服务的价值（以 2018 年为基期）；C_{j_t} 表示 t 年 j 地区的政府消费支出（以 2018 年为基期）；ρ_{j_t} 表示 t 年 j 地区的防御性政府消费所占比重。

---

① 参见《中国真实进步指标测算报告（2018）》的详细说明。

$$\overline{V}_{j\_t} = \frac{V_{j\_t}}{Pop_{j\_t}}$$

其中，$\overline{V}_{j\_t}$ 表示 t 年 j 地区人均公共物品和服务价值（以 2018 年为基期）；Pop_{j_t} 表示 t 年 j 地区总人口数。

$$\overline{V}_t = \frac{\sum_{j=1}^{29} V_{j\_t}}{\sum_{j=1}^{29} Pop_{j\_t}}$$

$$V_t = \overline{V}_t \times Pop_t$$

其中，$\overline{V}_t$ 表示 t 年全国人均公共物品和服务价值（以 2018 年为基期）；V_t 表示 t 年全国公共物品和服务价值（以 2018 年为基期）；j 取 1，2，3，…，29，分别代表全国 29 个省、自治区和直辖市，Pop_t 表示 t 年全国总人口数。

2. 数据处理方法

（1）统计口径变化

正如测算方法部分所涉及的公共物品和服务价值的说明，当测算 1979~2018 年的公共物品和服务价值时，会用到一般公共预算支出中的外交支出、国防支出和公共安全支出等防御性消费指标。但是，2007 年前后中国一般公共预算支出的统计口径发生了变化，具体而言，2007 年及之后年份的防御性支出包括"外交支出、国防支出和公共安全支出"，而 2006 年及之前年份的防御性支出则包括"外交外事支出、武装警察部队支出、公检法司支出和国防支出"。

（2）缺失值处理

对于部分数据缺失的年份进行插值（如 2018 年部分地区政府消费支出数据缺失），具体插值方法如下：

$$R_{j\_t} = R_{j_{t-1}} \times (1 + \rho_{j_{t-1}})$$

其中，R_{j_t} 表示 t 年 j 地区需要插值的年份数据；$R_{j_{t-1}}$ 表示 $t-1$ 年 j 地区统计年鉴可获得的数据，$\rho_{j_{t-1}}$ 表示 j 地区从 $t-6$ 年至 $t-1$ 年政府消费支出的年均增长率。

3. 测算结果

表 2-17 给出了 1979~2018 年全国公共物品和服务价值与人均公共物品和服务价值的计算结果，全国公共物品和服务价值由 1979 年的 2425.58 亿元上升到 2018 年的 111650.49 亿元，年均增长率为 10.32%；人均公共物品和服务价值由 1979 年的 248.67 元增长至 2018 年的 8001.44 元，年均增长率为 9.31%。

表 2-17　1979~2018 年全国公共物品和服务价值与人均公共物品和服务价值

年份	人均公共物品和服务价值（元）	公共物品和服务价值（亿元）	年份	人均公共物品和服务价值（元）	公共物品和服务价值（亿元）
1979	248.67	2425.58	2000	1455.29	18444.76
1980	254.60	2512.98	2001	1751.72	22356.72
1981	274.98	2751.74	2002	1970.57	25312.51
1982	301.79	3067.85	2003	2212.26	28588.34
1983	338.69	3488.80	2004	2452.54	31880.13
1984	390.60	4076.17	2005	2716.50	35519.92
1985	430.09	4552.59	2006	3126.21	41093.42
1986	477.53	5133.78	2007	3525.69	46584.64
1987	514.51	5623.59	2008	3974.21	52778.35
1988	522.82	5804.66	2009	4280.60	57124.54
1989	530.75	5981.73	2010	4848.41	65012.86
1990	597.48	6831.13	2011	5398.05	72730.62
1991	662.12	7668.83	2012	5874.30	79540.38
1992	717.00	8401.21	2013	6232.27	84803.72
1993	750.26	8891.80	2014	6400.23	87543.64
1994	780.42	9353.32	2015	6877.44	94538.70
1995	823.44	9973.59	2016	7177.52	99244.31
1996	904.12	11065.43	2017	7587.21	105468.33
1997	1006.87	12447.47	2018	8001.44	111650.49
1998	1115.98	13923.09	年均增长率	9.31%	10.32%
1999	1257.86	15822.11			

从 1979~2018 年全国公共物品和服务价值与人均公共物品和服务价值的增长趋势来看（见图 2-14），1979~1995 年，公共物品和服务价值与人均公共物品和服务价值年均增长率分别为 9.20% 和 7.77%；1996~2011 年的公共物品和服务价值与人均公共物品与服务价值的年均增长率最高，分别为 13.19% 和 12.65%；2012~2018 年，公共物品和服务价值与人均公共物品和服务价值的年均增长率分别为 5.88% 和 5.29%。

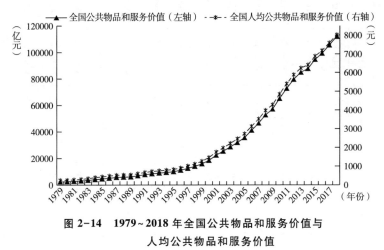

图 2-14　1979~2018 年全国公共物品和服务价值与
人均公共物品和服务价值

从各地区公共物品和服务价值的测算结果来看（见表 2-18），2018 年公共物品和服务价值超过 10000 亿元的仅有广东和江苏，分别为 11387.86 亿元和 10592.41 亿元，两者占全国公共物品和服务价值的比重近 20%。从年均增长率来看，各地区中，年均增长率超过 12% 的有浙江、海南、云南、江苏、广东、河南和天津，分别为 12.97%、12.50%、12.48%、12.32%、12.31%、12.05%、12.02%；湖南、陕西、河北、内蒙古、重庆、福建、湖北、贵州、山东和上海年均增长率均高于 10%；甘肃的公共物品与服务价值的年均增长率最低，为 7.62%。

对比 1979 年与 2018 年各地区公共物品与服务价值占全国比重的增减情况（见表 2-19），增幅度最大的是广东和江苏，公共物品与服务价值占全国的比重分别上升了 5.12 个百分点和 4.79 个百分点。

表 2-18 1979~2018 年各地区公共物品和服务价值及年均增长率

公共物品和服务价值（亿元）

地区	1979 年	1980 年	1985 年	1990 年	1995 年	2000 年	2005 年	2010 年	2015 年	2018 年	年均增长率（%）
北京	191.56	133.35	232.16	265.27	214.67	536.15	1605.67	3747.84	6023.96	5629.618	9.05
天津	25.58	24.52	56.60	90.31	131.92	340.98	681.53	1471.51	2186.38	2138.132	12.02
河北	63.02	64.52	119.17	166.97	408.66	775.33	1782.76	2939.46	3703.17	4195.105	11.37
山西	53.22	52.79	106.90	204.90	222.41	404.43	728.43	1300.29	1857.04	2086.209	9.86
内蒙古	37.08	35.51	102.65	141.31	178.98	296.79	811.04	2165.89	2227.55	2305.631	11.17
辽宁	135.75	187.94	240.38	346.34	485.51	979.82	1420.59	2094.18	2608.83	2823.9	8.09
吉林	48.89	53.94	114.19	129.91	179.55	392.19	681.69	1413.54	1560.88	1543.104	9.25
黑龙江	70.32	77.07	90.67	202.72	342.81	673.11	1085.33	2357.36	2682.78	2813.159	9.92
上海	93.54	105.17	178.30	254.34	341.74	586.71	1527.20	2501.45	3835.78	4763.885	10.60
江苏	114.04	123.07	268.55	321.62	694.67	1260.08	2853.21	7164.71	9847.30	10592.41	12.32
浙江	69.49	72.59	133.88	217.69	392.64	1089.46	2071.00	3304.81	5052.22	6821.656	12.79
安徽	80.19	70.65	153.96	180.91	277.13	462.64	791.02	1526.04	2473.40	2972.261	9.71
福建	58.01	58.10	84.03	244.90	335.76	731.74	1113.57	1763.15	2328.97	3297.384	10.92
江西	69.34	74.02	120.75	173.28	250.63	386.71	617.58	1085.82	1844.71	2388.674	9.50

续表

地区	公共物品和服务价值（亿元）										年均增长率（%）
	1979年	1980年	1985年	1990年	1995年	2000年	2005年	2010年	2015年	2018年	
山东	128.18	144.84	317.80	629.90	1242.16	1382.25	3206.05	4812.56	5868.03	6787.518	10.71
河南	75.52	82.17	197.74	218.93	542.97	986.14	2054.72	3217.91	5048.03	6391.829	12.05
湖北	84.92	88.98	196.16	328.85	336.43	654.63	1113.80	2573.10	3651.52	4733.732	10.86
湖南	65.63	78.16	124.77	354.88	462.63	843.31	1279.48	2045.24	3751.10	5121.801	11.82
广东	123.11	147.34	226.24	334.78	844.04	2047.62	3123.46	5296.03	8691.87	11387.86	12.31
广西	73.91	78.16	142.15	235.96	421.73	593.85	860.36	1365.93	2224.00	2550.844	9.51
海南	8.55	9.18	20.03	31.33	52.26	94.94	176.41	347.19	705.10	845.2877	12.50
重庆	37.95	34.13	58.12	101.74	148.74	317.96	596.89	1153.33	1820.14	2350.184	11.16
四川	168.94	167.68	238.75	311.72	643.71	675.32	1308.70	2243.58	3691.68	4767.084	8.94
贵州	31.41	32.06	64.87	128.81	137.30	246.81	524.18	842.52	1402.74	1703.555	10.78
云南	30.05	27.62	49.71	95.76	168.10	600.22	876.01	1361.07	2464.55	2948.286	12.48
陕西	37.61	43.74	95.00	252.95	267.51	305.17	473.04	1692.43	2398.68	2623.555	11.50
甘肃	82.48	89.90	108.84	129.59	158.00	207.56	457.55	1006.42	1298.28	1444.89	7.62
青海	21.72	15.91	31.73	65.51	61.57	86.88	233.78	374.74	607.52	758.161	9.54
宁夏	19.07	19.18	42.65	44.36	49.32	92.75	182.70	297.63	579.37	691.5853	9.64

表 2-19 **1979 年与 2018 年各地区公共物品与服务价值占全国比重及其增减**

地区	1979 年	2018 年	份额增减（百分点）	地区	1979 年	2018 年	份额增减（百分点）
北京	7.90%	5.04%	-2.86	河南	3.11%	5.72%	2.61
天津	1.05%	1.92%	0.86	湖北	3.50%	4.24%	0.74
河北	2.60%	3.76%	1.16	湖南	2.71%	4.59%	1.88
山西	2.19%	1.87%	-0.33	广东	5.08%	10.20%	5.12
内蒙古	1.53%	2.07%	0.54	广西	3.05%	2.28%	-0.76
辽宁	5.60%	2.53%	-3.07	海南	0.35%	0.76%	0.40
吉林	2.02%	1.38%	-0.63	重庆	1.56%	2.10%	0.54
黑龙江	2.90%	2.52%	-0.38	四川	6.96%	4.27%	-2.70
上海	3.86%	4.27%	0.41	贵州	1.30%	1.53%	0.23
江苏	4.70%	9.49%	4.79	云南	1.24%	2.64%	1.40
浙江	17.13%	6.11%	-11.02	陕西	1.55%	2.35%	0.80
安徽	3.31%	2.66%	-0.64	甘肃	3.40%	1.29%	-2.11
福建	2.39%	2.95%	0.56	青海	0.90%	0.68%	-0.22
江西	2.86%	2.14%	-0.72	宁夏	0.79%	0.62%	-0.17
山东	5.28%	6.08%	0.79				

从各地区人均公共物品和服务价值的测算结果来看（见表 2-20 和图 2-15），2018 年北京人均公共物品和服务价值最高，达到 26135.64 元；上海、天津、江苏、青海、浙江、宁夏和广东人均公共物品和服务价值均超过 10000 元，分别为 19652.99 元、13705.98 元、13156.64 元、12573.15 元、11890.63 元、10052.11 元和 10036.89 元；人均公共物品和服务价值最低的地区是贵州和安徽，均低于 5000 元，分别为 4732.10 元和 4699.97 元。从人均公共物品和服务价值的年均增长率来看，浙江、江苏、云南、河南和湖南人均公共物品和服务价值年均增长率最高，均超过 11%，分别为 11.60%、11.43%、11.24%、11.22% 和 11.03%；海南、重庆、陕西、内蒙古、河北、湖北、广东、贵州人均公共物品和服务价值的年均增长率均超过 10%，分别为 10.93%、10.72%、10.59%、10.28%、10.25%、10.17%、10.05% 和 10.00%；人均公共物品和服务价值年均增长率最低的地区是甘肃和北京，均低于 7%，分别为 6.71% 和 6.63%。

表2-20 1979~2018年各地区人均公共物品和服务价值及年均增长率

人均公共物品和服务价值（元）

地区	1979年	1980年	1985年	1990年	1995年	2000年	2005年	2010年	2015年	2018年	年均增长率（%）
北京	2135.38	1474.66	2418.37	2442.67	1716.02	3879.52	10440.01	19102.15	27747.42	26135.64	6.63
天津	345.94	327.36	700.53	1021.58	1400.44	3406.42	6534.36	11328.01	14133.01	13705.98	9.89
河北	123.45	124.84	214.79	271.09	634.85	1149.66	2602.18	4085.99	4987.43	5552.02	10.25
山西	217.49	213.16	406.94	706.78	722.82	1226.67	2171.18	3638.18	5068.34	5611.11	8.69
内蒙古	200.21	189.22	511.46	653.29	783.65	1249.10	3399.17	8761.68	8871.17	9098.78	10.28
辽宁	394.29	538.96	652.14	873.05	1186.50	2311.98	3365.53	4786.70	5953.52	6478.32	7.44
吉林	223.80	244.01	496.92	523.21	692.72	1437.65	2509.92	5145.78	5669.74	5706.75	8.66
黑龙江	221.92	240.54	273.86	572.17	926.25	1824.65	2841.18	6150.17	7037.73	7456.03	9.43
上海	826.25	917.27	1465.09	1902.35	2415.12	3504.84	8589.41	10861.70	15883.13	19652.99	8.47
江苏	193.53	207.25	432.24	475.28	983.12	1694.11	3817.00	9104.98	12346.16	13156.64	11.43
浙江	164.79	189.69	332.20	522.94	909.09	2329.40	4228.25	6067.22	9121.18	11890.63	11.60
安徽	166.96	144.38	298.61	318.78	460.88	772.88	1292.52	2561.75	4025.72	4699.97	8.93
福建	233.26	230.63	309.72	806.39	1037.27	2108.15	3150.13	4774.32	6066.61	8366.87	9.61
江西	215.14	226.33	348.99	454.80	616.87	934.08	1432.56	2433.48	4040.10	5139.14	8.48

续表

人均公共物品和服务价值（元）

地区	1979 年	1980 年	1985 年	1990 年	1995 年	2000 年	2005 年	2010 年	2015 年	2018 年	年均增长率（%）
山东	177.24	198.52	413.00	741.67	1426.95	1522.47	3466.75	5019.36	5959.21	6755.77	9.78
河南	105.06	112.80	256.37	253.13	596.68	1065.41	2190.54	3421.48	5324.93	6654.69	11.22
湖北	183.30	189.95	397.82	604.61	582.87	1085.98	1950.62	4492.14	6239.77	8000.22	10.17
湖南	125.65	148.00	221.93	579.12	723.77	1309.49	2022.57	3112.99	5530.14	7423.98	11.03
广东	239.49	281.73	361.80	527.54	1228.95	2369.38	3397.28	5072.34	8011.68	10036.89	10.05
广西	212.98	220.91	367.04	553.76	928.32	1322.89	1846.26	2962.98	4637.20	5178.33	8.53
海南	158.21	166.12	335.17	472.54	721.86	1206.37	2130.55	3995.29	7739.79	9050.19	10.93
重庆	143.00	128.09	209.97	348.33	495.52	1028.99	2133.26	3997.66	6032.95	7576.35	10.72
四川	172.84	170.76	234.34	288.52	568.39	810.81	1593.64	2788.79	4499.86	5715.24	9.39
贵州	115.02	115.45	218.58	394.16	391.39	700.16	1405.31	2421.74	3973.77	4732.10	10.00
云南	95.87	87.02	145.95	256.65	421.30	1399.76	1968.56	2957.56	5197.29	6104.11	11.24
陕西	133.98	154.51	316.47	762.80	761.28	846.52	1271.60	4531.27	6323.96	6789.74	10.59
甘肃	435.51	468.62	533.26	574.69	648.07	810.14	1763.90	3931.34	4993.40	5479.30	6.71
青海	583.81	422.14	779.68	1462.28	1280.04	1677.24	4305.27	6656.09	10332.00	12573.15	8.19
宁夏	523.80	513.22	1027.66	943.89	961.36	1650.40	3065.40	4701.97	8673.26	10052.11	7.87

对比 1979 年与 2018 年各地区人均公共物品和服务价值排名位次的变动情况（见表 2-21），各地区排序的变动幅度较大，江苏、海南、重庆、湖南、河南、辽宁、吉林、山西、甘肃、广西和江西排名位次升降幅度均达到 10 个位次，其中位次上升幅度最大的是江苏，由 1979 年的第 16 位上升至 2018 年的第 4 位，上升了 12 个位次；甘肃位次下降最多，由 1979 年的第 5 位下降至 2018 年的第 25 位，下降了 20 个位次。

图 2-15 展示了全国及各地区人均公共物品和服务价值的变化趋势。

表 2-21　1979 年与 2018 年各地区人均公共物品和服务价值排序及位次升降

地区	1979 年	2018 年	位次升降	地区	1979 年	2018 年	位次升降
北京	1	1	0	陕西	24	16	8
上海	2	2	0	山东	18	17	1
天津	7	3	4	河南	28	18	10
江苏	16	4	12	辽宁	6	19	-13
青海	3	5	-2	云南	29	20	9
浙江	21	6	-5	四川	19	21	-2
宁夏	4	7	-3	吉林	10	22	-12
广东	8	8	0	山西	12	23	-11
内蒙古	15	9	6	河北	26	24	2
海南	22	10	12	甘肃	5	25	-20
福建	9	11	-2	广西	14	26	-12
湖北	17	12	5	江西	13	27	-14
重庆	23	13	10	贵州	27	28	-1
黑龙江	11	14	-3	安徽	20	29	-9
湖南	25	15	10				

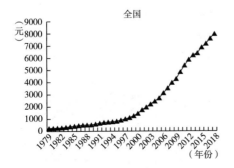

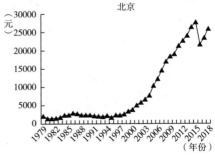

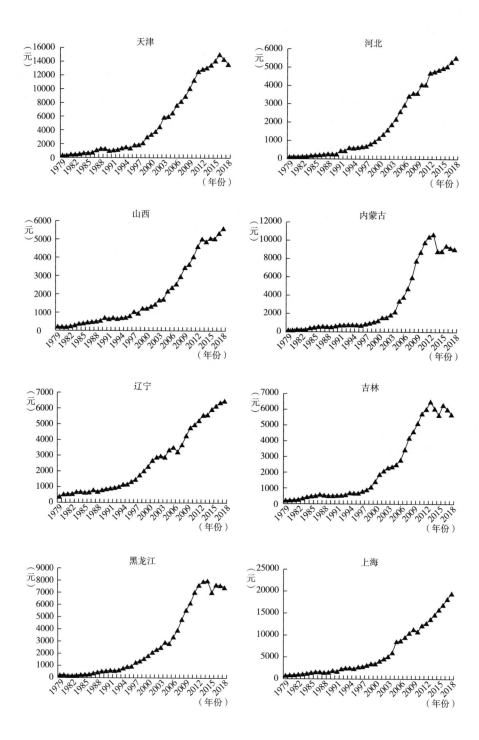

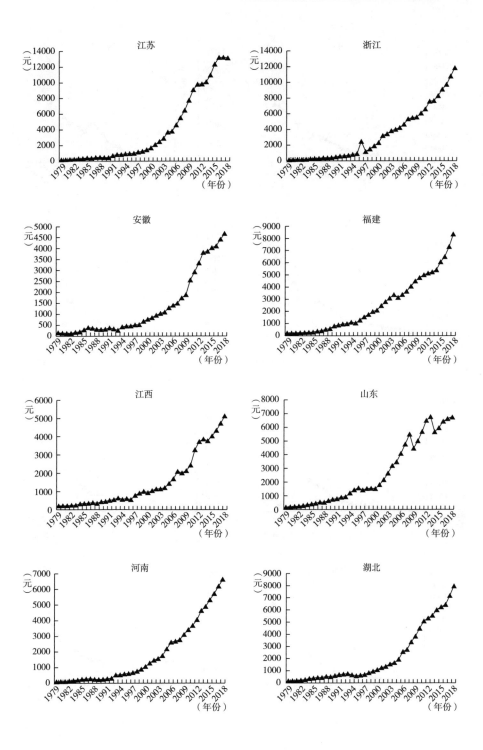

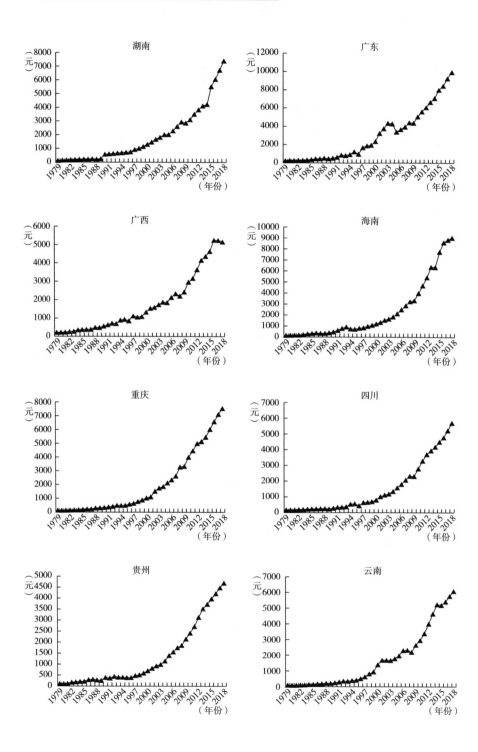

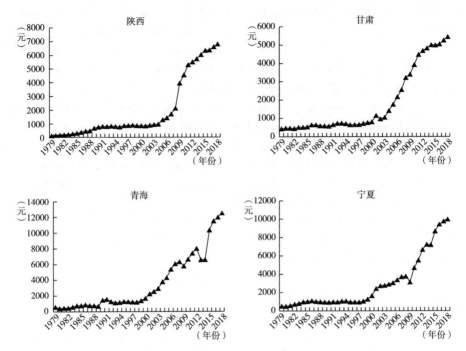

图2-15 1979~2018年全国及各地区人均公共物品和服务价值的变化趋势

参考文献

［1］Andrade，D. C.，Garcia，J. R.，（2015）. Estimating the Genuine Progress Indicator（GPI）for Brazil from 1970 to 2010. *Ecological Economics*，*118*，49-56.

［2］Bagstad，K. J.，& Shammin，M. R.（2012）. Can the Genuine Progress Indicator better Inform Sustainable Regional Progress? —A Case Study for Northeast Ohio. *Ecological Indicators*，*18*，330-341.

［3］Berik，G.，Gaddis，E.（2011）. *The Utah Genuine Progress Indicator（GPI），1990 to 2007：A Report to the People of Utah*. Utah Population and Environment Coalition.

［4］Clarke，M.，& Lawn，P.（2008）. A Policy Analysis of Victoria's Genuine Progress Indicator. *The Journal of Socio-Economics*，*37*（2），864-879.

［5］Cobb，J.，Daly，H.（1989）. *For the Common Good，Redirecting the Economy toward Community，the Environment and a Sustainable Future*. Boston Massachusetts Beacon Press.

［6］Cobb，C. W.，& Cobb，J. B.（1994）. *The Green National Product：A Proposed Index of Sustainable Economic Welfare*. University Press of America.

［7］Costanza，R.，Erickson，J.，Fligger，K.，Adams，A.，Adams，C.，Altschuler，

B., & Kerr, T. (2004) . Estimates of the Genuine Progress Indicator (GPI) for Vermont, Chittenden County and Burlington from 1950 to 2000. *Ecological Economics*, *51* (1 - 2), 139-155.

[8] Delang, C. O., & Yu, Y. H. (2015) . *Measuring Welfare beyond Economics: The Genuine Progress of Hong Kong and Singapore.* Routledge.

[9] Dietz, S., Neumayer, E. (2006) . Some Constructive Criticisms of the Index of Sustainable Economic Welfare. In *Sustainable Development Indicators in Ecological Economics* (pp. 186-206) . Edward Elgar Publishing.

[10] Eisner, (1994) . The Index of Sustainable Economic Welfare: Comment, in: Cobb, C. W., & Cobb, J. B. (Eds.), *The Green National Product: A Proposed Index of Sustainable Economic Welfare* (pp. 97-110) . University Press of America.

[11] Erickson, J. D., Zencey, E., Burke, M. J., Carlson, S., & Zimmerman, Z. (2013). Vermont Genuine Progress Indicator, 1960-2011: Findings and Recommendations. *Gund Institute for Ecological Economics.*

[12] Forgie, V., McDonald, G., Zhang, Y., Patterson, M., & Hardy, D. (2008). Calculating the New Zealand Genuine Progress Indicator. *Sustainable Welfare in the Asia-Pacific: Studies Using the Genuine Progress Indicator.* Edward Elgar Publishing.

[13] Granade, J., Creyts, J., Derkach, A., Farese, P., Nyquist, S., Ostrowski, K. (2009) . *Unlocking Energy Efficiency in the U. S. Economy.* McKinsey Global Energy and Materials.

[14] Howarth, R. B., Kennedy, K. (2016) . Economic Growth, Inequality, and Well-being. *Ecological Economics*, *121*, 231-236.

[15] Hou, Y. (2017) . Calculating a GPI for Liaoning Province of China. *Social Indicators Research*, *134* (1), 263-276.

[16] Jackson, T., McBride, N., Abdallah, S., Marks, N. (2008) . *Measuring Regional Progress: Regional Index of Sustainable Economic Well-being (R-ISEW) for all the English Regions.*

[17] Kubiszewski, I., Costanza, R., Franco, C., Lawn, P., Talberth, J., Jackson, T., & Aylmer, C. (2013) . Beyond GDP: Measuring and Achieving Global Genuine Progress. *Ecological Economics*, *93*, 57-68.

[18] Kubiszewski, I., Costanza, R., Gorko, N. E., Weisdorf, M. A., Carnes, A. W., Collins, C. E. & Schoepfer, J. D. (2015) . Estimates of the Genuine Progress Indicator (GPI) for Oregon from 1960-2010 and Recommendations for a Comprehensive Shareholder's Report. *Ecological Economics*, *119*, 1-7.

[19] Lawn, P. (2008) . Genuine Progress in Australia: Time to Rethink the Growth Objective. In Lawn, P., & Clarke, M. (eds) . *Sustainable Welfare in the Asia-Pacific: Studies Using the Genuine Progress Indicator* (pp. 91-125) . Edward Elgar Publishing Ltd.

[20] Lawn, P. (2013) . Economic Transition in Australia: Time to Move towards a

Steady-state Economy. In *Globalisation*, *Economic Transition and the Environment*: *Forging a Path to Sustainable Development*. Edward Elgar Publishing.

［21］Lawn, P. A. (2005) . An Assessment of the Valuation Methods Used to Calculate the Index of Sustainable Economic Welfare (ISEW), Genuine Progress Indicator (GPI), and Sustainable Net Benefit Index (SNBI) . *Environment*, *Development and Sustainability*, 7 (2), 185-208.

［22］Lawn, P., & Clarke, M. (2006) . *Measuring Genuine Progress*: *An Application of the Genuine Progress Indicator*. Nova Science.

［23］Long X., & Ji X. (2019) . Economic Growth Quality, Environmental Sustainability, and Social Welfare in China-Provincial Assessment Based on Genuine Progress Indicator (GPI) . *Ecological Economics*, *159*, 157-176.

［24］Posner, S. M., Costanza, R. (2011) . A Summary of ISEW and GPI Studies at Multiple Scales and New Estimates for Baltimore City, Baltimore County, and the State of Maryland. *Ecological Economics*, *70* (11), 1972-1980.

［25］Stymne, S., Jackson, T. (2000) . Intra-generational Equity and Sustainable Welfare: A Time Series Analysis for the UK and Sweden. *Ecological Economics*, *33* (2), 219-236.

［26］Talberth, J., & Weisdorf, M. A. (2014) . *Economic Wellbeing in Baltimore*: *Results from the Genuine Progress Indicator*, 2012-2013. Center for Sustainable Economy.

［27］Talberth, J., & Weisdorf, M. A. (2017) . Genuine Progress Indicator 2.0: Pilot Accounts for the US, Maryland, and City of Baltimore 2012-2014. *Ecological Economics*, *142*, 1-11.

［28］Wen, Z., Zhang, K., Du, B., Li, Y., & Li, W. (2007) . Case Study on the Use of Genuine Progress Indicator to Measure Urban Economic Welfare in China. *Ecological Economics*, *63* (2-3), 463-475.

［29］马树才，刘兆博．(2006) ．中国农民消费行为影响因素分析．数量经济技术经济研究，(05)，20-30.

［30］许宪春．(2013) ．准确理解中国的收入、消费和投资．中国社会科学，(02)，4-24+204.

［31］许宪春．(2014) ．我国住户调查与国民经济核算统计指标之间的协调．财贸经济，(01)，5-13.

［32］朱之鑫．(2002) ．我国收入分配现状、成因分析及对策建议．科学社会主义，(04)，39-43.

第3章 要素资本提供的服务价值

3.1 人力资本服务价值

人力资本服务价值（Services from Human Capital）包括高等教育、制造业从业人口和绿色产业从业人口提供的外部收益。在 GPI 2.0 账户中，人力资本服务价值包含高等教育服务价值、制造业服务价值和绿色就业服务价值三个子指标（Talberth & Weisdorf，2017）。但是，本报告是测算中国 GPI 的长期趋势，绿色就业服务在国内被理解和接受相对滞后，而且该指标也不在国家统计局的统计账户之内，因此本报告不考虑绿色就业的服务价值。

3.1.1 高等教育的服务价值

Talberth 和 Weisdorf（2017）遵循 Goodwin（2003）对于资本的分类，把资本分为人力资本、社会资本、建筑资本、自然资本和金融资本，并把高等教育的服务价值归到人力资本项目当中；根据 Moretti（2004）的估计，每名受过大学教育的工人每年社会溢出效应的总价值为 16000 美元；Hou（2017）用该数值测算了辽宁省的高等教育服务价值，为 313 亿元；Berik 等（2011）在测算 Utah 的 GPI 时以及 Wen 等（2007）在测算苏州、宁波、广州和扬州的 GPI 时都没有把高等教育的服务价值考虑在内。

本报告以《中国真实进步指标测算报告（2018）》中高等教育服务价值的测算结果为基础，[①] 并利用高等教育劳动力数量和居民平均工资收入两

---

① 其大概思路如下：首先将地区高等教育劳动力比例作为解释变量之一加入个人明瑟收入方程中，测算高等教育对劳动力的收入溢出系数；然后，依据上述高等教育对　（转下页注）

个宏观层面的数据,来调整计算出各地区不同年份高等教育的服务价值,具体计算公式如下:

$$V_{j\_t} = V_{j\_2016} \times \frac{H_{j\_t}}{H_{j\_2016}} \times \frac{inc_{j\_t}}{inc_{j\_2016}}$$

其中,V_{j_t} 表示 t 年 j 地区高等教育的服务价值(以 2018 年为基期);V_{j_2016} 表示《中国真实进步指标测算报告(2018)》中计算得到的 2016 年 j 地区高等教育的服务价值(以 2018 年为基期);H_{j_t} 表示 t 年 j 地区高等教育劳动力总数;H_{j_2016} 表示 2016 年 j 地区高等教育劳动力总数;inc_{j_t} 表示 t 年 j 地区居民平均工资(以 2018 年为基期);inc_{j_2016} 表示 2016 年 j 地区居民平均工资(以 2018 年为基期)。

$$\bar{V}_{j\_t} = \frac{V_{j\_t}}{Pop_{j\_t}}$$

其中,$\bar{V}_{j\_t}$ 表示 t 年 j 地区人均高等教育的服务价值(以 2018 年为基期);Pop_{j_t} 表示 t 年 j 地区的总人口数。

$$\bar{V}_t = \frac{\sum_{j=1}^{29} V_{j\_t}}{\sum_{j=1}^{29} Pop_{j\_t}}$$

$$V_t = \bar{V}_t \times Pop_t$$

其中,$\bar{V}_t$ 表示 t 年全国人均高等教育服务价值(以 2018 年为基期);V_t 表示 t 年全国高等教育服务价值(以 2018 年为基期);j 取 1,2,3,…,29,分别代表全国 29 个省、自治区和直辖市,Pop_t 表示 t 年全国总人口数。

2. 数据处理

高等教育劳动力数量为就业总人数中大专及以上学历的就业人数,涉及两个指标:一个是就业总人数;一个是就业总人数中大专及以上学历人数的占比。以上两个指标均可由统计年鉴得到,前者有 1979~2017 年的全

（接上页注①）劳动力收入的溢出系数,计算得到每净增加一个大学毕业生带来的总劳动力收入的增加量,再乘以高等教育劳动力的总人数便得到地区高等教育服务价值。

部数据，后者仅有 1996~2017 年数据，因此需要对后者 1979~1996 年以及两者 2018 年的数据进行插值，具体插值方法如下：

$$R_{j\_t-1} = R_{j\_t} - R_{j\_t} \times \rho_{j\_t}$$

其中，R_{j_t} 表示 t 年 j 地区就业群体中大专及以上学历人数的占比；ρ_{j_t} 表示 j 地区 t 年至 $t+5$ 年就业群体中大专及以上学历人数占比的年均增长率。

3. 计算结果

1979~2018 年全国高等教育的服务价值和人均高等教育的服务价值计算结果见表 3-1，全国高等教育的服务价值由 1979 年的 12.85 亿元上升到 2018 年的 28317.39 亿元，年均增长率为 21.82%；人均高等教育服务价值由 1979 年的 1.32 元增长至 2018 年的 2029.37 元，年均增长率为 20.71%。

表 3-1　1979~2018 年全国高等教育的服务价值和人均高等教育的服务价值

年份	人均高等教育的服务价值（元）	高等教育的服务价值（亿元）	年份	人均高等教育的服务价值（元）	高等教育的服务价值（亿元）
1979	1.32	12.85	2000	72.47	918.54
1980	1.64	16.21	2001	95.57	1219.75
1981	1.89	18.96	2002	125.61	1613.47
1982	2.25	22.90	2003	163.78	2116.49
1983	2.70	27.80	2004	195.59	2542.46
1984	3.59	37.43	2005	211.21	2761.72
1985	4.42	46.75	2006	265.92	3495.41
1986	5.59	60.05	2007	292.31	3862.20
1987	6.51	71.20	2008	338.78	4499.02
1988	7.46	82.84	2009	420.10	5606.28
1989	8.08	91.08	2010	591.38	7929.84
1990	10.04	114.75	2011	833.58	11231.25
1991	12.00	138.96	2012	958.39	12977.01
1992	15.05	176.35	2013	1114.97	15171.59
1993	18.09	214.39	2014	1344.73	18393.54
1994	22.42	268.72	2015	1545.10	21239.32
1995	25.75	311.88	2016	1709.18	23633.06
1996	29.35	359.24	2017	1863.44	25903.35
1997	40.39	499.34	2018	2029.37	28317.39
1998	45.45	567.06	年均增长率	20.71%	21.82%
1999	56.38	709.17			

从 1996~2018 年全国高等教育的服务价值和人均高等教育的服务价值
的增长趋势来看（见图 3-1 和图 3-2），受大学扩招政策影响，2002~2011
年全国高等教育的服务价值和人均高等教育的服务价值加速增长，年均增
长率分别达到 24.06% 和 23.40%。此外，2011 年全国高等教育的服务价值
和人均高等教育服务价值的增长速度达到最高值，分别为 42% 和 41%，且
人均高等教育的服务价值超过 800 元，高等教育的服务价值突破 1 万亿元关
口；2012~2018 年的全国高等教育的服务价值和人均高等教育的服务价值的
增长呈现放缓趋势，其年均增长率分别为 13.89% 和 13.32%。

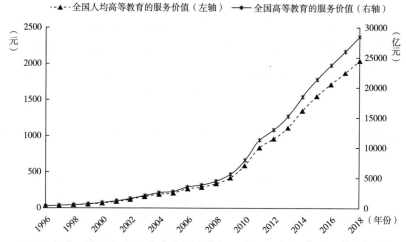

图 3-1　1996~2018 年全国高等教育的服务价值和人均高等教育的服务价值

从各地区高等教育的服务价值测算结果来看（见表 3-4），2018 年广
东高等教育的服务价值最高，达 3549.30 亿元；江苏、浙江、北京和上海
高等教育的服务价值均高于 2000 亿元，分别为 2689.62 亿元、2591.21
亿元、2505.70 亿元和 2231.05 亿元；以上五省份占全国高等教育的服务
价值的比重接近 50%。从年均增长率来看，在各地区中，除上海
（19.97%）、辽宁（19.83%）和黑龙江（19.68%）外，其他地区高等教
育的服务价值年均增长率均高于 20%，其中重庆和广西最高，分别为
24.87% 和 24.01%。

对比 1979 年与 2018 年各地区高等教育的服务价值占全国比重的增减
（见表 3-2），北京、上海、广东、江苏和浙江五省份占全国高等教育的服

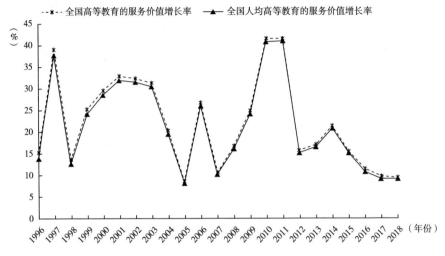

**图 3-2　1996~2018 年各年全国高等教育的服务价值和
人均高等教育的服务价值增长率**

务价值的比重由 1979 年的 54.69%下降至 2018 年的 47.91%，降低 6.78 个百分点，但仍接近全国一半的份额，其中上海和北京的占比下降最多，分别减少 6.43 个百分点和 4.51 个百分点；份额增加的地区中，浙江和山东份额增加最多，分别增加 3.28 个百分点和 2.99 个百分点。

表 3-2　1979 年与 2018 年各地区高等教育的服务价值占全国比重及其增减

地区	1979 年 （%）	2018 年 （%）	份额增减 （百分点）	地区	1979 年 （%）	2018 年 （%）	份额增减 （百分点）
北京	13.36	8.85	-4.51	河南	2.32	3.44	1.12
天津	2.97	2.73	-0.24	湖北	3.64	2.77	-0.87
河北	2.65	3.85	1.20	湖南	3.17	2.98	-0.19
山西	1.90	1.92	0.02	广东	13.09	12.53	-0.56
内蒙古	1.30	1.53	0.23	广西	0.76	1.52	0.76
辽宁	5.31	2.79	-2.52	海南	0.49	0.51	0.02
吉林	1.52	1.15	-0.37	重庆	0.59	1.56	0.97

续表

地区	1979 年 （%）	2018 年 （%）	份额增减 （百分点）	地区	1979 年 （%）	2018 年 （%）	份额增减 （百分点）
黑龙江	2.42	1.21	−1.21	四川	3.13	2.56	−0.57
上海	14.31	7.88	−6.43	贵州	0.77	0.67	−0.10
江苏	8.06	9.50	1.44	云南	0.91	1.05	0.14
浙江	5.87	9.15	3.28	陕西	1.68	1.91	0.23
安徽	1.54	2.43	0.89	甘肃	0.72	0.76	0.04
福建	2.37	3.64	1.27	青海	0.28	0.27	−0.01
江西	1.33	1.48	0.15	宁夏	0.29	0.36	0.07
山东	4.06	7.05	2.99				

注：本表数据来自全国和地区统计年鉴，因统计口径不一，全国数据和地区加总数据不尽相同。

从各地区人均高等教育的服务价值测算结果来看（见表3-5），2018年北京和上海人均高等教育的服务价值显著高于其他地区，分别为11632.76元和9204.00元，其中北京人均高等教育服务价值是位居第三名天津的两倍多；人均高等教育的服务价值不足1000元的地区有黑龙江、江西、广西、四川、甘肃、云南和贵州，分别为907.76元、903.34元、875.44元、867.79元、816.31元、615.09元和526.38元。从人均高等教育服务价值的年均增长率来看，重庆最高，为24.38%；除了天津、广东、黑龙江、辽宁、北京、上海之外（分别为19.25%、19.24%、19.14%、19.10%、17.86%、17.65%），其他地区的人均高等教育服务价值的年均增长率均超过20%。

对比1979年与2018年各地区人均高等教育的服务价值排名位次的变动情况（见表3-3），在1979年和2018年的排名中，北京、上海和天津稳居前三；排名降幅最大的地区为黑龙江，由1979年的第13位下降至2018年的第23位；上升幅度最大的地区是重庆和山东，分别上升了13个和11个位次。

图3-3展示了1979~2018年全国及各地区人均高等教育服务价值的变化趋势。

表 3-3　1979 年与 2018 年各地区人均高等教育的服务价值排序及位次升降

地区	1979 年	2018 年	位次升降	地区	1979 年	2018 年	位次升降
北京	1	1	0	陕西	18	16	2
上海	2	2	0	湖北	11	17	-6
天津	3	3	0	青海	14	18	-4
浙江	5	4	1	湖南	17	19	-2
江苏	7	5	2	吉林	16	20	-4
广东	4	6	-2	安徽	24	21	3
福建	8	7	1	河南	23	22	1
山东	19	8	11	黑龙江	13	23	-10
辽宁	6	9	-3	江西	21	24	-3
内蒙古	15	10	5	广西	29	25	4
海南	9	11	-2	四川	25	26	-1
宁夏	10	12	-2	甘肃	22	27	-5
山西	12	13	-1	云南	26	28	-2
河北	20	14	6	贵州	27	29	-2
重庆	28	15	13				

表 3-4　1979~2018 年各地区高等教育的服务价值及年均增长率

地区	高等教育的服务价值（亿元）										年均增长率（%）
	1979 年	1980 年	1985 年	1990 年	1995 年	2000 年	2005 年	2010 年	2015 年	2018 年	
北京	1.72	2.18	6.13	14.35	33.17	70.58	312.28	997.93	1777.48	2505.70	20.54
天津	0.38	0.49	1.44	3.46	8.41	20.23	52.64	174.10	647.75	773.05	21.56
河北	0.34	0.42	1.26	3.39	10.89	33.51	87.82	248.98	801.03	1089.66	22.99
山西	0.24	0.31	0.88	2.17	6.18	17.20	51.82	144.15	429.84	544.24	21.86
内蒙古	0.17	0.21	0.63	1.61	4.67	12.40	45.69	120.42	304.48	432.84	22.32
辽宁	0.68	0.89	2.69	6.20	16.38	37.56	113.47	309.85	651.52	790.25	19.83
吉林	0.20	0.25	0.78	2.12	6.02	14.20	31.29	79.83	216.30	325.37	20.94
黑龙江	0.31	0.40	1.12	2.71	7.09	18.95	47.92	103.51	322.30	342.50	19.68
上海	1.84	2.33	6.12	13.37	29.18	69.13	201.57	519.60	1682.83	2231.05	19.97

续表

地区	高等教育的服务价值（亿元）										年均增长率（%）
	1979年	1980年	1985年	1990年	1995年	2000年	2005年	2010年	2015年	2018年	
江苏	1.04	1.31	3.87	10.76	25.52	76.53	229.12	715.58	1999.50	2689.62	22.34
浙江	0.75	0.92	2.71	6.51	17.21	46.74	199.28	619.95	1785.54	2591.21	23.22
安徽	0.20	0.26	0.81	2.08	6.41	20.15	64.36	210.17	607.56	687.87	23.25
福建	0.30	0.38	1.09	2.73	9.13	31.62	77.70	221.69	783.04	1031.76	23.17
江西	0.17	0.22	0.62	1.64	5.82	20.46	47.20	123.85	382.95	419.87	22.16
山东	0.52	0.67	1.98	5.19	18.13	65.66	150.41	514.50	1528.47	1996.16	23.56
河南	0.30	0.37	1.17	3.18	11.24	44.77	111.40	287.73	783.13	973.92	23.06
湖北	0.47	0.59	1.69	5.11	10.68	27.92	60.37	216.63	667.15	784.05	20.97
湖南	0.41	0.52	1.44	3.59	10.21	32.37	80.89	210.19	610.40	844.62	21.63
广东	1.68	2.07	5.46	12.99	41.40	128.75	385.22	1004.88	2476.89	3549.30	21.69
广西	0.10	0.12	0.32	0.83	2.75	11.59	50.14	137.14	358.19	431.24	24.01
海南	0.06	0.08	0.21	0.47	1.31	4.37	12.26	33.72	104.22	145.79	22.00
重庆	0.08	0.09	0.54	1.30	3.22	10.25	36.67	139.59	337.87	440.40	24.87
四川	0.40	0.50	1.47	3.69	11.00	32.77	63.54	201.80	527.94	723.82	21.19
贵州	0.10	0.12	0.37	1.02	2.95	9.91	23.83	73.52	135.73	189.50	21.38
云南	0.12	0.15	0.46	1.14	3.07	8.58	29.37	87.83	217.80	297.09	22.28
陕西	0.22	0.28	0.84	2.13	5.88	18.09	50.16	137.73	352.21	539.84	22.21
甘肃	0.09	0.12	0.41	1.10	2.59	8.55	22.70	55.50	153.77	215.26	22.00
青海	0.04	0.05	0.14	0.39	0.92	2.67	11.26	21.37	51.10	77.10	21.74
宁夏	0.04	0.05	0.14	0.37	1.08	3.45	11.66	29.36	69.84	103.13	22.57

表3-5　1979~2018年各地区人均高等教育的服务价值及年均增长率

地区	人均高等教育的服务价值（元）										年均增长率（%）
	1979年	1980年	1985年	1990年	1995年	2000年	2005年	2010年	2015年	2018年	
北京	19.13	24.10	63.81	132.15	265.14	510.71	2030.43	5086.30	8187.38	11632.76	17.86
天津	5.16	6.58	17.83	39.18	89.26	202.09	504.74	1340.28	4187.17	4955.47	19.25
河北	0.67	0.82	2.27	5.50	16.92	49.69	128.18	346.10	1078.83	1442.11	21.76

续表

地区	人均高等教育的服务价值（元）										年均增长率（%）
	1979 年	1980 年	1985 年	1990 年	1995 年	2000 年	2005 年	2010 年	2015 年	2018 年	
山西	1.00	1.24	3.36	7.47	20.08	52.16	154.47	403.34	1173.14	1463.79	20.56
内蒙古	0.90	1.11	3.15	7.44	20.44	52.17	191.49	487.12	1212.57	1708.14	21.34
辽宁	1.98	2.56	7.29	15.64	40.03	88.63	268.81	708.22	1486.81	1812.92	19.10
吉林	0.90	1.14	3.38	8.55	23.24	52.06	115.20	290.63	785.69	1203.30	20.28
黑龙江	0.98	1.24	3.37	7.65	19.16	51.36	125.44	270.05	845.50	907.76	19.14
上海	16.24	20.29	50.32	100.02	206.21	412.98	1133.70	2256.21	6968.22	9204.00	17.65
江苏	1.76	2.20	6.23	15.90	36.12	102.90	306.51	909.37	2506.90	3340.72	21.36
浙江	1.99	2.41	6.73	15.61	39.84	99.93	406.85	1138.15	3223.58	4516.67	21.91
安徽	0.41	0.53	1.58	3.67	10.65	33.67	105.16	352.81	988.86	1087.71	22.38
福建	1.22	1.51	4.00	8.98	28.20	91.10	219.79	600.29	2039.70	2618.00	21.73
江西	0.53	0.66	1.80	4.31	14.33	49.42	109.50	277.57	838.70	903.34	21.02
山东	0.72	0.92	2.57	6.11	20.83	72.32	162.64	536.61	1552.22	1986.83	22.52
河南	0.41	0.51	1.52	3.67	12.35	48.37	118.77	305.93	826.08	1013.98	22.15
湖北	1.01	1.26	3.43	9.39	18.50	46.32	105.73	378.20	1140.04	1325.08	20.21
湖南	0.78	0.98	2.56	5.86	15.98	50.26	127.87	319.92	899.90	1224.27	20.77
广东	3.27	3.95	8.73	20.47	60.28	148.98	419.00	962.44	2283.05	3128.24	19.24
广西	0.28	0.33	0.83	1.94	6.05	25.81	107.59	297.48	746.84	875.44	22.90
海南	1.16	1.42	3.52	7.03	18.04	55.53	148.05	388.05	1143.99	1560.88	20.30
重庆	0.29	0.35	1.94	4.44	10.72	33.17	131.05	483.85	1119.90	1419.75	24.38
四川	0.41	0.51	1.44	3.42	9.72	39.35	77.37	250.84	643.52	867.79	21.68
贵州	0.36	0.44	1.24	3.13	8.42	28.10	63.89	211.33	384.50	526.38	20.52
云南	0.37	0.46	1.34	3.04	7.70	20.01	66.01	190.85	459.29	615.09	20.93
陕西	0.77	0.99	2.80	6.43	16.72	50.18	134.83	368.75	928.58	1397.11	21.22
甘肃	0.49	0.63	2.03	4.86	10.63	33.39	87.50	216.78	591.43	816.31	20.97
青海	0.97	1.24	3.35	8.59	19.18	51.63	207.36	379.57	869.06	1278.65	20.24
宁夏	1.01	1.25	3.40	7.81	21.08	61.47	195.69	463.89	1045.52	1498.93	20.58

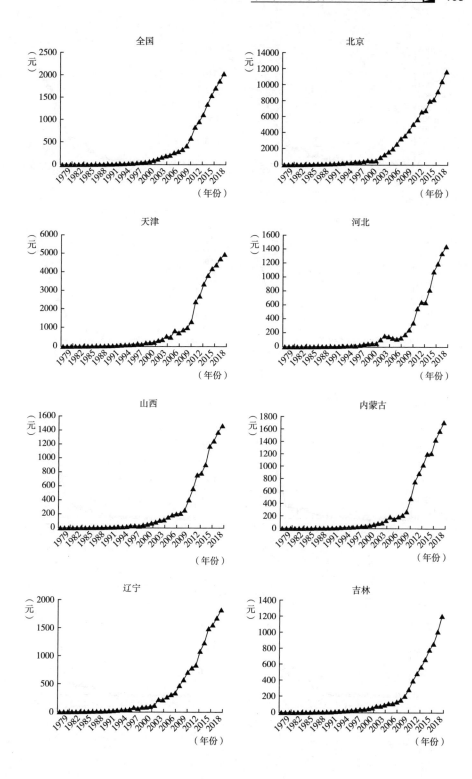

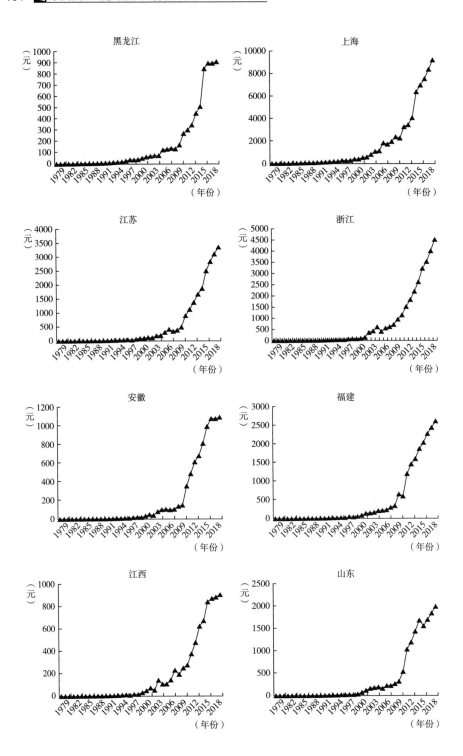

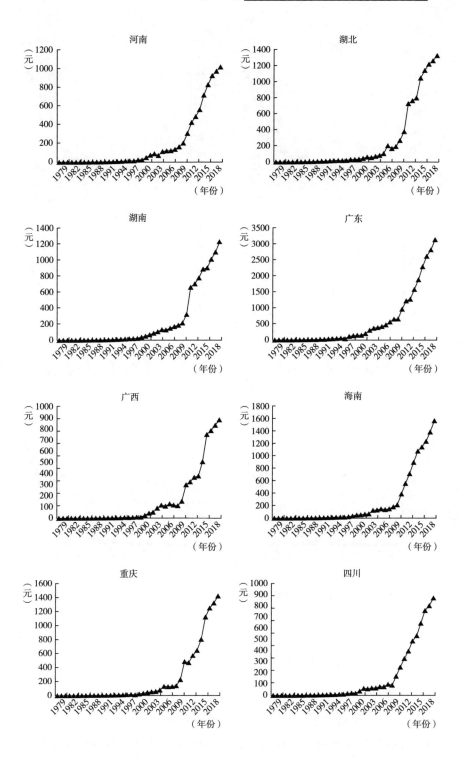

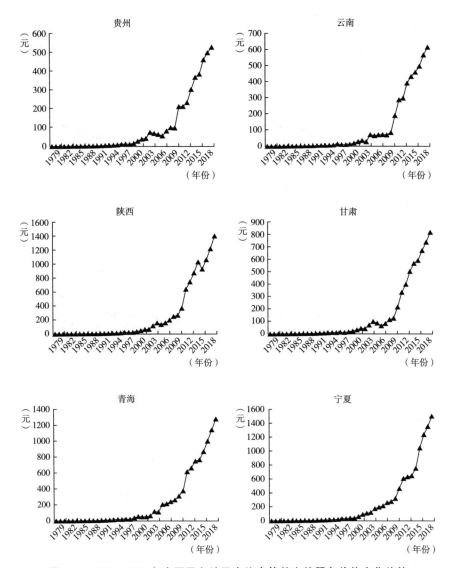

图3-3　1979~2018年全国及各地区人均高等教育的服务价值变化趋势

3.1.2　制造业服务价值

1. 测算方法

GPI 2.0框架包含制造业服务价值，Talberth和Weisdorf（2017）把制造业服务价值归到人力资本项目当中；但是国内及部分国外的研究并没有把制造业服务价值考虑在内，如 Hou（2017）用该数值测算辽宁省 GPI 时，Berik 等（2011）在测算 Utah 的 GPI 时以及 Wen 等（2005，2007）在测算苏州、宁波、广州和扬州的 GPI 时都没有把制造业服务价值考虑在内。

本报告参考 GPI 2.0 框架，将制造业服务价值考虑在内，具体测算以《中国真实进步指标测算报告（2018）》①制造业服务价值的结果为基础，然后通过调整制造业劳动力数量和每净增加一位制造业劳动力带来的地区总劳动力收入的增加量来计算各地区不同年份制造业的服务价值，计算公式如下：

$$V_{j\_t} = V_{j\_2016} \times \frac{F_{j\_t}}{F_{j\_2016}} \times \frac{\omega_{j\_t}}{\omega_{j\_2016}}$$

其中，V_{j_t} 表示 t 年 j 地区制造业服务价值（以 2018 年为基期）；V_{j_2016} 表示《中国真实进步指标测算报告（2018）》中计算得到的 2016 年 j 地区制造业服务价值（以 2018 年为基期）；F_{j_t} 表示 t 年 j 地区制造业劳动力总数；F_{j_2016} 表示 2016 年 j 地区制造业劳动力总数；ω_{j_t} 表示 t 年 j 地区每净增加一位制造业劳动力带来的地区总劳动力收入增加量（以 2018 年为基期）；ω_{j_2016} 表示 2016 年 j 地区每净增加一位制造业劳动力带来地区总劳动力收入的增加量（以 2018 年为基期）。

$$\overline{V}_{j\_t} = \frac{V_{j\_t}}{Pop_{j\_t}}$$

其中，$\overline{V}_{j\_t}$ 表示 t 年 j 地区人均制造业服务价值（以 2018 年为基期）；Pop_{j_t} 表示 t 年 j 地区总人口数。

$$\overline{V}_t = \frac{\sum_{j=1}^{29} V_{j\_t}}{\sum_{j=1}^{29} Pop_{j\_t}}$$

$$V_t = \overline{V}_t \times Pop_t$$

① 首先，其将地区制造业劳动力比例作为解释变量之一加入个人明瑟收入方程，计算制造业劳动力比例对劳动力个人的收入溢出系数；其次，计算每净增加一位制造业劳动力带来的地区总劳动力收入增加量 ω；最后，计算全国及各地区的制造业服务价值。

其中，$\bar{V_t}$ 表示 t 年全国人均制造业服务价值（以 2018 年为基期）；V_t 表示 t 年全国制造业服务价值（以 2018 年为基期）；j 取 1，2，3，…，29，分别代表全国 29 个省、自治区和直辖市，Pop_t 表示 t 年全国总人口数。

2. 数据处理方法

（1）替代变量选择

制造业劳动力总数是不同所有制企业在职劳动力的总和，但由于 1979~2018 年年限跨度较大，且统计口径也在不断完善，考虑到数据的一致性及可得性，本报告制造业就业人数由制造业就业人数占总就业人数的比重乘以总就业人数获得，其中制造业就业人数占总就业人数比重是基于人口普查（1982 年、1990 年、2000 年、2010 年）和人口抽样调查（1995 年、2005 年、2015 年）数据计算得到的，缺失的数值则按照相近年份间的比重插值。

每净增加一位制造业劳动力带来的地区总劳动力收入增加量一般通过对不同年龄段、不同教育层次的劳动力收入加权，然后乘以制造业的外部收益系数计算得到。但由于 1979~2018 年时间跨度较大，无法通过详细的年龄、教育数据计算出每净增加一位制造业劳动力带来的地区总劳动力收入增加量。因此，本报告进行了简单化处理：1）制造业的外部系数不变；2）不同年龄段、不同教育层次加权后的收入水平变动与城镇单位就业人员每年平均工资之间的变动具有一致性。[①]

（2）缺失的数据插补

制造业就业人数占总就业人数比重的数据缺失有三种情况：情况一，缺失数据的年份前后均有真实值；情况二，缺失数据的年份之后有真实值但之前没有真实值；情况三，缺失年份之前有真实值但之后没有。以上三种情况缺失的数据均采用插值方式填补。

3. 计算结果

表 3-6 给出了 1979~2018 年全国制造业服务价值和人均制造业服务价值的计算结果，全国制造业服务价值由 1979 年的 733.55 亿元上升到 2018 年的 11665.98 亿元，年均增长率为 7.35%；人均制造业服务价值由 1979 年的不到 100 元增长至 2018 年的 836.04 元，年均增长率为 6.37%。

---

① 在实际计算中，本报告通过对各个年份城镇单位就业人员平均工资的调整来替代每净增加一位制造业劳动力带来的地区总劳动力收入增加量的调整。

表 3-6　1979~2018 年全国（及人均）制造业服务价值及其增长率

年份	全国人均制造业服务价值（元）	全国人均制造业服务价值增长率（%）	全国制造业服务价值（亿元）	全国制造业服务价值增长率（%）
1979	75.20	基期	733.55	基期
1980	78.85	4.85	778.33	6.10
1981	76.15	-3.43	762.07	-2.09
1982	76.24	0.12	775.05	1.70
1983	76.68	0.57	789.85	1.91
1984	87.09	13.58	908.86	15.07
1985	90.52	3.94	958.19	5.43
1986	97.77	8.00	1051.07	9.69
1987	96.58	-1.22	1055.62	0.43
1988	93.34	-3.36	1036.31	-1.83
1989	85.94	-7.92	968.62	-6.53
1990	90.70	5.53	1037.01	7.06
1991	94.08	3.73	1089.68	5.08
1992	100.41	6.73	1176.54	7.97
1993	104.32	3.89	1236.34	5.08
1994	112.45	7.79	1347.66	9.00
1995	112.97	0.46	1368.25	1.53
1996	115.92	2.61	1418.70	3.69
1997	123.94	6.92	1532.19	8.00
1998	141.82	14.43	1769.42	15.48
1999	160.19	12.95	2015.02	13.88
2000	176.80	10.37	2240.88	11.21
2001	204.65	15.75	2611.84	16.55
2002	233.05	13.88	2993.59	14.62
2003	258.68	11.00	3342.84	11.67
2004	278.44	7.64	3619.37	8.27
2005	310.73	11.60	4062.97	12.26
2006	340.67	9.64	4478.08	10.22
2007	375.43	10.20	4960.46	10.77
2008	403.55	7.49	5359.21	8.04
2009	449.33	11.35	5996.36	11.89

续表

年份	全国人均制造业 服务价值 （元）	全国人均制造业 服务价值增长率 （%）	全国制造业 服务价值 （亿元）	全国制造业服务 价值增长率 （%）
2010	486.48	8.27	6523.27	8.79
2011	520.37	6.97	7011.14	7.48
2012	561.25	7.86	7599.56	8.39
2013	600.93	7.07	8176.93	7.60
2014	639.37	6.40	8745.42	6.95
2015	685.08	7.15	9417.31	7.68
2016	727.39	6.18	10057.75	6.80
2017	780.01	7.23	10842.81	7.81
2018	836.04	7.18	11665.98	7.59
1979~2018 年均增长率		6.37	—	7.35

从 1979~2018 年全国制造业服务价值和人均制造业服务价值的增长趋势来看（见图 3-4 和图 3-5），不论是制造业服务价值还是人均制造业服务价值增长趋势均呈现以下三个特征：特征一，1979~1996 年为缓慢增长阶段，两者的年均增长率分别为 3.96% 和 2.58%，且这一期间的增长波动幅度较大；特征二，1997~2018 为年快速增长阶段，两者年均增长分别达到 10.15% 和 9.52%，且增长速度趋于稳定；特征三，近八年增长率基本稳定在 7% 左右。

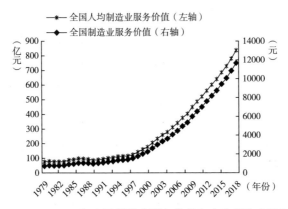

图 3-4　1979~2018 年全国制造业服务价值和人均制造业服务价值

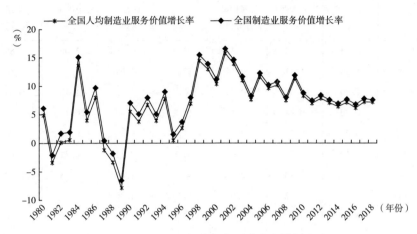

图 3-5　1980~2018 年各年全国制造业服务价值和
人均制造业服务价值增长率

　　从各地区制造业服务价值的测算结果来看（见表 3-9），2018 年制造业服务价值超过 1000 亿元的，仅有广东、江苏和浙江，分别为 2346.72 亿元、1941.66 亿元和 1922.90 亿元，该三省制造业服务价值占全国的比重超过 50%。从年均增长率来看，各地区中，年均增长率超过 8% 的有内蒙古、安徽、河南、河北、贵州和江西，分别为 8.39%、8.37%、8.29%、8.18%、8.13% 和 8.07%；年均增长率低于 7% 的仅有青海、浙江和广东，分别为 6.91%、6.85% 和 6.70%。

　　对比 1979 年与 2018 年各地区制造业服务价值占全国比重的增减情况（见表 3-7），广东、江苏和浙江三省占全国制造业服务价值的比重由 1979 年的 60.52% 下降至 2018 年的 53.24%，降低 7.28 个百分点，但仍超过全国一半的份额。份额减少的地区有广东、浙江、上海、北京、福建、湖南和青海，其中广东和浙江份额减少最多，分别减少 5.37 个百分点和 3.30 个百分点；除上述地区外，其他地区份额均有增加，其中山东和江苏份额增加最多，分别增加 1.41 个百分点和 1.40 个百分点。

表 3-7　1979 年与 2018 年各地区制造业服务价值占全国比重及其增减情况

地区	1979 年（%）	2018 年（%）	份额增减（百分点）	地区	1979 年（%）	2018 年（%）	份额增减（百分点）
北京	2.93	2.72	-0.22	河南	2.19	3.09	0.89
天津	1.56	1.71	0.14	湖北	1.97	2.37	0.40
河北	1.80	2.42	0.62	湖南	1.15	1.13	-0.02
山西	0.70	0.88	0.18	广东	25.49	20.12	-5.37
内蒙古	0.45	0.65	0.20	广西	0.67	0.71	0.04
辽宁	2.22	2.25	0.03	海南	0.11	0.11	0.01
吉林	0.72	0.80	0.09	重庆	1.05	1.25	0.19
黑龙江	0.42	0.42	0.00	四川	1.30	1.48	0.18
上海	6.56	5.78	-0.78	贵州	0.29	0.39	0.10
江苏	15.25	16.64	1.40	云南	0.63	0.66	0.03
浙江	19.78	16.48	-3.30	陕西	0.71	0.86	0.14
安徽	1.41	2.03	0.63	甘肃	0.31	0.31	0.00
福建	4.39	4.17	-0.22	青海	0.13	0.11	-0.02
江西	1.56	2.02	0.46	宁夏	0.14	0.15	0.02
山东	5.50	6.91	1.41				

注：本表数据来自全国和地区统计年鉴，因统计口径不一，全国数据和地区加总数据不尽相同。

从各地区人均制造业服务价值测算结果来看（见表 3-10），2018 年浙江人均制造业服务价值最高，达到 3351.75 元；上海、江苏、广东、北京、天津和福建人均制造业服务价值均超过 1000 元，分别为 2781.85 元、2411.70 元、2068.33 元、1470.50 元、1276.24 元和 1233.83 元；人均制造业服务价值不足 150 元的有海南、甘肃、黑龙江和贵州，分别为 139.14 元、139.13 元、131.21 元和 125.87 元。从人均制造业服务价值的年均增长率来看，四川最高，为 8.16%；安徽、内蒙古、河南、重庆、贵州、湖北、河北、吉林、山东和江西人均制造服务价值年均增长率均超过 7%，分别为 7.61%、7.52%、7.49%、7.38%、7.37%、7.18%、7.09%、7.09%、7.08% 和 7.06%；人均制造业服务价值年均增长率不足 5% 的有上海、北京和广东，分别为 4.94%、4.76% 和 4.56%。

表 3-8 给出了 1979 年与 2018 年各地区人均制造业服务价值排名位次的

变动情况。整体来看，排名的变动幅度不大，尤其是位次靠前和位次靠后的地区，但处于中间的个别地区排名位次变动幅度较为明显，如安徽、四川、内蒙古和河南位次上升较为明显，分别上升了 5 个位次、5 个位次、4 个位次和 3 个位次；宁夏和青海则均下降 7 个位次。

图 3-6 展示了 1979~2018 年全国及各地区人均制造业服务价值的变化趋势。

表 3-8　1979 年与 2018 年各地区人均制造业服务价值排序及位次升降

地区	1979 年	2018 年	位次升降	地区	1979 年	2018 年	位次升降
浙江	2	1	1	吉林	16	16	0
上海	1	2	-1	内蒙古	21	17	4
江苏	5	3	2	山西	19	18	1
广东	3	4	-1	陕西	20	19	1
北京	4	5	-1	宁夏	13	20	-7
天津	6	6	0	青海	14	21	-7
福建	7	7	0	四川	27	22	5
山东	8	8	0	湖南	22	23	-1
辽宁	9	9	0	广西	25	24	1
江西	10	10	0	云南	23	25	-2
重庆	12	11	1	海南	24	26	-2
湖北	11	12	-1	甘肃	26	27	-1
安徽	18	13	5	黑龙江	28	28	0
河南	17	14	3	贵州	29	29	0
河北	15	15	0				

表 3-9　1979~2018 年各地区制造业服务价值及年均增长率

地区	制造业服务价值（亿元）										年均增长率（%）
	1979 年	1980 年	1985 年	1990 年	1995 年	2000 年	2005 年	2010 年	2015 年	2018 年	
北京	21.52	23.15	28.00	30.24	35.21	49.18	98.89	174.77	256.35	316.75	7.14
天津	11.47	12.45	15.92	18.84	22.83	36.26	66.65	124.55	168.31	199.09	7.59
河北	13.18	14.02	17.85	20.74	29.44	48.15	84.05	156.58	221.17	282.36	8.18

续表

地区	制造业服务价值（亿元）										年均增长率（%）
	1979年	1980年	1985年	1990年	1995年	2000年	2005年	2010年	2015年	2018年	
山西	5.16	5.57	7.02	7.81	10.28	15.80	33.54	61.08	84.15	102.90	7.98
内蒙古	3.28	3.52	4.41	5.29	7.11	10.77	22.83	43.75	61.51	75.87	8.39
辽宁	16.31	17.16	21.30	23.49	31.31	49.87	92.52	162.07	215.66	262.73	7.39
吉林	5.25	5.54	6.61	7.31	10.14	16.50	27.84	48.20	74.45	93.90	7.68
黑龙江	3.08	3.28	3.92	4.41	5.79	9.45	16.12	27.13	41.76	49.51	7.38
上海	48.11	51.82	65.07	71.40	83.42	126.62	213.50	393.96	559.13	674.32	7.00
江苏	111.84	120.70	155.77	168.58	223.52	357.46	676.01	1114.87	1615.31	1941.66	7.59
浙江	145.09	152.09	180.56	198.27	255.04	410.30	763.40	1067.58	1535.08	1922.90	6.85
安徽	10.31	11.33	14.79	16.36	21.25	32.72	66.22	127.13	184.67	237.06	8.37
福建	32.19	34.61	41.75	44.76	61.36	98.65	151.42	253.43	393.89	486.25	7.21
江西	11.41	12.11	14.96	16.67	22.62	35.34	65.23	118.98	185.81	235.50	8.07
山东	40.33	43.81	56.82	65.03	88.89	141.30	248.79	438.04	666.35	806.11	7.98
河南	16.10	17.32	22.76	26.51	38.13	61.69	114.92	206.50	273.48	359.99	8.29
湖北	14.48	15.46	19.94	22.74	27.73	43.91	73.08	146.01	215.36	276.48	7.86
湖南	8.45	9.07	11.22	12.13	15.04	23.05	40.39	67.18	104.01	132.36	7.31
广东	186.96	194.77	223.75	232.42	317.53	522.81	876.78	1308.75	1848.38	2346.72	6.70
广西	4.91	4.97	5.75	6.30	7.93	13.55	25.28	44.01	65.68	82.88	7.52
海南	0.78	0.83	0.96	0.94	1.17	1.96	3.68	6.65	10.68	13.00	7.50
重庆	7.72	8.05	10.26	11.47	13.08	21.68	42.10	76.69	116.85	145.25	7.82
四川	9.53	9.94	12.85	14.24	18.64	29.06	49.62	87.25	137.95	173.10	7.72
贵州	2.15	2.23	2.80	3.20	4.11	6.49	11.57	21.15	35.98	45.31	8.13
云南	4.64	4.89	6.49	7.29	9.25	14.24	22.86	35.73	55.50	76.82	7.46
陕西	5.23	5.66	7.23	8.15	10.17	16.29	29.02	56.02	80.35	100.09	7.86
甘肃	2.30	2.38	3.00	3.37	4.38	7.07	11.28	18.42	28.79	36.69	7.36
青海	0.96	1.04	1.32	1.42	1.87	2.76	4.64	7.00	9.87	13.03	6.91
宁夏	1.00	1.05	1.33	1.48	1.94	3.13	5.74	10.28	14.46	17.80	7.67

表 3-10 1979~2018 年各地区人均制造业服务价值及年均增长率

地区	人均制造业服务价值（元）										年均增长率（%）
	1979年	1980年	1985年	1990年	1995年	2000年	2005年	2010年	2015年	2018年	
北京	239.83	256.03	291.64	278.41	281.46	355.89	642.96	890.77	1180.80	1470.50	4.76
天津	155.07	166.18	196.99	213.13	242.34	362.22	639.03	958.85	1088.01	1276.24	5.55
河北	25.81	27.13	32.17	33.68	45.74	71.40	122.69	217.65	297.87	373.69	7.09
山西	21.07	22.51	26.72	26.93	33.40	47.91	99.98	170.89	229.66	276.77	6.83
内蒙古	17.69	18.77	21.99	24.43	31.12	45.32	95.66	176.98	244.97	299.41	7.52
辽宁	47.37	49.23	57.80	59.21	76.52	117.67	219.19	370.44	492.15	602.74	6.74
吉林	24.02	25.05	28.75	29.44	39.10	60.49	102.51	175.48	270.43	347.25	7.09
黑龙江	9.72	10.23	11.85	12.44	15.65	25.61	42.19	70.78	109.54	131.21	6.90
上海	424.95	452.00	534.69	534.06	589.57	756.39	1200.79	1710.62	2315.24	2781.85	4.94
江苏	189.80	203.27	250.72	249.13	316.33	480.58	904.37	1416.79	2025.21	2411.70	6.74
浙江	382.58	397.46	448.03	475.70	590.51	877.27	1558.60	1959.93	2771.41	3351.75	5.72
安徽	21.47	23.16	28.69	28.84	35.34	54.66	108.20	213.42	300.57	374.85	7.61
福建	129.42	137.38	153.89	147.38	189.57	284.22	428.36	686.25	1026.03	1233.83	5.95
江西	35.39	37.02	43.23	43.76	55.68	85.37	151.32	266.65	406.93	506.68	7.06
山东	55.76	60.05	73.84	76.56	102.11	155.64	269.02	456.86	676.70	802.34	7.08
河南	22.39	23.78	29.51	30.65	41.90	66.65	122.52	219.56	288.48	374.80	7.49
湖北	31.25	33.01	40.44	41.82	48.03	72.85	127.98	254.90	368.02	467.27	7.18
湖南	16.19	17.18	19.96	19.80	23.53	35.80	63.85	102.25	153.34	191.86	6.55
广东	363.69	372.41	357.82	366.25	462.33	604.96	953.64	1253.47	1703.73	2068.33	4.56
广西	14.14	14.05	14.85	14.80	17.46	30.18	54.24	95.47	136.94	168.25	6.56
海南	14.35	14.99	16.14	14.14	16.15	24.93	44.50	76.48	117.29	139.14	6.00
重庆	29.09	30.20	37.06	39.26	43.58	70.15	150.47	265.81	387.29	468.24	7.38
四川	9.75	10.12	12.62	13.18	16.46	34.90	60.43	108.45	168.15	207.53	8.16
贵州	7.87	8.03	9.42	9.79	11.71	18.41	31.03	60.80	101.92	125.87	7.37
云南	14.80	15.42	19.04	19.55	23.19	33.21	51.38	77.63	117.04	159.04	6.28
陕西	18.64	20.00	24.07	24.57	28.94	45.19	78.00	149.98	211.84	259.02	6.98

续表

地区	人均制造业服务价值（元）										年均增长率（%）
	1979年	1980年	1985年	1990年	1995年	2000年	2005年	2010年	2015年	2018年	
甘肃	12.15	12.38	14.72	14.94	17.96	27.59	43.49	71.95	110.72	139.13	6.45
青海	25.90	27.61	32.40	31.67	38.77	53.29	85.44	124.28	167.89	216.04	5.59
宁夏	27.39	28.18	31.95	31.48	37.90	55.68	96.35	162.46	216.54	258.72	5.93

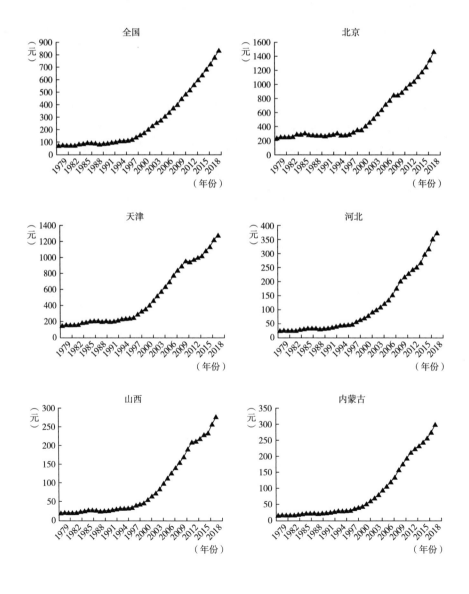

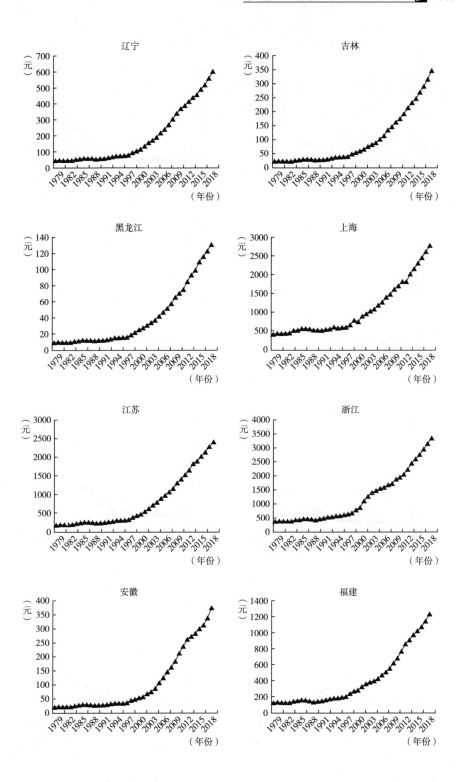

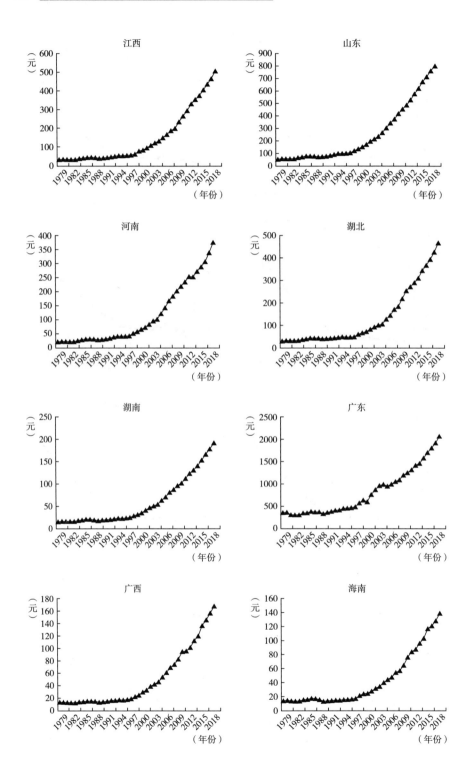

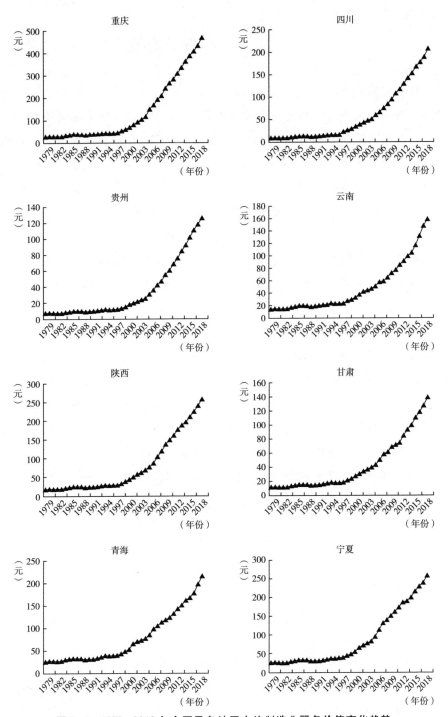

图 3-6　1979~2018 年全国及各地区人均制造业服务价值变化趋势

3.2 社会资本服务价值

社会资本服务价值（Services from Social Capital）是指志愿服务、家务劳动、看护、闲暇时间和使用免费互联网等所产生的以货币来衡量的服务价值。在 GPI 2.0 框架中，社会资本价值包括休闲时间价值、家务劳动价值和互联网服务价值（Talberth & Weisdorf，2017）。但本报告是做 1979~2018 年的长时间趋势分析，而互联网在中国的广泛使用要始于 2009 年，[①] 同时考虑到休闲时间数据的缺失较多，所以本报告只考虑家务劳动价值。

1. 测算方法

家务劳动是服务于家庭成员，且相对封闭地在家庭内部开展的生产活动，同时又是一项消费活动，家庭成员享受家庭服务，获得效用满足感后，可以更好地投入市场劳动，赚取更多的收入，家务劳动在社会经济发展过程中起着重要作用，但由于计量的困难性，没有被纳入国民核算体系中，一直作为一种无酬性劳动存在于社会经济生活中（廖宇航，2018）。但在 GPI 2.0 框架中，家务劳动价值则被考虑在内，包括照顾家人价值和做家务价值两个部分（Talberth & Weisdorf，2017），其价值相当于市场购买此类服务的支出，具体测算方法为：先算家务劳动的总小时数，再分别乘以相对应的市场上相关服务的小时工资。[②] 具体计算公式如下。

（1）地区总家务劳动价值、地区人均家务劳动价值

$$地区总家务劳动价值：V_{j\_t} = T_{j\_t} \times P_{j\_t}$$

$$地区人均家务劳动价值：\overline{V}_{j\_t} = \frac{V_{j\_t}}{Pop_{j\_t}}$$

其中，T_{j_t} 表示 t 年 j 地区居民的总家务劳动时间，P_{j_t} 表示 t 年 j 地区的家务劳动小时工资率，V_{j_t} 表示 t 年 j 地区家务劳动的总价值，$\overline{V}_{j\_t}$ 表示 t 年 j 地区的人均家务劳动价值。

（2）全国人均家务劳动价值和总价值的计算步骤同上。

---

① 国内在 2007 年开始使用。

② 此处以最低工资为标准。

2. 数据处理方法

计算家务劳动价值主要使用地区居民平均家务劳动时间和小时最低工资。

（1）家务劳动时间

家务劳动时间主要有三个数据来源，其一，北京师范大学创新发展研究院公布的《2017年中国真实进步微观调查》；① 其二，国家统计局2008年公布的全国时间利用调查数据；其三，2000年全国妇联和国家统计局公布的《中国妇女社会地位抽样调查》。缺失数据的处理主要包含两种方法，其一，中间时间段（2001~2007年和2009~2015年）缺失的数据主要通过移动平均的方法处理，而2000年及之前缺失数据的部分则统一按照2000年的家务劳动时间来计算。

（2）全国及地区小时最低工资标准

1995~2018年可以通过wind数据库、期刊论文和各种报告找到原始数据。1979~1994年缺失的数据主要采用食品消费支出的同比变化率进行插补；然后用一定比例的各个地区职工平均工资（来源于地方统计年鉴）对工资数值偏大的地区②进行矫正插补，并对这些地区的缺失数值进行相应处理，处理方法则采用地区职工平均工资/3.5。③ 全国小时最低工资则通过计算地区最低小时工资的算术平均数得到。

3. 测算结果

1979~2018年全国及各地区总家务劳动价值和人均家务劳动价值的计算结果见表3-13和表3-14。具体而言，总家务劳动价值由1979年的8200.50亿元上升到2018年的98431.18亿元，年均增长率为6.58%；全国居民人均家务劳动价值由1979年的822.05元增长至2018年的7048.27元，年均增长率为5.66%。

从1979~2018年全国总家务劳动价值和人均家务劳动价值的增长趋势来看（见图3-7和图3-8），1979~1990年总家务劳动价值和人均家务劳动

---

① 中国真实进步微观调查仅有2016年的微观数据，其余年份均无详细的微观数据。因此其他年份的指标将依据国家统计局提供的数据来计算，计算方法也略微调整。

② 吉林、浙江、广西和贵州。

③ 根据这些地区已有年份的最低工资数据发现他们的职工平均工资为最低工资的3~4倍，所以估计方法中的除数选择3.5。

价值分别进入缓慢增长阶段，两者年均增长率分别为 4.95% 和 3.45%，且两者的同比增速在不断下降；1990~2008 年总家务劳动价值和人均家务劳动价值分别进入快速增长阶段，两者年均增速分别达到 6.43% 和 5.74%；2008~2018 年，家务劳动价值和人均家务劳动价值高速增长，两者的年均增长率分别为 8.67% 和 8.01%。

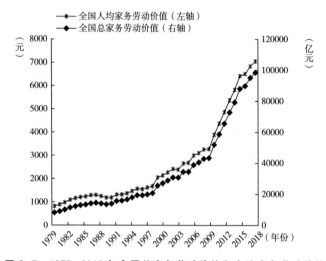

图 3-7　1979~2018 年全国总家务劳动价值和人均家务劳动价值

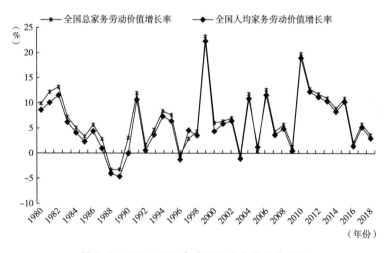

图 3-8　1980~2018 年全国总家务劳动价值和
人均家务劳动价值增长率

从各地区总家务劳动价值的测算结果来看（见表3-13），2018年总家务劳动价值超过6000亿元的地区，有河南、山东、广东和江苏，分别为7344.10亿元、6664.11亿元、6476.83亿元和6210.61亿元，它们占全国总家务劳动价值的比重接近30%。从年均增长率来看，各地区中，年均增长率排名位于前三的是山东、宁夏和上海，分别为9.03%、8.99%和8.00%，其中山东省的家务劳动价值增速最快，即从1979年的228.60亿元上升到2018年的6664.11亿元；重庆、四川和海南的家务劳动价值增长较为缓慢，年均增长率分别为4.97%、4.90%和4.76%。

对比1979年与2018年各地区的总家务劳动价值占全国比重的增减情况（见表3-11），四川、湖南、广东和河南四省占全国总家务劳动价值的比重由1979年的44.03%下降至2018年的40.15%，下降了近4个百分点，但仍占全国40%多的份额。份额减少的地区中，四川和湖南的份额减少最多，分别减少了6.19个百分点和3.15个百分点；份额增加的地区较多，其中山东和河南份额增加最多，分别增加7.22个百分点和4.16个百分点。

表3-11　1979年与2018年各地区总家务劳动价值占全国比重及其增减

地区	1979年 （%）	2018年 （%）	份额增减 （百分点）	地区	1979年 （%）	2018年 （%）	份额增减 （百分点）
北京	3.18	3.81	0.63	河南	8.27	12.43	4.16
天津	2.05	2.67	0.62	湖北	6.31	5.75	-0.56
河北	5.94	8.81	2.87	湖南	9.95	6.81	-3.15
山西	3.08	4.77	1.69	广东	9.66	10.96	1.30
内蒙古	2.17	2.95	0.78	广西	4.24	4.66	0.42
辽宁	5.49	3.88	-1.60	海南	1.54	0.97	-0.56
吉林	3.08	3.17	0.09	重庆	5.05	3.19	-1.86
黑龙江	5.45	4.25	-1.20	四川	16.15	9.96	-6.19
上海	2.61	5.00	2.39	贵州	3.24	4.40	1.15
江苏	6.44	10.51	4.07	云南	6.54	6.02	-0.53
浙江	4.50	5.74	1.24	陕西	3.54	4.54	1.00

续表

地区	1979 年 （%）	2018 年 （%）	份额增减 （百分点）	地区	1979 年 （%）	2018 年 （%）	份额增减 （百分点）
安徽	4.82	6.41	1.59	甘肃	3.06	3.40	0.34
福建	2.79	3.69	0.89	青海	1.17	0.69	-0.49
江西	3.23	5.65	2.42	宁夏	0.30	0.81	0.51
山东	4.05	11.28	7.22				

注：计算使用的时间数据来源于 cgpis 数据。

　　从各地区人均家务劳动价值的测算结果来看（见表 3-14），2018 年上海人均家务劳动价值最高，达到 12183.45 元；北京、天津的人均家务劳动价值均超过 10000 元，分别为 10450.75 元、10105.68 元；人均家务劳动价值排名位于后三名的有广西、福建和辽宁，分别为 5590.37 元、5531.22 元、5262.71 元。从人均家务劳动价值的年均增长率来看，家务劳动价值增速排名位于前三的省份为山东、宁夏和江西，分别为 8.12%、7.23% 和 6.74%，其中山东人均家务劳动价值的年均增长率位居首位。人均家务劳动价值的年均增长率排名靠后的三个地区为北京、海南和青海，其中青海人均家务劳动价值的年均增长率最低，为 3.47%。

　　对比 1979 年与 2018 年各地区人均家务劳动价值排名位次变动情况（见表 3-12），整体来看排序的变动幅度较大，例如云南、辽宁、海南和四川排位上升幅度超过 10 个位次，分别上升了 23 个位次、15 个位次、13 个位次和 12 个位次；河南、安徽、福建、江苏、山东和江西分别下降 12 个位次、13 个位次、15 个位次、17 个位次、17 个位次和 21 个位次。

表 3-12　1979 年与 2018 年各地区人均家务劳动价值排序及位次升降

地区	1979 年	2018 年	位次升降	地区	1979 年	2018 年	位次升降
北京	1	2	1	陕西	16	5	-11
青海	2	3	1	山西	17	25	8
海南	3	16	13	广西	18	24	6
天津	4	7	3	贵州	19	26	7
上海	5	15	10	浙江	20	27	7

续表

地区	1979 年	2018 年	位次升降	地区	1979 年	2018 年	位次升降
云南	6	29	23	内蒙古	21	20	−1
湖南	7	14	7	河北	22	21	−1
重庆	8	18	10	河南	23	11	−12
广东	9	1	−8	福建	24	9	−15
黑龙江	10	4	−6	江苏	25	8	−17
四川	11	23	12	安徽	26	13	−13
甘肃	12	22	10	江西	27	6	−21
辽宁	13	28	15	宁夏	28	17	−11
吉林	14	10	−4	山东	29	12	−17
湖北	15	19	4				

表 3-13 1979~2018 年全国及各地区总家务劳动价值及年均增长率

地区	总家务劳动价值（亿元）										年均增长率（%）
	1979 年	1980 年	1985 年	1990 年	1995 年	2000 年	2005 年	2010 年	2015 年	2018 年	
全国	8200.50	9012.17	13319.65	13958.88	19384.01	27097.14	34494.36	52002.72	87935.01	98431.18	6.58
北京	179.29	210.94	310.24	285.38	276.08	417.87	525.14	988.82	1904.97	2251.09	6.70
天津	115.64	116.88	169.96	223.66	223.05	313.82	447.01	736.38	1505.44	1576.49	6.93
河北	335.03	356.82	586.18	596.39	956.53	1409.07	2302.40	3037.30	4750.34	5205.85	7.29
山西	173.76	182.98	271.02	251.42	375.58	531.81	968.33	1494.91	2732.83	2817.09	7.40
内蒙古	122.55	150.26	196.47	322.39	331.58	502.03	666.43	984.94	1671.29	1746.17	7.05
辽宁	309.40	320.68	410.90	395.40	590.54	899.33	1060.82	1659.97	1966.70	2294.02	5.27
吉林	173.65	177.19	206.61	231.14	356.97	528.86	598.28	1095.65	1747.05	1872.05	6.29
黑龙江	307.19	297.77	413.25	389.01	564.00	775.39	709.61	1374.51	2141.13	2512.89	5.54
上海	147.01	168.51	310.66	362.20	395.36	660.05	897.38	1619.47	2621.17	2953.27	8.00
江苏	363.27	396.75	583.73	721.67	991.97	1639.78	2193.43	3218.18	5175.16	6210.61	7.55
浙江	254.00	282.27	387.54	453.14	902.92	1463.87	1578.46	2253.17	3251.06	3393.73	6.87

续表

地区	总家务劳动价值（亿元）										年均增长率（%）
	1979年	1980年	1985年	1990年	1995年	2000年	2005年	2010年	2015年	2018年	
安徽	271.61	461.58	832.87	853.07	1056.70	1535.12	1556.31	1937.90	3813.87	3788.20	6.99
福建	157.59	165.85	299.88	363.22	513.34	655.66	791.34	1217.62	1978.44	2179.85	6.97
江西	182.03	220.93	364.18	376.75	565.16	707.65	849.45	1369.07	2810.34	3339.51	7.75
山东	228.60	373.44	833.82	789.26	1215.38	1787.59	2312.80	3160.56	5886.47	6664.11	9.03
河南	466.31	527.26	893.83	814.31	1381.40	1831.36	2465.15	3499.30	6641.46	7344.10	7.32
湖北	355.71	402.13	675.11	665.77	824.92	1086.98	1180.29	1959.99	3132.98	3397.81	5.96
湖南	561.32	603.96	846.54	694.30	965.30	1245.90	1610.67	2271.82	3755.24	4022.94	5.18
广东	544.91	610.24	912.36	923.44	1158.61	1583.33	2212.39	3702.48	5720.22	6476.83	6.55
广西	239.16	256.72	330.78	406.02	644.69	669.91	1113.44	1459.07	2201.77	2753.82	6.47
海南	86.64	105.29	110.65	95.69	124.94	185.54	225.35	336.81	456.14	574.77	4.76
重庆	284.83	295.72	403.44	435.17	350.05	633.05	661.91	826.91	1595.23	1885.75	4.97
四川	910.48	898.05	1134.87	1115.77	1456.76	1443.55	1644.63	2825.80	4934.17	5885.09	4.90
贵州	182.99	195.43	245.48	303.13	468.86	591.77	883.74	1373.25	2539.21	2597.64	7.04
云南	368.98	354.96	544.41	451.65	499.35	777.07	999.56	1558.55	3078.81	3556.30	5.98
陕西	199.72	227.90	324.15	332.13	445.21	481.28	1119.12	1323.06	2389.96	2684.55	6.89
甘肃	172.47	162.89	189.44	171.33	351.61	601.22	597.70	940.96	1839.21	2008.48	6.50
青海	66.13	65.19	85.15	70.07	104.72	126.06	152.58	263.99	355.10	406.04	4.76
宁夏	16.65	25.30	53.21	51.83	76.41	115.22	147.65	232.23	441.41	478.46	8.99

注：计算使用的时间数据来源于 cgpis 数据。

表 3-14 1979~2018 年全国各地区人均家务劳动价值及年均增长率

地区	人均家务劳动价值（元）										年均增长率（%）
	1979年	1980年	1985年	1990年	1995年	2000年	2005年	2010年	2015年	2018年	
全国	822.05	892.89	1239.34	1193.87	1572.55	2146.68	2688.09	3898.69	6414.49	7048.27	5.66
北京	1998.55	2332.58	3231.66	2627.81	2206.87	3023.66	3414.44	5039.85	8774.60	10450.75	4.33

续表

地区	人均家务劳动价值（元）										年均增长率（%）
	1979年	1980年	1985年	1990年	1995年	2000年	2005年	2010年	2015年	2018年	
天津	1563.89	1560.73	2103.48	2530.08	2367.86	3135.08	4285.83	5668.84	9731.33	10105.68	4.90
河北	656.27	690.45	1056.57	968.32	1485.98	2089.37	3360.68	4221.99	6397.77	6889.69	6.21
山西	710.05	738.87	1031.68	867.27	1220.62	1613.02	2886.24	4182.72	7458.61	7576.90	6.26
内蒙古	661.81	800.74	978.95	1490.48	1451.77	2112.91	2793.10	3984.38	6655.89	6890.95	6.19
辽宁	898.62	919.63	1114.76	996.73	1443.15	2122.07	2513.19	3794.21	4488.13	5262.71	4.64
吉林	794.88	801.50	899.10	930.89	1377.19	1938.64	2202.79	3988.53	6345.99	6923.25	5.71
黑龙江	969.46	929.43	1248.12	1097.96	1523.92	2101.89	1857.63	3586.00	5616.80	6660.20	5.07
上海	1298.47	1469.72	2552.66	2709.06	2794.03	3942.96	5047.12	7031.99	10853.69	12183.45	5.91
江苏	616.49	668.13	939.52	1066.45	1403.86	2204.59	2934.35	4089.69	6488.42	7714.09	6.69
浙江	669.76	737.66	961.64	1087.20	2090.58	3129.93	3222.65	4136.53	5869.39	5915.52	5.74
安徽	565.50	943.36	1615.33	1503.20	1757.37	2564.53	2542.99	3253.15	6207.47	5990.20	6.24
福建	633.66	658.38	1105.34	1195.98	1585.85	1888.97	2238.57	3297.12	5153.53	5531.22	5.71
江西	564.79	675.58	1052.54	988.85	1390.99	1709.31	1970.41	3068.29	6154.92	7184.84	6.74
山东	316.09	511.85	1083.59	929.31	1396.18	1968.93	2500.87	3296.37	5977.93	6632.93	8.12
河南	648.64	723.77	1158.86	941.51	1518.02	1978.57	2628.09	3720.68	7005.76	7646.12	6.53
湖北	767.81	858.43	1369.10	1224.07	1429.18	1803.21	2067.06	3421.77	5353.70	5742.46	5.29
湖南	1074.70	1143.67	1505.76	1133.00	1510.17	1934.63	2546.10	3457.88	5536.25	5831.19	4.43
广东	1060.03	1166.81	1459.08	1455.15	1686.97	1832.14	2406.34	3546.10	5272.58	5708.47	4.41
广西	689.21	725.62	854.06	952.88	1419.08	1492.33	2389.36	3165.01	4590.84	5590.37	5.51
海南	1603.54	1905.68	1851.85	1443.32	1725.63	2357.51	2721.61	3875.87	5007.00	6153.82	3.51
重庆	1073.35	1109.74	1457.38	1489.84	1166.13	2048.71	2365.67	2866.25	5287.48	6079.14	4.55
四川	931.51	914.55	1113.93	1032.74	1286.32	1733.17	2002.72	3512.50	6014.35	7055.62	5.33
贵州	670.04	703.83	827.10	927.57	1336.54	1678.79	2369.28	3947.26	7193.24	7215.67	6.28
云南	1177.05	1118.54	1598.37	1210.52	1251.50	1812.20	2246.19	3386.67	6492.63	7362.93	4.81
陕西	711.50	805.02	1079.77	1001.59	1266.96	1335.04	3008.40	3542.32	6300.97	6947.59	6.02
甘肃	910.72	849.07	928.19	759.80	1442.19	2346.69	2304.35	3675.63	7073.89	7616.54	5.60

续表

地区	人均家务劳动价值（元）										年均增长率（%）
	1979年	1980年	1985年	1990年	1995年	2000年	2005年	2010年	2015年	2018年	
青海	1777.53	1729.55	2092.25	1564.08	2177.04	2433.68	2809.94	4688.98	6039.03	6733.62	3.47
宁夏	457.37	676.97	1282.24	1102.83	1489.52	2050.18	2477.32	3668.77	6607.87	6954.30	7.23

图3-9展示了全国及各地区人均家务劳动价值的变化趋势。

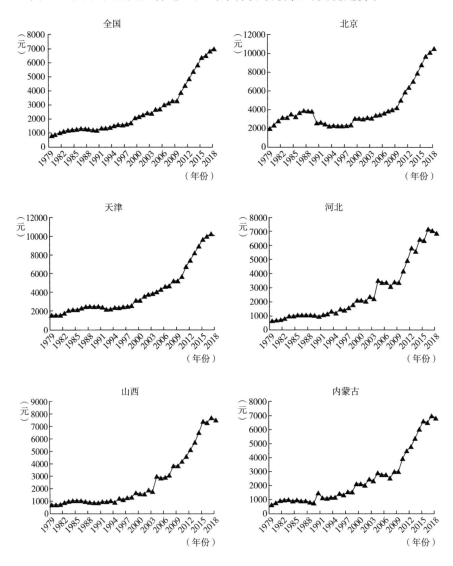

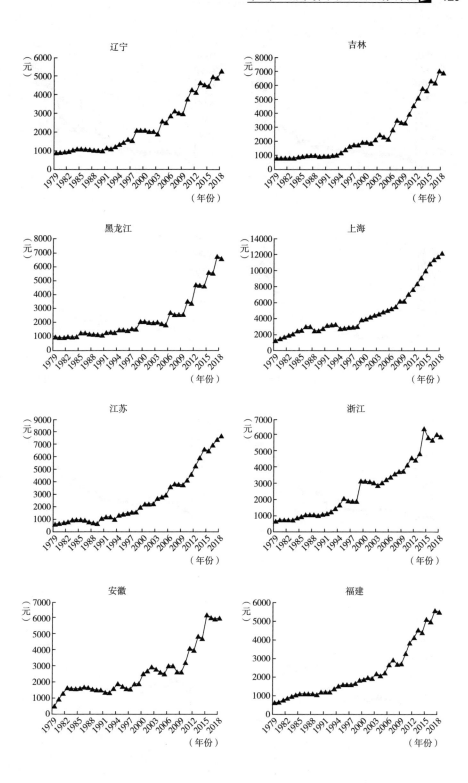

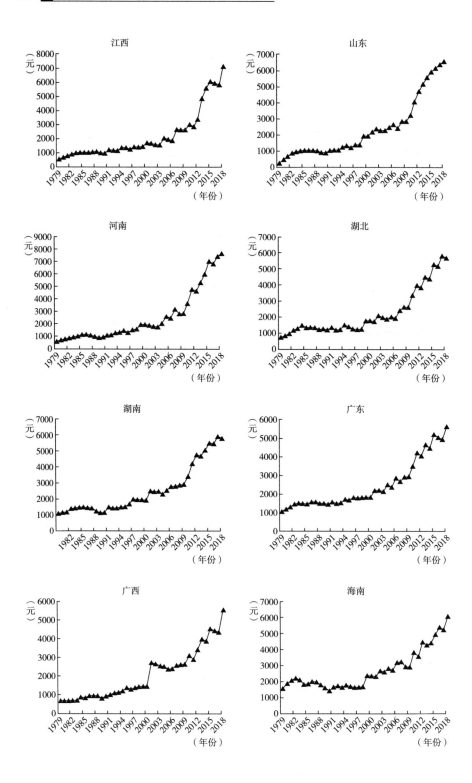

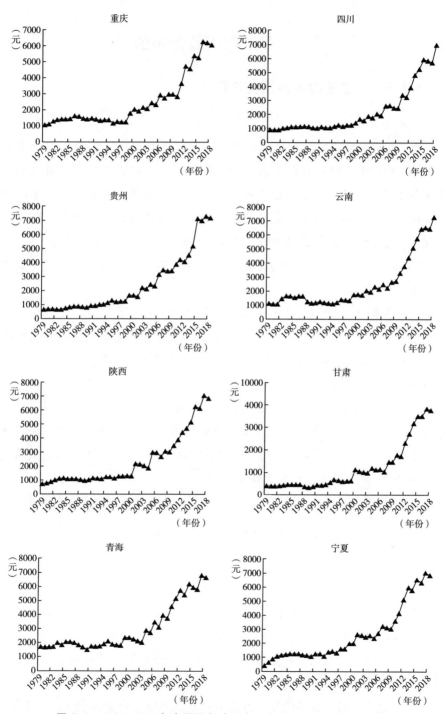

图 3-9　1979~2018 年全国及各地区人均家务劳动价值变化趋势

3.3 存量资本服务价值

3.3.1 交通基础设施服务价值

1. 测算方法

交通基础设施是国民经济的动脉，它连接着各地区、各市场的资本和劳动力，对经济发展起着至关重要的支撑作用。其对居民福利的贡献不仅体现为加快生产资料流通、促进消费品生产，还表现在为居民日常生活提供各种便利等方面。例如，交通基础设施可以方便居民日常通勤，减少出行成本，构建医疗紧急服务网络，提供公路自驾游休闲新方式等。因此，GPI 2.0 指标体系将交通基础设施服务价值纳入其中，以衡量居民从中获得的效用。

本报告在计算 1979~2018 年的交通基础设施服务价值时，延续《中国真实进步指标测算报告（2018）》的方法，将交通基础设施净现存量价值的 7.5% 作为交通基础设施服务价值。交通基础设施的服务价值原本应等于净现存量价值的 10%，即 2.5% 的折旧率加上 7.5% 的机会成本。折旧率按40 年使用年限并通过单倍余额递减法求得；机会成本反映当前资源若转做它用可获得的最大收益，等于净现存量价值乘以平均投资回报率。但考虑到服务价值中有一部分会作为通勤成本被扣除（约 25%），本报告最终将比例设定为 7.5%。具体计算公式如下。

（1）地区交通基础设施服务价值、地区人均交通基础设施服务价值

$$地区交通基础设施服务价值：V_{t\_j} = 7.5\% \times K_{t\_j}$$

$$地区人均交通基础设施服务价值：\overline{V}_{t\_j} = \frac{V_{t\_j}}{Pop_{t\_j}}$$

其中，K_{t_j} 表示 t 年 j 地区交通基础设施净现存量价值，V_{t_j} 表示 t 年 j 地区交通基础设施服务价值；Pop_{t_j} 表示 t 年 j 地区总人口数。

（2）全国人均交通基础设施服务价值及总交通基础设施服务价值的计算步骤同上。

计算过程中最为关键的是求得交通基础设施净现存量价值 K_{t_j}，其过程

主要包含两步：第一，确定各年交通基础设施新增固定资产；① 第二，考虑固定资产的折旧，求得净现存量价值。新增固定资产数据可由交通运输、仓储和邮政业全社会固定资产投资中的建筑安装工程投资计算得到。基本建设项目和更新改造项目的平均建设周期为 4.1 年和 2.4 年，据此本报告假设全社会固定资产投资平均建设周期为 3 年，则 t 年新增固定资产 B_t 为：

$$B_t = (p_t I_t + p_{t-1} I_{t-1} + p_{t-2} I_{t-2}) / 3$$

其中，I_t 为 t 年交通运输、仓储和邮政业全社会固定资产投资中的建筑安装工程投资，p_t 为以 2018 年价格为基准、t 年的价格指数。全国及各地区的交通运输、仓储和邮政业建筑安装工程投资，可通过交通运输、仓储和邮政业全社会建筑安装工程投资（不含农户）占相应固定资产投资（不含农户）的比例与交通运输、仓储和邮政业全社会固定资产投资相乘得到。

在求出 B_t 后，依据永续盘存法，t 年的交通基础设施资本存量 K_t 为：

$$K_t = K_{t-1}(1-\delta) + B_t$$

其中，δ 为固定资产折旧率，按折旧年限为 40 年取为 0.025。由于数据限制，本报告将交通基础设施资本存量的初始积累年份选定为 1979 年，即有 $K_0 = K_{1979} = B_{1979} = (p_{1979} I_{1979}) / 3$。

2. 数据处理

全国及各地区的交通运输、仓储和邮政业固定资产投资数据从 1993 年开始被纳入中国及各省份统计年鉴，早期数据缺失。本报告假设 1993 年之前交通运输、仓储和邮政业全社会固定资产投资与全社会固定资产投资同步变动，因此可以利用 1979~1992 年全社会固定资产投资的变化率求出前者的数值。

同样地，2004 年之前的交通运输、仓储和邮政业全社会建筑安装工程投资（不含农户）占相应固定资产投资（不含农户）的比例，也可通过全行业建筑安装工程投资占比的同比变化率求出。

---

① 上一版报告仅考虑了交通运输、仓储和邮政业全社会固定资产投资中的铁路和道路运输业投资，而这版报告采用了整体的固定资产投资数据。

3. 计算结果

1979~2018 年全国及各地区交通基础设施服务价值和人均交通基础设施服务价值见表 3-15 和表 3-16。总体而言，我国的交通基础设施建设获得了迅速成长，尤其是在 2008 年之后。全国交通基础设施服务价值由 1979 年的 12.75 亿元上升到 2018 年的 23015.01 亿元，年均增长率为 21.20%；人均交通基础设施服务价值由 1979 年的 1.28 元增长至 2018 年的 1648.01 元，年均增长率为 20.16%。

2018 年交通基础设施服务价值超过 1000 亿元的地区有四川、广东、山东、江苏和浙江，分别为 1424.51 亿元、1408.39 亿元、1173.69 亿元、1122.96 亿元和 1013.49 亿元，相比之下宁夏、海南和青海的交通基础设施服务价值最低，少于 200 亿元。从年均增长率来看，各地区的增速都较高，分布在 20% 左右。其中，重庆的增速最快，为 25.37%，青海的增速最慢，为 17.93%。

人均交通基础设施服务价值的地区排名则大不相同。2018 年青海的人均交通基础设施服务价值最高，达到 3056.68 元。内蒙古、上海、福建、天津、北京分列其后，服务价值也都超过了 2000 元；江西、安徽、河南则位于后三名，人均交通基础设施服务价值小于 1000 元。从年均增长率来看，增速位于前三位的地区为重庆、四川和江苏，分别为 24.87%、24.01% 和 22.32%；排名最后的三个地区为青海、上海和天津，增速分布在 17% 左右。

表 3-15   1979~2018 年全国及各地区交通基础设施服务价值及年均增长率

地区	交通基础设施服务价值（亿元）										年均增长率（%）
	1979 年	1980 年	1985 年	1990 年	1995 年	2000 年	2005 年	2010 年	2015 年	2018 年	1979~2018 年
全国	12.75	38.22	290.47	746.38	1414.06	2487.66	4386.39	8595.47	15898.01	23015.01	21.20
北京	0.30	0.97	8.06	19.87	34.58	58.74	98.77	210.55	371.54	488.29	20.84
天津	0.32	0.94	7.39	15.89	26.73	43.87	71.57	108.50	278.13	368.22	19.80
河北	0.36	1.07	9.53	22.19	41.35	84.48	153.74	336.29	633.41	842.32	21.97

续表

地区	交通基础设施服务价值（亿元）										年均增长率（%）
	1979年	1980年	1985年	1990年	1995年	2000年	2005年	2010年	2015年	2018年	1979~2018年
山西	0.41	1.31	10.92	26.37	41.61	59.32	99.71	185.94	412.46	516.07	20.07
内蒙古	0.35	1.02	6.89	17.61	34.65	53.95	108.80	265.89	556.94	733.97	21.63
辽宁	0.32	1.16	10.78	28.09	50.90	76.30	124.93	313.76	553.43	624.59	21.40
吉林	0.26	0.77	5.60	13.30	23.23	37.46	68.36	150.40	277.25	423.93	20.91
黑龙江	0.41	1.38	13.63	30.13	46.46	70.84	109.64	218.20	369.57	498.90	19.98
上海	0.62	2.00	18.31	44.72	81.95	160.05	240.68	441.84	530.91	631.85	19.43
江苏	0.32	1.03	14.17	43.38	87.17	158.26	284.06	487.41	799.83	1122.96	23.30
浙江	0.29	0.92	7.33	20.08	43.02	91.26	204.41	414.15	685.15	1013.49	23.28
安徽	0.20	0.64	7.69	22.02	38.13	64.64	110.76	188.92	297.99	455.88	21.94
福建	0.26	0.81	6.34	16.81	37.42	79.95	137.61	270.09	623.61	946.42	23.44
江西	0.19	0.77	7.73	18.62	32.76	55.37	114.87	207.65	198.41	266.60	20.49
山东	0.43	1.33	10.42	27.68	51.07	88.30	169.51	337.76	729.07	1173.69	22.51
河南	0.46	1.37	16.08	44.78	83.30	153.82	268.99	380.04	531.65	798.80	21.07
湖北	0.54	1.65	13.21	32.21	55.71	104.40	177.68	305.78	503.25	880.60	20.89
湖南	0.55	1.77	14.77	34.05	56.44	94.53	156.35	200.90	456.79	696.31	20.10
广东	0.40	1.31	15.73	42.91	103.53	191.01	329.67	598.38	986.33	1408.39	23.28
广西	0.20	0.63	5.17	14.05	28.75	52.90	91.41	202.36	408.03	633.13	22.95
海南	0.08	0.24	2.17	5.62	15.44	25.24	36.22	67.05	118.52	182.42	21.99
重庆	0.09	0.32	3.18	8.94	16.33	27.75	60.12	177.28	373.78	603.28	25.37
四川	0.38	1.24	11.55	29.92	55.03	96.86	172.56	343.63	883.79	1424.51	23.51
贵州	0.25	0.77	5.38	12.27	20.31	33.75	67.65	138.82	338.76	606.16	22.10
云南	0.44	1.40	10.07	23.04	44.90	83.96	144.15	274.68	544.42	937.39	21.70
陕西	0.40	1.31	9.03	21.60	36.53	58.26	106.93	205.84	406.27	597.14	20.61
甘肃	0.24	0.73	5.53	13.65	22.85	37.56	67.17	105.11	179.97	312.27	20.17
青海	0.30	0.80	5.14	10.12	14.04	20.69	36.19	65.01	102.09	184.32	17.93
宁夏	0.06	0.18	1.24	3.43	6.06	9.80	19.71	38.78	75.25	124.29	21.55

注：本表数据来自全国和地区统计年鉴，因统计口径不一，全国数据和地区加总数据不尽相同。

表 3-16　1978~2018 年全国及各地区人均交通基础设施服务价值及年均增长率

地区	人均交通基础设施服务价值（元）										年均增长率（%）
	1979 年	1980 年	1985 年	1990 年	1995 年	2000 年	2005 年	2010 年	2015 年	2018 年	1979~2018 年
全国	1.28	3.79	27.03	63.84	114.72	197.08	341.82	644.41	1159.69	1648.01	20.16
北京	3.39	10.75	83.95	182.92	276.46	425.01	642.20	1073.15	1711.40	2266.88	18.16
天津	4.34	12.56	91.40	179.74	283.79	438.22	686.17	835.28	1797.84	2360.41	17.53
河北	0.71	2.06	17.17	36.03	64.24	125.27	224.40	467.46	853.07	1114.77	20.75
山西	1.68	5.27	41.55	90.97	135.21	179.92	297.20	520.25	1125.72	1388.02	18.79
内蒙古	1.91	5.42	34.32	81.42	151.70	227.07	455.98	1075.61	2218.01	2896.51	20.65
辽宁	0.94	3.34	29.24	70.82	124.39	180.04	295.98	717.17	1262.96	1432.88	20.67
吉林	1.18	3.49	24.37	53.57	89.63	137.33	251.69	547.49	1007.10	1567.78	20.25
黑龙江	1.29	4.30	41.16	85.03	125.53	192.04	287.02	569.26	969.50	1322.28	19.45
上海	5.48	17.46	150.45	334.47	579.14	956.10	1353.67	1918.55	2198.40	2606.62	17.13
江苏	0.54	1.74	22.80	64.10	123.37	212.77	380.01	619.40	1002.80	1394.81	22.32
浙江	0.76	2.41	18.19	48.16	99.60	195.14	417.33	760.33	1236.95	1766.59	21.97
安徽	0.41	1.31	14.91	38.79	63.42	107.99	180.98	317.14	485.01	720.87	21.09
福建	1.03	3.21	23.36	55.36	115.59	230.33	389.24	731.36	1624.41	2401.47	21.99
江西	0.58	2.35	22.35	48.88	80.63	133.73	266.47	465.37	434.53	573.58	19.36
山东	0.59	1.82	13.54	32.59	58.67	97.26	183.29	352.27	740.40	1168.20	21.48
河南	0.64	1.88	20.85	51.77	91.54	166.18	286.77	404.08	560.82	831.65	20.18
湖北	1.16	3.53	26.79	59.21	96.52	173.19	311.18	533.83	859.96	1488.25	20.13
湖南	1.05	3.36	26.27	55.56	88.30	146.79	247.16	305.78	673.43	1009.29	19.24
广东	0.78	2.50	25.15	67.62	150.74	221.02	358.57	573.10	909.14	1241.31	20.80
广西	0.58	1.78	13.34	32.97	63.28	117.85	196.16	438.97	850.77	1285.29	21.85
海南	1.45	4.29	36.29	84.77	213.21	320.72	437.48	771.57	1301.01	1953.08	20.29
重庆	0.34	1.19	11.49	30.60	54.42	89.80	216.04	614.49	1238.92	1944.82	24.87
四川	0.39	1.26	11.51	27.69	48.59	116.29	210.13	427.14	1077.26	1707.84	24.01
贵州	0.92	2.79	18.12	37.54	57.90	95.74	181.36	399.02	959.65	1683.78	21.24
云南	1.41	4.42	29.58	61.76	112.54	195.80	323.94	596.87	1148.08	1940.77	20.36
陕西	1.43	4.62	30.07	65.13	103.95	161.61	287.44	551.11	1071.10	1545.38	19.63
甘肃	1.27	3.81	27.09	60.53	93.73	146.59	258.93	410.60	692.20	1184.19	19.16
青海	7.97	21.25	126.27	225.99	291.99	399.41	666.43	1154.62	1736.21	3056.68	16.48
宁夏	1.69	4.75	29.89	72.91	118.20	174.42	330.62	612.61	1126.47	1806.47	19.59

图 3-10 展示了全国及各地区人均交通基础设施服务价值的变化趋势。

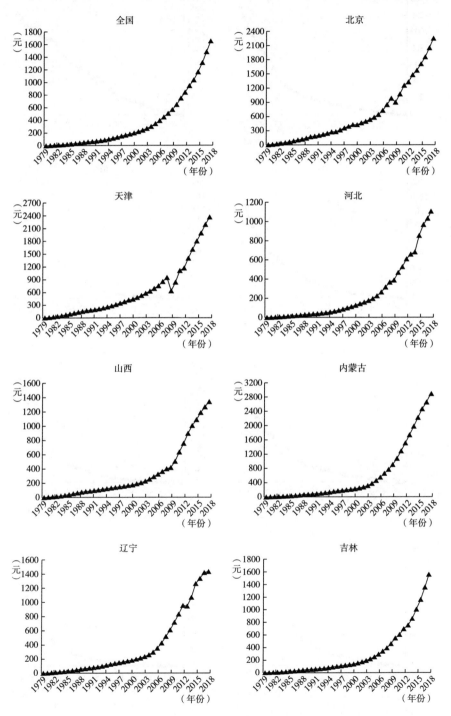

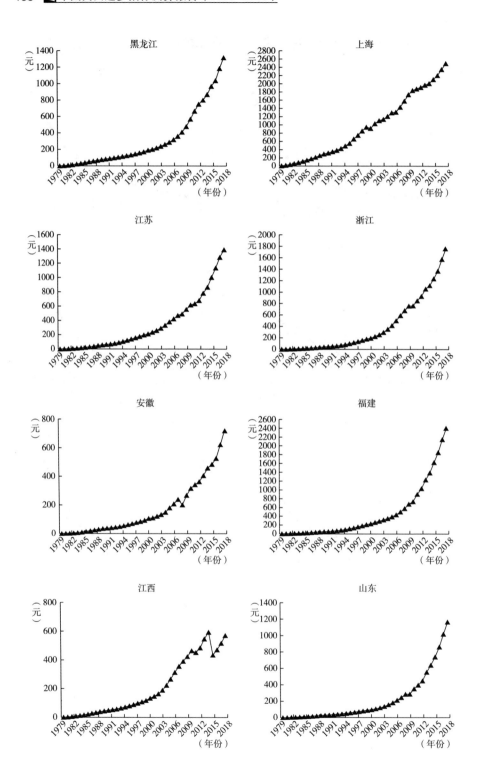

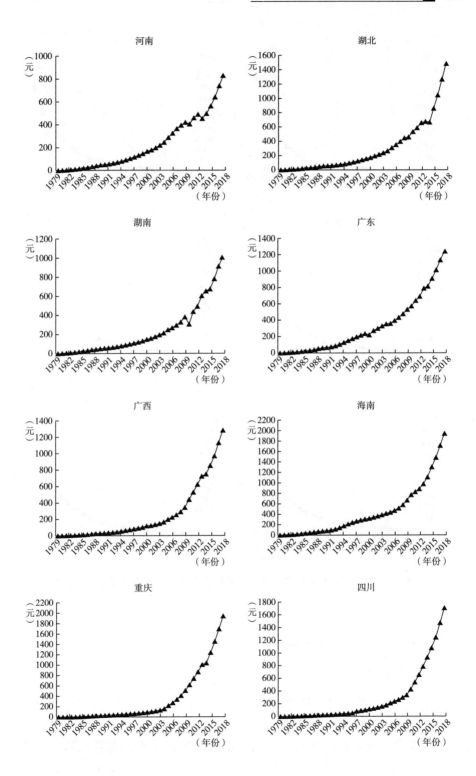

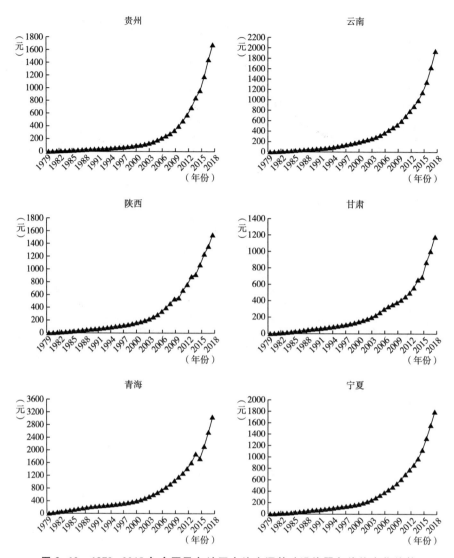

图3-10 1979~2018年全国及各地区人均交通基础设施服务价值变化趋势

3.3.2 电力燃气水基础设施服务价值

1. 测算方法

电力燃气水基础设施同样是基础设施中十分重要的组成部分，企业的生产经营和居民的生活都离不开电力、燃气以及水的生产和供应。这三种资源是现代经济运行的基础，亦是维持居民生活水平的基本保障。因此，电力燃气水基础设施的服务价值也被纳入了 GPI 测算体系中。

电力燃气水基础设施服务价值的计算方法与交通基础设施服务价值相同，只是把净现存量价值转换为服务价值的比例由 7.5% 提升到 10%。计算电力燃气水基础设施的服务价值时，并不需要考虑通勤成本的损失，因此令转换比例等于折旧率和机会成本之和即可。具体计算公式如下。

（1）地区电力燃气水基础设施服务价值、地区人均电力燃气水基础设施服务价值

$$地区电力燃气水基础设施服务价值：V_{t\_j} = 10\% \times W_{t\_j}$$

$$地区人均电力燃气水基础设施服务价值：\overline{V}_{t\_j} = \frac{V_{t\_j}}{Pop_{t\_j}}$$

其中，W_{t_j} 表示 t 年 j 地区电力燃气水基础设施净现存量价值；Pop_{t_j} 表示 t 年 j 地区总人口数。

（2）全国人均电力燃气水基础设施服务价值及总电力燃气水基础设施服务价值的计算步骤同上。

电力燃气水基础设施净现存量价值 W_j 的测算方法与前文中交通基础设施净现存量价值的计算一致，同样需要先计算出电力、燃气及水的生产和供应业全社会固定资产投资中建筑安装工程投资的份额，然后求出每年的新增固定资产，最后在折旧的基础上计算出净现存量价值。全国及各地区的建筑安装工程投资，要借助电力、燃气及水的生产和供应业全社会固定资产投资（不含农户）中建筑安装工程投资（不含农户）所占的比例，与电力、燃气及水的生产和供应业全社会固定资产投资相乘求得。

2. 数据处理

全国及各地区的电力、燃气及水的生产和供应业全社会固定资产投资数据最早可追溯到 1993 年。本报告假设 1993 年之前电力、燃气及水的生产和供应业全社会固定资产投资与全社会固定资产投资同步变动，因此可以利用 1979~1992 年全社会固定资产投资的变化率求出前者的数值。

同样地，2004 年之前电力、燃气及水的生产和供应业全社会建筑安装工程投资（不含农户）占相应固定资产投资（不含农户）的比例，也可通过全行业建筑安装工程投资占比的同比变化率求出。

3. 计算结果

1979~2018 年全国及各地区电力燃气水基础设施服务价值和人均电力燃气水基础设施服务价值见表 3-17 和表 3-18。总体而言，全国电力燃气水基础设施服务价值由 1979 年的 7.21 亿元上升到 2018 年的 14361.86 亿元，年均增长率为 21.51%；人均电力燃气水基础设施服务价值由 1979 年的 0.72 元增长至 2018 年的 1028.40 元，年均增长率为 20.46%。

2018 年电力燃气水基础设施服务价值最高的地区为内蒙古，达到了 924.13 亿元。排在其后的为四川、广东、山东和江苏，服务价值也超过了 800 亿元，海南、青海、北京和天津 4 个地区则排在末位。从年均增长率来看，安徽的增速最高，为 25.28%，青海的增速最低，为 19.09%。

2018 年人均电力燃气水基础设施服务价值最高的地区为内蒙古，达到 3646.91 元。宁夏、青海分列其后，服务价值也都超过了 3000 元；其余地区的人均电力燃气水基础设施服务价值大都分布在 1000 元左右。从年均增长率来看，增速位于前三位的地区是安徽、四川和江西，分别为 24.40%、24.00% 和 23.34%；增速最慢的地区为上海，其次为青海。

表 3-17　1979~2018 年全国及各地区电力燃气水基础设施服务价值及年均增长率

地区	电力燃气水基础设施服务价值（亿元）										年均增长率（%）
	1979 年	1980 年	1985 年	1990 年	1995 年	2000 年	2005 年	2010 年	2015 年	2018 年	1979~2018 年
全国	7.21	21.60	164.14	421.78	799.09	1405.79	2566.59	5425.01	9973.62	14361.86	21.51
北京	0.08	0.25	2.04	5.02	8.73	14.83	27.53	69.35	126.44	182.97	22.07
天津	0.12	0.36	2.81	6.05	10.19	16.71	27.51	72.48	145.51	196.86	20.84
河北	0.25	0.73	6.51	15.17	28.27	57.75	105.39	233.42	437.30	712.37	22.64
山西	0.38	1.19	9.98	24.12	38.06	54.26	94.50	205.54	375.94	549.15	20.53
内蒙古	0.29	0.83	5.66	14.46	28.44	44.29	104.38	325.33	660.27	924.13	22.97
辽宁	0.18	0.64	5.97	15.56	28.19	42.25	66.63	172.54	365.74	428.76	22.07
吉林	0.12	0.36	2.59	6.14	10.73	17.30	31.23	102.26	216.30	295.09	22.19
黑龙江	0.21	0.72	7.12	15.74	24.27	37.01	58.63	122.28	229.31	284.58	20.25

地区	电力燃气水基础设施服务价值（亿元）										年均增长率（%）
	1979 年	1980 年	1985 年	1990 年	1995 年	2000 年	2005 年	2010 年	2015 年	2018 年	1979~2018 年
上海	0.22	0.70	6.39	15.62	28.62	55.90	84.44	146.14	184.50	209.91	19.28
江苏	0.25	0.80	10.97	33.58	67.48	122.51	232.43	373.83	575.26	808.76	23.08
浙江	0.18	0.58	4.64	12.70	27.21	57.72	135.85	290.19	476.74	657.84	23.36
安徽	0.06	0.19	2.33	6.66	11.54	19.56	37.85	122.25	239.00	394.82	25.28
福建	0.12	0.38	3.01	7.99	17.78	37.99	71.39	167.01	335.71	497.78	23.76
江西	0.06	0.23	2.30	5.54	9.74	16.47	35.87	89.47	174.42	284.60	24.50
山东	0.31	0.98	7.68	20.40	37.64	65.07	128.30	251.32	472.66	845.63	22.44
河南	0.22	0.64	7.52	20.93	38.94	71.90	130.12	258.18	409.39	650.52	22.81
湖北	0.54	1.64	13.13	32.01	55.38	103.77	171.95	266.86	373.83	507.89	19.21
湖南	0.29	0.94	7.85	18.09	29.99	50.23	87.53	179.92	312.91	461.07	20.78
广东	0.23	0.74	8.86	24.17	58.31	107.57	198.30	408.30	671.26	865.12	23.56
广西	0.19	0.58	4.77	12.98	26.56	48.88	84.28	162.62	285.02	419.99	21.91
海南	0.02	0.06	0.58	1.51	4.16	6.80	10.43	21.27	51.75	69.70	23.09
重庆	0.07	0.26	2.65	7.44	13.60	23.11	47.32	106.68	196.54	266.67	23.35
四川	0.23	0.76	7.07	18.32	33.70	59.31	116.51	289.37	608.19	869.01	23.50
贵州	0.33	1.00	6.97	15.89	26.32	43.73	88.81	160.52	232.62	298.91	19.11
云南	0.25	0.80	5.74	13.13	25.58	47.83	89.05	245.47	466.22	590.02	22.01
陕西	0.18	0.57	3.96	9.47	16.01	25.54	48.75	127.12	249.85	426.27	22.13
甘肃	0.18	0.55	4.17	10.29	17.23	28.32	49.55	115.61	288.62	389.84	21.74
青海	0.20	0.54	3.48	6.85	9.51	14.01	25.65	50.47	115.56	182.33	19.09
宁夏	0.06	0.17	1.21	3.34	5.91	9.55	20.11	50.60	128.58	220.77	23.44

注：本表数据来自全国和地区统计年鉴，因统计口径不一，全国数据和地区加总数据不尽相同。

表 3-18　1979~2018 年全国及各地区人均电力燃气水基础设施服务价值及年均增长率

地区	人均电力燃气水基础设施服务价值（元）										年均增长率（%）
	1979 年	1980 年	1985 年	1990 年	1995 年	2000 年	2005 年	2010 年	2015 年	2018 年	1979~2018 年
全国	0.72	2.14	15.27	36.07	64.83	111.37	200.01	406.72	727.53	1028.40	20.46
北京	0.85	2.72	21.20	46.20	69.82	107.34	179.01	353.46	582.40	849.45	19.36
天津	1.66	4.79	34.83	68.49	108.13	166.97	263.74	557.97	940.57	1261.91	18.55
河北	0.49	1.41	11.74	24.63	43.91	85.63	153.84	324.46	588.96	942.79	21.41
山西	1.54	4.82	38.01	83.21	123.68	164.57	281.66	575.10	1026.02	1476.99	19.25
内蒙古	1.57	4.45	28.18	66.84	124.54	186.41	437.46	1316.08	2629.52	3646.91	21.98
辽宁	0.52	1.85	16.19	39.22	68.88	99.70	157.86	394.38	834.64	983.62	21.33
吉林	0.54	1.61	11.25	24.74	41.40	63.43	114.98	372.27	785.69	1091.31	21.53
黑龙江	0.68	2.24	21.50	44.42	65.57	100.31	153.48	319.01	601.55	754.25	19.72
上海	1.91	6.10	52.54	116.81	202.26	333.91	474.93	634.56	763.99	865.97	16.98
江苏	0.42	1.35	17.65	49.62	95.50	164.71	310.95	475.07	721.23	1004.55	22.10
浙江	0.48	1.53	11.50	30.46	62.99	123.42	277.35	532.75	860.70	1146.66	22.06
安徽	0.13	0.40	4.51	11.74	19.19	32.68	61.85	205.22	389.00	624.33	24.40
福建	0.49	1.52	11.10	26.31	54.93	109.46	201.95	452.23	874.47	1263.09	22.31
江西	0.17	0.70	6.65	14.54	23.98	39.78	83.21	200.51	382.01	612.31	23.34
山东	0.44	1.34	9.98	24.02	43.24	71.68	138.73	262.12	480.00	841.68	21.41
河南	0.30	0.88	9.75	24.20	42.79	77.68	138.89	274.51	431.84	677.27	21.90
湖北	1.16	3.51	26.63	58.86	95.95	172.15	301.14	465.88	638.81	858.36	18.47
湖南	0.56	1.78	13.96	29.52	46.92	78.00	138.37	273.84	461.31	668.31	19.92
广东	0.44	1.41	14.17	38.09	84.90	124.48	215.69	391.05	618.73	762.49	21.07
广西	0.53	1.64	12.33	30.46	58.47	108.89	180.86	352.76	594.29	852.59	20.82
海南	0.39	1.16	9.78	22.84	57.44	86.40	125.93	244.78	568.02	746.28	21.37
重庆	0.28	0.99	9.57	25.49	45.32	74.79	169.13	369.79	651.45	859.66	22.86
四川	0.24	0.77	6.94	16.96	29.76	71.21	141.87	359.69	741.33	1041.85	24.00
贵州	1.19	3.62	23.48	48.64	75.03	124.06	238.10	461.39	658.98	830.30	18.27
云南	0.80	2.52	16.85	35.18	64.12	111.55	200.12	533.40	983.17	1221.58	20.67
陕西	0.62	2.02	13.18	28.55	45.56	70.84	131.05	340.36	658.72	1103.18	21.13
甘肃	0.96	2.87	20.43	45.65	70.69	110.55	191.00	451.61	1110.08	1478.33	20.71
青海	5.39	14.39	85.48	152.97	197.65	270.37	472.45	896.50	1965.36	3023.65	17.62
宁夏	1.64	4.63	29.12	71.04	115.16	169.95	337.38	799.35	1924.79	3208.92	21.44

图 3-11 展示了全国及各地区人均电力燃气水基础设施服务价值的变化趋势。

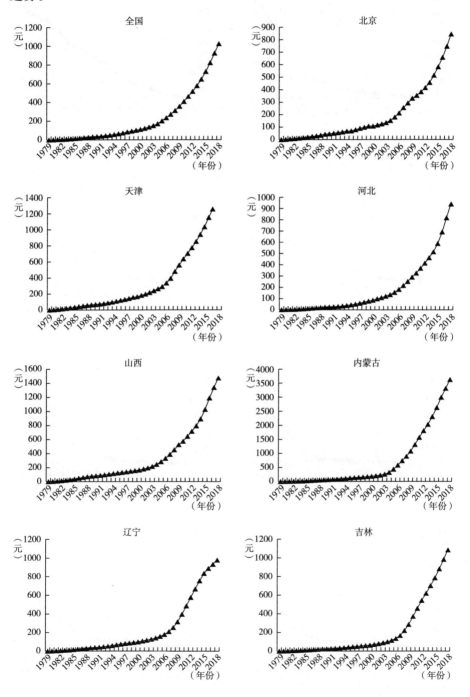

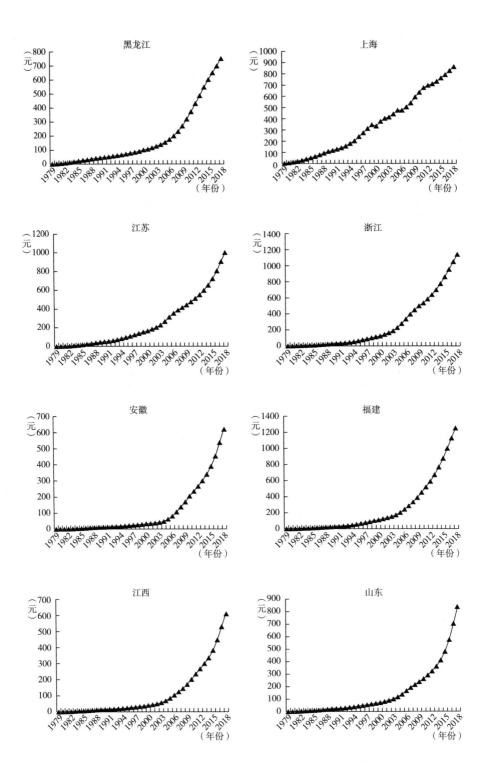

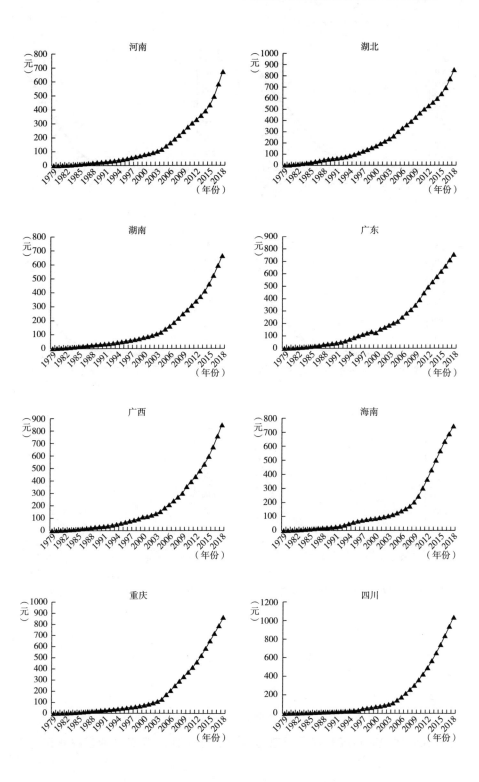

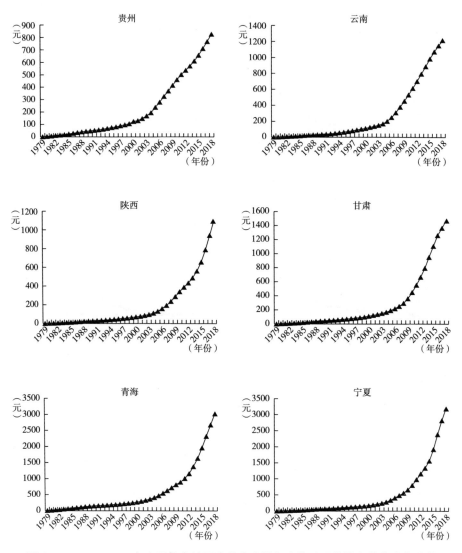

图 3-11　1979~2018 年全国及各地区人均电力燃气水基础设施服务价值变化趋势

3.3.3　家庭资本服务价值

1. 测算方法

家庭资本服务价值主要核算两部分内容：家庭耐用品支出（如冰箱、电视机等）和家庭维修保养及改善支出。这两种消费支出带来的效用并不在当期完全获得，而是同交通、电力燃气水基础设施一样，能够在未来产生潜在的效用（即在多年均可提供一定的服务）。GPI 2.0 指标体系将这两类消费合并为家庭资本进而计算其资本存量，以便衡量其在使用年限内对居民生活的服务价值。

本报告首先计算出各地区当年的人均新增家庭资本，其等于人均耐用品支出与家居维修保养及改善支出之和。家庭资本的使用年限较短，本报告将其设置为 8 年。按照平均年限法折旧，每年折旧额为原始购买价值的 12.5%。当年人均累积家庭资本存量等于前 7 年人均新增家庭资本经折旧后的总和，再加上当年人均新增的家庭资本，即：

$$\overline{C_{t\_j}} = \overline{Duration_{t\_j}} + \overline{Decoration_{t\_j}}$$

$$\overline{S_{t\_j}} = \sum_{n=1}^{7} \frac{8-n}{8} \times \overline{C_{t-n\_j}} + \overline{C_{t\_j}}$$

其中，$\overline{C_{t\_j}}$ 代表 t 年 j 地区的人均新增家庭资本；$\overline{Duration_{t\_j}}$ 代表 t 年 j 地区的人均耐用品支出；$\overline{Decoration_{t\_j}}$ 代表 t 年 j 地区的人均家居维修保养及改善支出；$\overline{S_{t\_j}}$ 代表 t 年 j 地区的人均累积家庭资本存量。1979～2018 年的人均家庭耐用品支出和家居维修保养及改善支出已在 2.3 节中求出。

将人均累积家庭资本存量乘以 20% 的转换比例，即得到人均家庭资本服务价值。此处将家庭资本的折旧率设定为 12.5%，再加上 7.5% 的机会成本，即可得到上述转换比例。具体计算公式如下：

$$\overline{V_{t\_j}} = 20\% \times \overline{S_{t\_j}}$$

$$V_{t\_j} = \overline{V_{t\_j}} \times Pop_{t\_j}$$

其中，$\overline{V_{t\_j}}$ 代表 t 年 j 地区的人均家庭资本服务价值；Pop_{t_j} 代表 t 年 j 地区的人口数；V_{t_j} 代表 t 年 j 地区的家庭资本服务价值。由于数据限制，本报告假设家庭资本存量的初始积累年份为 1979 年，即有 $\overline{S_{1979\_j}} = \overline{C_{1979\_j}}$。

2. 计算结果

1979～2018 年全国及各地区家庭资本服务价值和人均家庭资本服务价值见表 3-19 和表 3-20。总体而言，全国家庭资本服务价值由 1979 年的 292.35 亿元上升到 2018 年的 23340.48 亿元，年均增长率为 11.89%；人均家庭资本服务价值由 1979 年的 29.31 元增长至 2018 年的 1671.32 元，年均增长率为 10.92%。

2018 年家庭资本服务价值最高的地区为广东，为 2449.84 亿元，这既得益于其较为富裕的生活水平，也得益于其充足的人口。山东、江苏和河南分列其后，分别为 2288.95 亿元、1987.35 亿元、1378.16 亿元。

2018 年人均家庭资本服务价值最高的地区为上海、北京和天津，皆超过了 3000 元；其次为江苏、浙江、山东和广东，均超过了 2000 元。这些都是我国经济最为发达的地区。贵州、甘肃、吉林、黑龙江等经济较为落后的地区，其人均家庭资本服务价值则排在末位。

表 3-19 1979~2018 年全国及各地区家庭资本服务价值及年均增长率

地区	家庭资本服务价值（亿元）										年均增长率（%）
	1979 年	1980 年	1985 年	1990 年	1995 年	2000 年	2005 年	2010 年	2015 年	2018 年	1979~2018 年
全国	292.35	556.08	1760.36	2750.11	3697.80	5928.63	7848.02	12208.31	18898.38	23340.48	11.89
北京	10.52	20.94	66.20	94.60	101.50	188.09	260.97	460.70	648.35	806.58	11.77
天津	6.70	11.13	36.60	52.03	48.20	97.82	142.69	224.20	377.26	478.83	11.57
河北	15.23	28.41	90.15	145.11	166.86	259.46	374.75	613.07	889.17	1058.77	11.49
山西	6.19	11.77	38.19	56.58	61.10	79.75	135.78	264.50	416.78	538.74	12.13
内蒙古	7.61	14.81	48.21	58.32	55.77	68.99	104.77	190.31	327.60	412.70	10.78
辽宁	17.77	33.63	97.22	123.08	135.47	190.30	245.24	390.02	599.95	665.15	9.73
吉林	7.41	13.92	41.10	60.54	62.71	87.40	127.33	207.14	279.11	294.46	9.90
黑龙江	12.55	24.26	64.71	90.30	93.26	115.94	171.16	263.57	364.45	433.89	9.51
上海	15.85	28.61	93.56	140.62	178.07	322.85	464.47	700.09	868.41	963.66	11.11
江苏	27.73	50.89	165.60	245.52	279.29	442.20	584.52	907.88	1458.28	1987.35	11.58
浙江	20.44	37.73	132.89	209.81	233.23	351.91	489.86	825.69	1098.09	1314.76	11.27
安徽	13.72	27.42	87.38	122.39	116.43	140.92	230.06	386.59	617.38	775.37	10.90
福建	8.80	16.97	53.89	81.66	98.95	171.81	246.65	387.74	544.18	694.27	11.85
江西	8.61	16.25	48.20	68.19	75.91	109.21	156.54	273.50	480.68	620.11	11.59
山东	22.88	45.38	160.50	231.69	243.58	435.32	628.37	1103.72	1665.57	2288.95	12.54
河南	14.51	28.73	82.69	130.78	152.37	262.07	412.25	696.85	1068.09	1378.16	12.39
湖北	15.09	26.62	94.34	163.75	155.14	206.96	279.65	448.69	753.38	987.44	11.32
湖南	15.31	29.74	96.38	145.30	165.56	241.53	306.03	504.03	808.18	1010.88	11.34

续表

地区	家庭资本服务价值（亿元）										年均增长率（%）1979~2018年
	1979年	1980年	1985年	1990年	1995年	2000年	2005年	2010年	2015年	2018年	
广东	24.59	51.49	147.81	233.10	378.58	643.93	884.46	1440.49	2005.90	2449.84	12.52
广西	9.67	17.93	59.52	86.21	105.62	153.68	203.90	341.96	608.15	789.57	11.95
海南	2.26	4.24	11.09	14.01	13.89	20.20	31.23	50.89	84.93	119.50	10.71
重庆	8.13	12.40	34.98	48.26	60.65	94.82	131.63	235.91	375.45	495.13	11.11
四川	19.11	37.54	109.32	173.69	213.90	249.82	343.68	535.84	861.03	1087.81	10.92
贵州	4.94	10.46	27.34	36.54	50.28	88.58	112.85	173.26	280.36	376.47	11.75
云南	7.12	12.78	40.25	71.17	89.77	136.68	175.85	285.93	433.98	561.84	11.85
陕西	9.03	16.48	48.80	72.83	84.43	113.65	166.52	266.56	420.05	529.81	11.00
甘肃	4.22	7.90	21.83	37.41	41.33	62.28	97.81	151.32	225.10	277.24	11.33
青海	1.17	2.29	6.92	11.16	11.91	14.44	24.50	39.05	64.65	79.22	11.42
宁夏	1.25	2.33	7.44	12.14	12.33	16.71	30.66	53.71	80.94	107.06	12.08

注：本表数据来自全国和地区统计年鉴，因统计口径不一，全国数据和地区加总数据不尽相同。

表3-20 1979~2018年全国及各地区人均家庭资本服务价值及年均增长率

地区	人均家庭资本服务价值（元）										年均增长率（%）1979~2018年
	1979年	1980年	1985年	1990年	1995年	2000年	2005年	2010年	2015年	2018年	
全国	29.31	55.09	163.79	235.21	299.99	469.68	611.58	915.27	1378.56	1671.32	10.92
北京	117.24	231.58	689.53	871.12	811.38	1360.97	1696.84	2348.09	2986.42	3744.56	9.29
天津	90.59	148.64	452.95	588.58	511.65	977.18	1368.05	1725.91	2438.68	3069.41	9.45
河北	29.83	54.98	162.50	235.60	259.22	384.73	547.00	852.19	1197.54	1401.23	10.37
山西	25.29	47.53	145.38	195.16	198.57	241.88	404.71	740.06	1137.50	1449.00	10.94
内蒙古	41.10	78.91	240.22	269.65	244.18	290.36	439.10	769.86	1304.67	1628.65	9.89
辽宁	51.61	96.45	263.75	310.30	331.07	449.50	580.99	891.47	1369.11	1525.93	9.07
吉林	33.92	62.96	178.85	243.82	241.95	320.36	468.81	754.05	1013.84	1088.97	9.30
黑龙江	39.61	75.72	195.45	254.87	252.00	314.29	448.07	687.63	956.05	1149.99	9.02
上海	139.98	249.51	768.75	1051.79	1258.41	1928.59	2612.34	3039.90	3595.89	3975.51	8.96
江苏	47.05	85.70	266.54	362.82	395.25	594.51	781.96	1153.74	1828.34	2468.45	10.69
浙江	53.90	98.59	329.76	503.39	540.01	752.42	1000.12	1515.86	1982.47	2291.73	10.09

续表

地区	人均家庭资本服务价值（元）										年均增长率（%）
	1979年	1980年	1985年	1990年	1995年	2000年	2005年	2010年	2015年	2018年	1979~2018年
安徽	28.57	56.04	169.48	215.67	193.63	235.42	375.91	648.96	1004.85	1226.08	10.12
福建	35.38	67.38	198.65	268.88	305.68	495.00	697.75	1049.94	1417.51	1761.66	10.54
江西	26.72	49.69	139.31	178.96	186.83	263.80	363.11	612.96	1052.74	1334.15	10.55
山东	31.63	62.20	208.58	272.80	279.81	479.48	679.47	1151.15	1691.45	2278.24	11.59
河南	20.18	39.43	107.20	151.25	167.44	283.14	439.50	740.93	1126.68	1434.83	11.55
湖北	32.58	56.83	191.32	301.06	268.77	343.33	489.75	783.32	1287.39	1668.82	10.62
湖南	29.31	56.31	171.44	237.11	259.02	375.04	483.77	767.17	1191.48	1465.26	10.55
广东	47.84	98.46	236.38	367.31	551.22	745.11	961.99	1379.65	1848.93	2159.21	10.26
广西	27.87	50.69	153.67	202.32	232.49	342.35	437.56	741.78	1268.03	1602.87	10.95
海南	41.85	76.69	185.55	211.24	191.82	256.70	377.18	585.66	932.28	1279.44	9.17
重庆	30.64	46.52	126.35	165.21	202.04	306.86	470.43	817.71	1244.46	1596.18	10.67
四川	19.55	38.23	107.31	160.76	188.88	299.95	418.50	666.05	1049.53	1304.18	11.37
贵州	18.10	37.69	92.10	111.81	143.32	251.29	302.56	498.01	794.23	1045.75	10.96
云南	22.71	40.28	118.19	190.76	224.99	318.76	395.16	621.32	915.18	1163.22	10.62
陕西	32.19	58.21	162.56	219.63	240.28	315.26	447.64	713.68	1107.45	1371.14	10.10
甘肃	22.30	41.18	106.95	165.92	169.54	243.08	377.05	591.11	865.78	1051.36	10.38
青海	31.41	60.67	169.95	249.14	247.66	278.75	451.18	693.54	1099.42	1313.75	10.05
宁夏	34.40	62.40	179.34	258.29	240.31	297.27	514.44	848.50	1211.72	1556.10	10.27

图3-12展示了全国及各地区人均家庭资本服务价值的变化趋势。

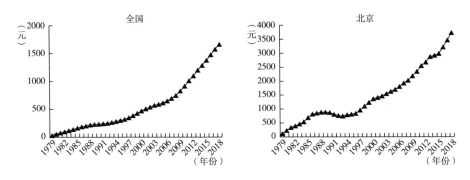

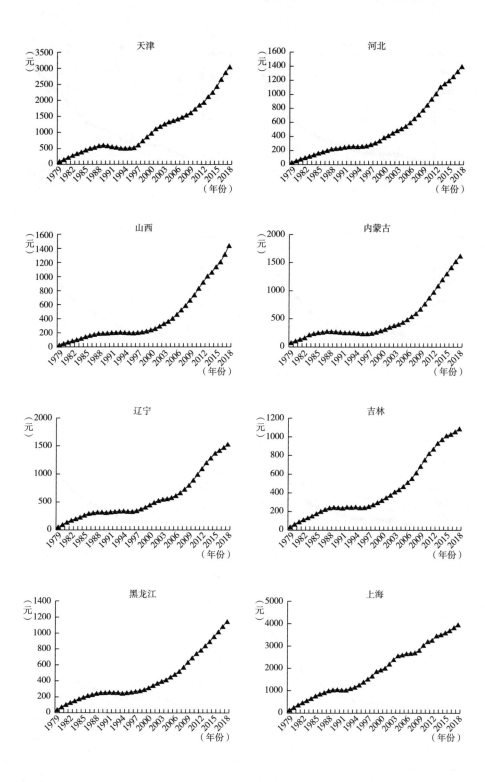

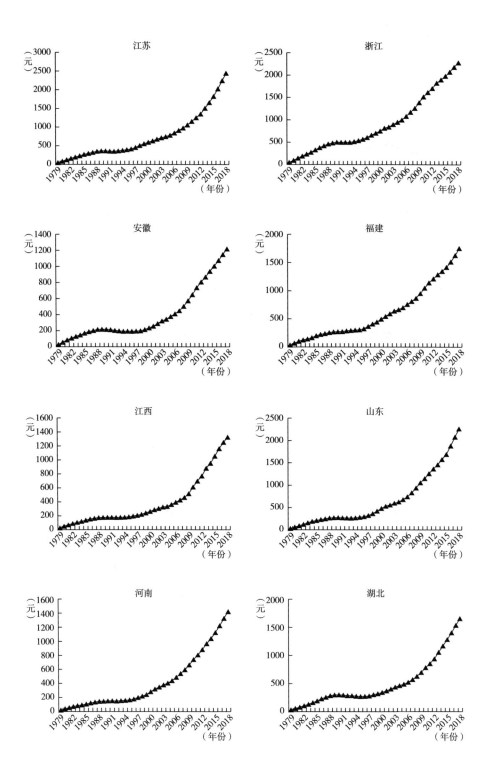

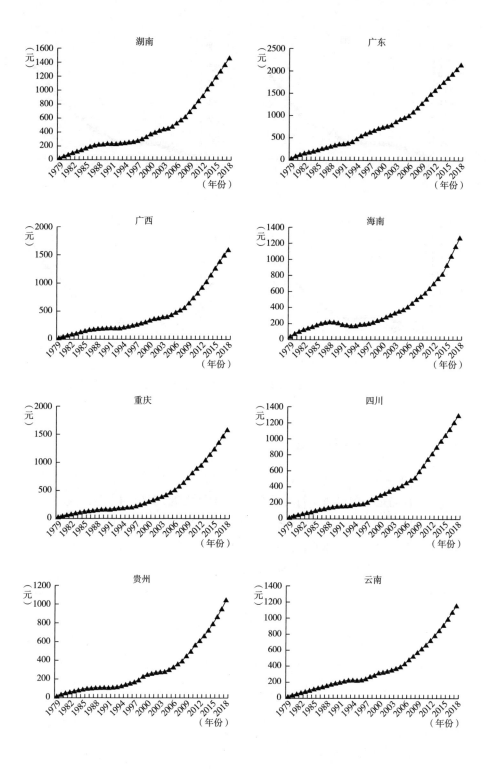

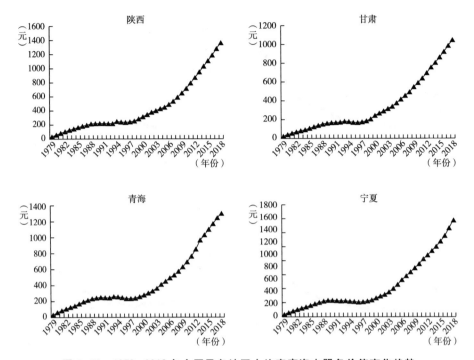

图 3-12　1979~2018 年全国及各地区人均家庭资本服务价值变化趋势

3.3.4　高铁服务价值

1. 测算方法

高速铁路是中国居民出行方式的一个极大补充。2008 年以来，这一新型交通方式以其快速便捷、经济舒适的特点深刻改变了原有的客运版图。至2018 年年底，全国高铁里程已经超过 2.9 万公里，覆盖 32 个省/自治区/直辖市，累计运输旅客突破 90 亿人次（包含动车组）。高铁越来越成为人们出行不可缺少的交通工具。因此本报告将高铁带来的服务价值作为中国特色指标之一纳入 GPI 的指标体系当中，以反映其对居民福利提升的重要性。

在计算高铁的服务价值时，本报告参考交通基础设施服务价值的计算方法，令其等于净现存量价值的 7.5%，具体公式如下：

$$V_{t\_j} = 7.5\% \times R_{t\_j}$$

$$\overline{V}_{t\_j} = \frac{V_{t\_j}}{Pop_{t\_j}}$$

其中，V_{t_j}表示 t 年 j 地区高铁服务价值；R_{t_j}表示 t 年 j 地区高铁设施净现存量价值；$\overline{V_{t\_j}}$表示 t 年 j 地区人均高铁服务价值；Pop_{t_j}表示 t 年 j 地区总人口数。

由于缺乏全国及各地区高铁设施净现存量价值数据，本报告采用成本替代法进行核算，即使用高铁营运里程数乘以单位里程的建造成本代替净现存量价值。高速铁路单位里程的建造成本借鉴 Ollivier 等（2014）的测算（2013 年价格，每公里 1 亿~1.25 亿元），并按照建筑安装工程固定资产价格指数折算，最终得到 2018 年平均成本约为 1.27 亿元。

2. 数据处理

2008~2018 年全国高速铁路的营运里程数来自《2019 年中国统计年鉴》，各地区的高铁运营里程则来自地方统计年鉴。然而地区营运里程数据缺失情况严重，无法对高铁的服务价值做一个完整的测算。因此本报告在统计年鉴数据的基础上，对各年的公开信息（高铁线路的开通日期及营运里程分布）进行收集并补充到里程表中。由于高铁标准设定不一，[①] 以及公开信息的完整性和准确性存疑，最终得到的高铁里程分布可能会与实际情况存在一定的出入。本报告整理的高铁里程分布如表 3-21 所示。

表 3-21　高铁营业里程分布

单位：公里

地区	2008 年	2009 年	2010 年	2011 年	2012 年	2013 年	2014 年	2015 年	2016 年	2017 年	2018 年
全国	672	2699	5133	6601	9356	11028	16456	19838	22980	25164	29904
北京	51	51	51	93	137.7	137.7	137.7	137.7	137.7	137.7	137.7
天津	66	66	66	153	153	245.8	245.8	310.8	310.8	310.8	310.8
河北	—	67	67	239	671	899.6	899.6	1016.6	1016.6	1208.6	1307.81
山西	—	154.7	154.7	154.7	154.7	154.7	576.7	576.7	576.7	576.7	686.7
内蒙古	—	—	—	—	—	—	—	—	—	126	217
辽宁	—	—	—	—	541.4	631.6	631.6	1131.6	1131.6	1151	1657

---

① 根据《高速铁路设计规范》（TB10621-2014）：中国高速铁路是设计速度每小时 250 千米（含预留）以上、列车初期运营速度每小时 200 千米以上的客运专线铁路。根据国家发改委发布的《中长期铁路网规划（2016 年）》：中国高速铁路网由所有设计速度每小时 250千米以上的新线和部分经改造后设计速度达到每小时 200 千米以上的既有线铁路共同组成。可见不同标准在对时速 200 千米的铁路线路的定位上存在模糊之处。

地区	2008年	2009年	2010年	2011年	2012年	2013年	2014年	2015年	2016年	2017年	2018年
吉林	—	—	111	111	422.9	422.9	422.9	783.9	783.9	783.9	783.9
黑龙江	—	—	—	—	69.8	69.8	69.8	474.8	474.8	474.8	1117.8
上海	—	—	88	146.4	146.4	146.4	146.4	146.4	146.4	146.4	146.4
江苏	45	45	313.28	673.28	673.28	815.1	815.1	849.1	884.78	884.78	1126.78
浙江	—	351.69	454.69	454.69	454.69	729.2	1024.2	1212.2	1212.2	1300.2	1485.2
安徽	112	313.59	313.59	581.59	672.1	672.1	672.1	1281.3	1354.74	1382.29	1456.4
福建	—	—	443.7	443.7	599.7	599.7	599.7	1012.7	1012.7	1012.7	1259.7
江西	—	—	138.4	138.4	138.4	138.4	684.4	981.4	981.4	1272.4	1272.4
山东	357	357	357	757.8	757.8	757.8	1079.8	1079.8	1079.8	1194.8	1747
河南	—	—	318	318	932.2	932.2	982.2	1088.2	1341.03	1341.03	1341.03
湖北	—	461.77	461.77	461.77	754.77	843.7	1041.7	1041.7	1103.7	1103.7	1103.7
湖南	—	606	606	606	606	604	1293	1293	1374	1396	1730
广东	—	296	296	554	554	917	1352	1352	1530	1530	1794
广西	—	—	—	—	—	222.9	1495.3	1718	1771	1771	1771
海南	—	—	308.1	308.1	308.1	308.1	308.1	653.1	653.1	653.1	653.1
重庆	—	—	—	—	—	—	—	226	471	471	583
四川			62	62	86.4	86.4	421.4	855.4	855.4	1031.4	1171.4
贵州	—	—	—	—	—	—	234	560	835	860	1127
云南	—	—	—	—	—	—	—	—	704	704	879
陕西	—	—	152	152	152	314.2	452	452	452	840	840
甘肃	—	—	—	—	—	—	799	859	859	1215	1215
青海							218	218	218	218	218
宁夏	—	—	—	—	—	—	—	—	—	—	—

3. 计算结果

2008~2018年全国及各地区高铁服务价值见表3-22。2008年被认为是我国的高铁元年，自2008年后，我国的高铁建设进入了快车道，其服务价值也随之从63.87亿元增长至2018年的2842.23元。从各地区来看，高铁开通时间先后不一，但大都处在建设推进之中。

表 3-22 2008~2018 年全国及各地区高铁服务价值

地区	高铁服务价值（亿元）										
	2008年	2009年	2010年	2011年	2012年	2013年	2014年	2015年	2016年	2017年	2018年
全国	63.87	256.53	487.87	627.39	889.24	1048.16	1564.06	1885.50	2184.14	2391.71	2842.23
北京	4.85	4.85	4.85	8.84	13.09	13.09	13.09	13.09	13.09	13.09	13.09
天津	6.27	6.27	6.27	14.54	14.54	23.36	23.36	29.54	29.54	29.54	29.54
河北	—	6.37	6.37	22.72	63.78	85.50	85.50	96.62	96.62	114.87	124.30
山西	—	14.70	14.70	14.70	14.70	14.70	54.81	54.81	54.81	54.81	65.27
内蒙古	—	—	—	—	—	—	—	—	—	11.98	20.62
辽宁	—	—	—	—	51.46	60.03	60.03	107.55	107.55	109.40	157.49
吉林	—	—	10.55	10.55	40.19	40.19	40.19	74.51	74.51	74.51	74.51
黑龙江	—	—	—	—	6.63	6.63	6.63	45.13	45.13	45.13	106.24
上海	—	—	8.36	13.91	13.91	13.91	13.91	13.91	13.91	13.91	13.91
江苏	4.28	4.28	29.78	63.99	63.99	77.47	77.47	80.70	84.09	84.09	107.09
浙江	—	33.43	43.22	43.22	43.22	69.31	97.35	115.21	115.21	123.58	141.16
安徽	10.65	29.81	29.81	55.28	63.88	63.88	63.88	121.78	128.76	131.38	138.42
福建	—	—	42.17	42.17	57.00	57.00	57.00	96.25	96.25	96.25	119.73
江西	—	—	13.15	13.15	13.15	13.15	65.05	93.28	93.28	120.94	120.94
山东	33.93	33.93	33.93	72.03	72.03	72.03	102.63	102.63	102.63	113.56	166.04
河南	—	—	30.22	30.22	88.60	88.60	93.35	103.43	127.46	127.46	127.46
湖北	—	43.89	43.89	43.89	71.74	80.19	99.01	99.01	104.90	104.90	104.90
湖南	—	57.60	57.60	57.60	57.60	57.41	122.89	122.89	130.59	132.68	164.43
广东	—	28.13	28.13	52.65	52.65	87.16	128.50	128.50	145.42	145.42	170.51
广西	—	—	—	—	—	21.19	142.12	163.29	168.32	168.32	168.32
海南	—	—	29.28	29.28	29.28	29.28	29.28	62.07	62.07	62.07	62.07
重庆	—	—	—	—	—	—	—	21.48	44.77	44.77	55.41
四川	—	—	5.89	5.89	8.21	8.21	40.05	81.30	81.30	98.03	111.34
贵州	—	—	—	—	—	—	22.24	53.23	79.36	81.74	107.12
云南	—	—	—	—	—	—	—	66.91	66.91	66.91	83.54
陕西	—	—	14.45	14.45	14.45	29.86	42.96	42.96	42.96	79.84	79.84
甘肃	—	—	—	—	—	—	75.94	81.64	81.64	115.48	115.48
青海	—	—	—	—	—	—	20.72	20.72	20.72	20.72	20.72
宁夏	—	—	—	—	—	—	—	—	—	—	—

注：本表数据来自全国和地区统计年鉴，因统计口径不一，全国数据和地区加总数据不尽相同。

3.4　自然资本服务价值

1. 测算方法

在 GPI 2.0 中，自然资本服务价值被限定为保护性区域（Protected Areas）的生态服务价值，计算所有陆域和水域的生态服务价值被认为是不合理的。譬如，商业性的农业和林业用地提供的供给服务已经被反映到消费者食物、木材和纸等的支出中。此外，这些土地大都面临着生产力下降、生物多样性缺乏以及污染严重等问题，从而与其产生的社会福利相抵消。进一步地，GPI 2.0 指标体系还区分保护性区域中允许商业利用和不允许商业利用的部分，并认为只有后者才能被用来计算真正未被开发的生态服务价值。

在核算自然资本服务价值时，本报告参考了 Costanza 等（2006）构建的年度生态系统服务价值转换表。Costanza 等将生态系统分为沿海与海洋、陆地两大类共 12 小类，其中沿海与海洋生态系统包括沿海大陆架、海滩、滩涂等，陆地生态系统包括森林、草地、耕地等。同时作者把生态系统的功能分为气体/气候调节、干扰调节、水文调节等 12 类，并给出了每种生态系统对应各生态功能的服务价值转换比例（2004 年价，美元/公顷）。然而，作者计算的是所有土地覆盖类型对应各生态系统服务功能的价值转换比例，这并不满足 GPI 2.0 的要求。因此，本报告挑选出其中存在保护性区域的生态系统类型，并舍弃了水供给功能、娱乐审美功能和文化功能，因为这些功能的价值都已体现在市场消费中。此外，本报告将服务价值按美国消费者物价指数折算为 2018 年价格，并按 2018 年人民币兑美元汇率调整为本币计价。

由上可知，计算自然资本服务价值对保护性区域和生态系统类型的界定有着十分严格的要求。而中国并没有对保护区域面积变化做长时间跟踪，更没有对其做是否商业开发以及各生态类型的区分，因此缺乏可直接利用的数据。本报告转而采用中国土地利用现状遥感监测数据，[①] 并结合

---

① 中国土地利用现状遥感监测数据库是在国家科技支撑计划、中国科学院知识创新工程重要方向项目等多项重大科技项目的支持下，经过多年的积累而建立的覆盖全国陆地区域的多时相土地利用现状数据库。数据集包括 1970 年代末期（1980 年）、1980 年代末期（1990 年）、1995 年、2000 年、2005 年、2010 年、2015 年、2018 年八期，并按 LUCC 分类体系，把土地分为耕地、林地、草地、水域、居民地和未利用土地 6 个一级类型以及 25 个二级类型。

Costanza 等的生态系统类型划分，挑选出其中具备保护性区域特征且自然资本服务价值较为可观的 5 种类型，即林地、草地、滩涂、沼泽和河流/湖泊。求出这 5 种生态类型的面积之后，本报告赋予各生态类型 10% 的比重以表示其中处于保护状态且未开发利用的部分。其余生态系统，如沙地、戈壁等并没有被计算在内。这些生态系统只具有极个别生态功能，且相应的生态系统服务功能价值转换比例也很小，本报告决定将其排除在外。最终，本报告得到如下自然资本服务功能价值转换表（见表 3-23）。

表 3-23　自然资本服务功能价值转换表（2018 年价格，元/公顷）

生态系统	气体调节	干扰调节	水文调节	土壤形成	养分循环	废物处理	授粉	生物防治	残遗种保护
森林	496.00			45.93		404.15	1488.03	18.37	8478.07
草地	27.56		18.37	27.56		404.15	119.41	110.22	
滩涂		2847.46				49720.24			1846.25
沼泽	1230.84	33590.79	27427.42			7697.32			1037.94
河流/湖泊			41141.14			3848.66			

把每个地区各生态系统类型的面积与对应的单位服务功能价值相乘，然后进行加总便可得到该地区最终的自然资本服务价值。

2. 计算结果

1979~2018 年全国及各地区自然资本服务价值见表 3-24。总体而言，全国及各地区的自然资本服务价值在各期基本保持稳定，这主要是因为各生态系统类型的面积在样本期间内变化不大。横向来看，面积广阔、生态资源丰富的地区，如内蒙古、黑龙江、青海、云南、四川等，往往具有较高的自然资本服务价值。

表 3-24　1979~2018 年全国及各地区自然资本服务价值

地区	自然资本服务价值（亿元）							
	1980 年	1990 年	1995 年	2000 年	2005 年	2010 年	2015 年	2018 年
全国	3390.38	3334.00	3309.93	3280.91	3268.93	3266.78	3252.63	3614.96
北京	8.73	8.84	8.83	8.82	8.91	8.85	8.84	9.03

地区	自然资本服务价值（亿元）							
	1980 年	1990 年	1995 年	2000 年	2005 年	2010 年	2015 年	2018 年
天津	5.73	6.30	6.43	6.44	5.93	6.05	5.79	7.40
河北	66.79	65.77	64.82	64.75	64.22	63.87	63.75	65.01
山西	51.93	51.82	51.70	51.27	51.15	51.22	51.20	51.46
内蒙古	421.93	414.55	412.98	403.87	402.10	401.80	400.41	611.36
辽宁	89.10	85.18	83.49	83.02	82.89	82.71	82.55	96.54
吉林	139.07	136.68	131.38	130.17	129.10	129.10	128.57	131.12
黑龙江	537.83	500.03	479.46	466.11	457.98	454.68	446.57	529.29
上海	7.85	7.74	7.81	7.81	7.41	7.33	7.38	13.56
江苏	61.72	59.71	59.91	60.33	60.47	60.43	58.92	63.01
浙江	75.81	74.65	78.88	78.55	78.21	77.69	76.74	80.06
安徽	63.52	64.43	64.31	64.32	64.41	64.49	64.56	64.76
福建	81.83	80.86	83.08	82.75	82.55	81.42	81.55	81.46
江西	134.29	134.22	134.73	134.78	133.34	134.32	133.46	133.39
山东	41.49	37.13	35.76	35.33	33.28	34.34	34.31	48.16
河南	45.41	44.43	41.89	41.79	42.74	43.14	43.15	43.75
湖北	125.24	127.77	128.31	128.47	130.10	130.42	130.20	130.96
湖南	157.88	158.07	159.33	158.55	158.90	159.03	157.30	157.74
广东	132.12	133.66	134.66	133.75	132.99	131.49	130.50	129.34
广西	162.80	165.29	165.33	166.26	165.75	165.74	165.14	164.01
海南	23.08	23.14	23.36	23.24	23.17	23.39	23.20	22.41
重庆	31.55	31.58	31.64	31.63	32.05	32.48	32.54	36.58
四川	207.16	207.49	208.13	207.11	207.51	207.78	208.40	219.02
贵州	91.10	91.23	91.19	90.25	90.96	91.23	91.09	93.40
云南	229.63	229.22	229.77	229.06	229.13	229.16	229.88	230.06
陕西	55.14	54.73	54.57	54.45	55.05	55.05	55.14	54.43
甘肃	69.94	69.73	69.15	69.15	69.03	69.15	69.34	70.09
青海	264.27	263.08	262.51	262.16	262.76	263.61	265.22	270.18
宁夏	7.43	6.69	6.53	6.70	6.85	6.82	6.92	7.38

参考文献

［1］Berik, G., Gaddis, E. (2011). *The Utah Genuine Progress Indicator (GPI), 1990 to 2007: A Report to the People of Utah.* Utah Population and Environment Coalition.

［2］Costanza, R., Wilson, M. A., Troy, A., Voinov, A., Liu, S., & D'Agostino, J. (2006). *The Value of New Jersey's Ecosystem Services and Natural Capital.* Gund Institute for Ecological Economics.

［3］Goodwin, N. R. (2003). Five Kinds of Capital: Useful Concepts for Sustainable Development. Working Papers 15595, Tufts University, Global Development and Environment Institute.

［4］Hou, Y. (2017). Calculating a GPI for Liaoning Province of China. *Social Indicators Research*, 134 (1), 263-276.

［5］Moretti, E. (2004). Estimating the Social Return to Higher Education: Evidence from Longitudinal and Repeated Cross-sectional Data. *Journal of Econometrics*, *121* (1-2), 175-212.

［6］Ollivier, G. P., Sondhi, J., Zhou, N. Y. (2014). *High-speed Railways in China: A Look at Construction Costs (Chinese)*. World Bank Group.

［7］Talberth, J., & Weisdorf, M. (2017). Genuine Progress Indicator 2.0: Pilot Accounts for the US, Maryland, and City of Baltimore 2012-2014. *Ecological Economics*, *142*, 1-11.

［8］Wen, Z., Zhang, K., Huang, L., Du, B., Chen, W., & Li, W. (2005). Genuine Saving Rate: An Integrated Indicator to Measure Urban Sustainable Development towards an Ecocity. *The International Journal of Sustainable Development & World Ecology*, *12* (2), 184-196.

［9］Wen, Z., Zhang, K., Du, B., Li, Y., & Li, W. (2007). Case Study on the Use of Genuine Progress Indicator to Measure Urban Economic Welfare in China. *Ecological Economics*, *63* (2-3), 463-475.

［10］关成华，涂勤. (2018). 中国真实进步指标测算报告 (2018). 社会科学文献出版社.

［11］廖宇航. (2018). 家务劳动价值的估算. 统计与决策, (08), 38-42.

第4章 环境与社会成本

近几十年来，高速的经济发展和工业化进程对自然环境和社会生活造成了极大的压力，资源短缺、空气污染、城市拥堵等问题愈演愈烈。这种粗放的发展模式毫无疑问是不可持续的。因此在本章中，我们对经济增长带来的不可再生能源消耗替代成本、环境成本与社会成本进行核算。

不可再生能源主要指的是煤、石油等化石燃料，其在地球上的存在可以被视为一种存量资源。过度消耗化石燃料会削弱经济的可持续发展基础，因此本报告把这一成本计算在内。各种环境污染不仅破坏生态环境，而且会影响到居民的身心健康。空气污染会危害呼吸系统；水污染会危害水生生物生命，影响饮用水源；固体废弃物会导致土壤恶化、水质下降；噪声污染虽不会产生实体排放物，但能对听力造成损失，诱发多种致癌致命的疾病，对居民的工作、学习也有影响。此外，经济增长在改善人民物质生活的同时，也催生了许多现代社会问题。例如，工作压力过大，缺少休闲时间，通勤成本高，交通事故频发，等等。这些社会成本会直接削弱人民的获得感和幸福感，因此需要社会治理进一步人性化、精细化来抚平这一损失。

4.1 不可再生能源消耗的替代成本

1. 测算方法

目前的经济增长对自然资源的消耗已经远远超过了地球的再生能力，对不可再生又无法重复利用的能源而言更是如此，它们可以被视为一种存量资源。虽然目前随着科技的发展，风能、太阳能、水力发电等各种替代技术日渐成熟，成本越来越低，但煤、石油等传统能源仍然占据着社会整体消耗中的主体部分。对不可再生能源的过度消耗，一方面会削弱经济可持续发展的基础，另一方面会把背后的隐形成本转移给后代。因此，GPI 指标体系把不可再生能源的消耗成本计算在内了。

本报告延续 GPI 2.0 的界定，将不可再生能源的范围限定于化石燃料（煤、石油、天然气），并使用消费替代成本法对不可再生能源的消耗成本进行计算，即在产生同等电力的前提下，用可再生能源替代不可再生能源而导致的成本。具体计算公式如下：

$$C = (C_{coal} \times \beta_1 + C_{petroleum} \times \beta_2 + C_{natural\_gas} \times \beta_3) \times e \times c$$

其中，C 表示不可再生能源消耗成本；C_{coal}、$C_{petroleum}$ 和 $C_{natural\_gas}$ 分别表示不可再生能源中煤炭、石油和天然气的消费量；β_1、β_2 和 β_3 分别为对应的各种能源进行标准煤转换的系数，其中原煤折标准煤系数为 0.7143 千克标准煤/千克，石油折标准煤系数为 1.4286 千克标准煤/千克，天然气折标准煤系数为 1.1~1.33 千克标准煤/立方米，此处取均值为 1.215;[①] e 表示 1 吨标准煤产生的电能，即 8130 千瓦时;[②] c 表示每千瓦时水电的成本，根据中国水力发电电能上网价格及成本综合分析，每千瓦时水力发电的运行成本价区间估计为 4~9 分/千瓦时,[③] 本报告在此取中间值 6.5 分/千瓦时。

2. 数据处理

2009~2018 年的不可再生能源，即煤炭、石油和天然气的消费量占比来源于中国及各省份的统计年鉴和《中国能源统计年鉴》；1979~2008 年的数据来源于《新中国六十年统计资料汇编》。对于部分地区、个别年份数据缺失的情况，报告采用如下公式进行插值：

$$F_{t\_j} = F_t \times \frac{F_{t+1\_j} + F_{t+2\_j} + F_{t+3\_j} + F_{t+4\_j} + F_{t+5\_j}}{F_{t+1} + F_{t+2} + F_{t+3} + F_{t+4} + F_{t+5}}$$

其中，F_{t_j} 表示 t 年 j 地区的数据；F_t 表示 t 年的全国数据；$\dfrac{F_{t+1\_j} + F_{t+2\_j} + F_{t+3\_j} + F_{t+4\_j} + F_{t+5\_j}}{F_{t+1} + F_{t+2} + F_{t+3} + F_{t+4} + F_{t+5}}$ 表示 t 年 j 地区的数据与全国数据的相对位置和 t 年之后的 5 年平均相对位置相同。

---

① 各系数出自《2018 中国能源统计年鉴》。
② 1 吨标准煤 = 8130 度电，1 度 = 1KWH，https：//www.wesiedu.com/zuoye/8295961152.html。
③ 中国水力发电电能上网价格及成本综合分析，https：//wenku.baidu.com/view/5a68d1ffaef8941ea76e0571.html。

3. 计算结果

1979~2018 年全国及各地区不可再生能源消耗的替代成本和人均不可再生能源消耗的替代成本见表 4-1 和表 4-2。总体而言，全国不可再生能源消耗的替代成本由 1979 年的 2984.62 亿元上升到 2018 年的 20717.11 亿元，年均增长率为 5.09%；人均不可再生能源消耗的替代成本由 1979 年的 299.19 元增长至 2018 年的 1483.47 元，年均增长率为 4.19%。

2018 年不可再生能源消耗的替代成本最高的地区为山东，达到了 2013.69 亿元。其后为江苏、河北、河南、浙江和广东，分别为 1950.45 亿元、1587.19 亿元、1173.41 亿元、1159.70 亿元和 1100.12 亿元，这些省份是我国能源消耗的主要地区。从年均增长率来看，贵州、海南、内蒙古的增速最快，均超过了 8%。

2018 年人均不可再生能源消耗的替代成本最高的地区为宁夏、内蒙古和上海，分别为 4044.70 元、3714.30 元和 3618.32 元。云南、广西和江西则排在末位，人均不可再生能源消耗的替代成本分别为 708.40 元、728.28 元和 856.77 元。

表 4-1　1979~2018 年全国及各地区不可再生能源消耗的替代成本及年均增长率

地区	不可再生能源消耗的替代成本（亿元）										年均增长率（%）
	1979 年	1980 年	1985 年	1990 年	1995 年	2000 年	2005 年	2010 年	2015 年	2018 年	1979~2018 年
全国	2984.62	3057.82	3853.70	4949.95	6509.14	7199.37	12789.95	17266.95	19969.41	20717.11	5.09
北京	96.28	99.60	116.51	142.91	186.16	217.46	291.51	252.42	275.90	278.76	2.76
天津	66.45	68.17	86.41	105.93	135.75	147.63	213.55	293.08	298.24	308.46	4.01
河北	189.70	164.57	240.15	322.02	468.51	591.05	1041.34	1370.35	1519.84	1587.19	5.60
山西	143.77	151.74	177.35	196.15	255.01	210.44	365.69	497.50	566.35	595.30	3.71
内蒙古	39.76	40.74	51.36	67.62	148.88	203.29	539.86	983.68	915.28	941.20	8.45
辽宁	274.15	273.31	326.23	372.50	492.80	520.92	714.70	1012.48	1038.73	1061.75	3.53
吉林	90.17	98.53	131.79	150.07	161.73	139.26	308.85	425.85	385.51	419.76	4.02
黑龙江	187.86	195.80	241.36	291.57	340.08	296.57	399.84	566.88	622.23	645.06	3.21
上海	116.35	119.20	150.20	192.80	253.53	287.71	406.31	580.74	851.16	877.08	5.32

地区	不可再生能源消耗的替代成本（亿元）										年均增长率（%）
	1979年	1980年	1985年	1990年	1995年	2000年	2005年	2010年	2015年	2018年	1979～2018年
江苏	169.76	172.18	207.86	294.03	412.07	437.37	823.20	1254.75	2008.48	1950.45	6.46
浙江	120.67	123.62	155.74	198.92	249.75	356.62	525.82	915.31	1187.50	1159.70	5.97
安徽	87.91	90.05	113.40	143.68	219.27	257.05	341.93	630.43	903.39	893.36	6.13
福建	30.90	29.27	41.45	60.96	89.52	120.82	274.61	409.86	515.56	529.00	7.55
江西	48.90	50.10	63.19	81.77	113.50	116.23	202.94	293.06	387.19	398.23	5.52
山东	238.65	244.45	307.78	394.12	520.11	661.26	1326.66	1550.26	1878.23	2013.69	5.62
河南	168.88	176.94	240.87	271.81	338.65	413.88	758.12	957.06	1151.92	1173.41	5.10
湖北	98.38	93.50	134.41	167.09	251.92	277.95	418.54	740.96	941.37	968.87	6.04
湖南	97.13	99.52	125.42	161.11	211.95	235.03	420.76	589.04	639.81	652.42	5.00
广东	99.06	100.25	119.84	185.14	326.93	408.35	776.72	926.47	1030.65	1100.12	6.37
广西	33.34	31.85	34.68	51.39	78.68	90.98	194.37	274.92	330.11	358.75	6.28
海南	3.81	3.88	4.80	4.90	12.98	22.50	40.47	64.40	95.39	93.58	8.56
重庆	48.89	51.41	64.75	79.10	92.02	120.09	200.61	298.42	369.10	374.20	5.36
四川	105.28	107.87	135.97	174.73	229.53	246.24	414.42	632.49	930.87	951.37	5.81
贵州	31.49	26.58	38.91	60.54	94.69	205.75	350.59	464.86	657.65	812.36	8.69
云南	48.10	40.85	56.60	84.37	104.93	131.78	239.07	331.87	313.05	342.16	5.16
陕西	60.17	61.55	91.24	111.46	149.65	135.10	282.75	701.04	1053.34	1087.91	7.70
甘肃	57.94	59.16	73.50	93.89	124.27	137.98	200.81	260.20	321.93	327.03	4.54
青海	9.13	9.67	13.82	17.33	18.57	25.60	48.99	78.77	120.88	123.95	6.92
宁夏	43.59	40.92	49.11	24.97	34.90	37.78	125.18	182.99	277.40	278.28	4.87

表4-2 1979～2018年全国及各地区人均不可再生能源消耗的替代成本及年均增长率

地区	人均不可再生能源消耗的替代成本（元）										年均增长率（%）
	1979年	1980年	1985年	1990年	1995年	2000年	2005年	2010年	2015年	2018年	1979～2018年
全国	299.19	302.96	358.57	423.36	528.06	570.35	996.70	1294.52	1456.69	1483.47	4.19
北京	1073.28	1101.43	1213.65	1315.91	1488.07	1573.49	1895.40	1286.54	1270.85	1294.13	0.48

续表

地区	人均不可再生能源消耗的替代成本（元）										年均增长率（%）
	1979 年	1980 年	1985 年	1990 年	1995 年	2000 年	2005 年	2010 年	2015 年	2018 年	1979~2018 年
天津	898.68	910.30	1069.43	1198.32	1441.06	1474.86	2047.49	2256.16	1927.85	1977.32	2.04
河北	371.60	318.45	432.85	522.84	727.84	876.40	1519.99	1904.85	2046.93	2100.57	4.54
山西	587.48	612.70	675.10	676.63	828.76	638.27	1089.99	1392.00	1545.70	1601.12	2.60
内蒙古	214.71	217.09	255.89	312.63	651.85	855.60	2262.61	3979.31	3645.10	3714.30	7.58
辽宁	796.27	783.80	885.05	938.99	1204.30	1229.16	1693.20	2314.24	2370.44	2435.77	2.91
吉林	412.77	445.71	573.51	604.40	623.98	510.47	1137.14	1550.22	1400.33	1552.36	3.45
黑龙江	592.86	611.16	728.95	822.96	918.89	803.94	1046.70	1478.94	1632.28	1709.67	2.75
上海	1027.74	1039.69	1234.19	1442.04	1791.72	1718.73	2285.20	2521.67	3524.47	3618.32	3.28
江苏	288.09	289.96	334.56	434.51	583.17	588.02	1101.27	1594.55	2518.15	2422.62	5.61
浙江	318.21	323.06	386.45	477.26	578.26	762.50	1073.54	1680.39	2143.88	2021.45	4.85
安徽	183.03	184.04	219.95	253.19	364.65	429.41	558.71	1058.30	1470.36	1412.65	5.38
福建	124.26	116.18	152.78	200.72	276.55	348.10	776.84	1109.83	1342.96	1342.30	6.29
江西	151.71	153.21	182.63	214.62	279.34	280.74	470.75	656.80	847.98	856.77	4.54
山东	330.00	335.05	399.97	464.05	597.48	728.34	1434.54	1616.88	1907.41	2004.27	4.73
河南	234.91	242.89	312.29	314.27	372.14	447.14	808.23	1017.60	1215.10	1221.67	4.32
湖北	212.36	199.61	272.58	307.21	436.45	461.10	733.00	1293.57	1608.63	1637.44	5.38
湖南	185.97	188.44	223.08	262.90	331.59	364.96	665.13	896.56	943.25	945.67	4.26
广东	192.71	191.69	191.65	291.74	476.02	472.51	844.81	887.34	950.00	969.61	4.23
广西	96.08	90.01	89.55	120.60	173.19	202.68	417.11	596.35	688.31	728.28	5.33
海南	70.46	70.26	80.30	73.92	179.25	285.89	488.79	741.10	1047.06	1001.93	7.04
重庆	184.22	192.91	233.90	270.82	306.56	388.65	716.96	1034.38	1223.39	1206.32	4.94
四川	107.72	109.85	133.46	161.73	202.67	295.64	504.65	786.20	1134.65	1140.60	6.24
贵州	115.32	95.71	131.10	185.24	269.93	583.70	939.92	1336.17	1863.04	2256.55	7.92
云南	153.45	128.72	166.19	226.13	262.99	307.33	537.24	721.15	660.17	708.40	4.00
陕西	214.37	217.40	303.91	336.12	425.86	374.77	760.09	1876.95	2777.06	2815.49	6.83
甘肃	305.95	308.38	360.13	416.35	509.72	538.57	774.12	1016.42	1238.20	1240.17	3.65
青海	245.54	256.57	339.60	386.74	386.08	494.26	902.52	1399.12	2055.75	2055.62	5.60
宁夏	1197.01	1094.90	1183.36	531.23	680.36	672.20	2100.31	2890.77	4152.64	4044.70	3.17

  图4-1展示了全国及各地区人均不可再生能源消耗替代成本的变化趋势。

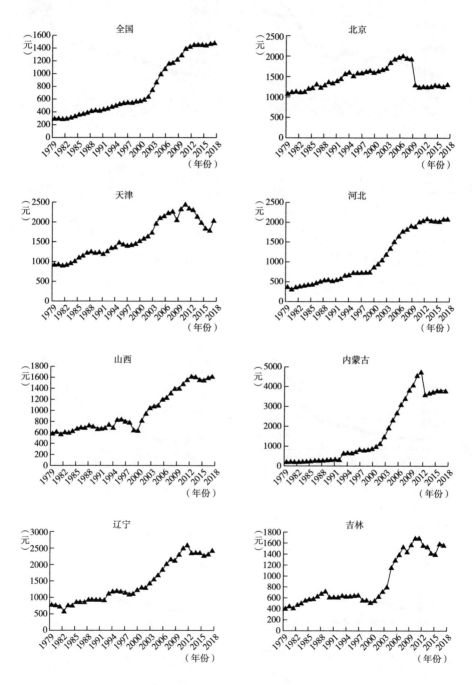

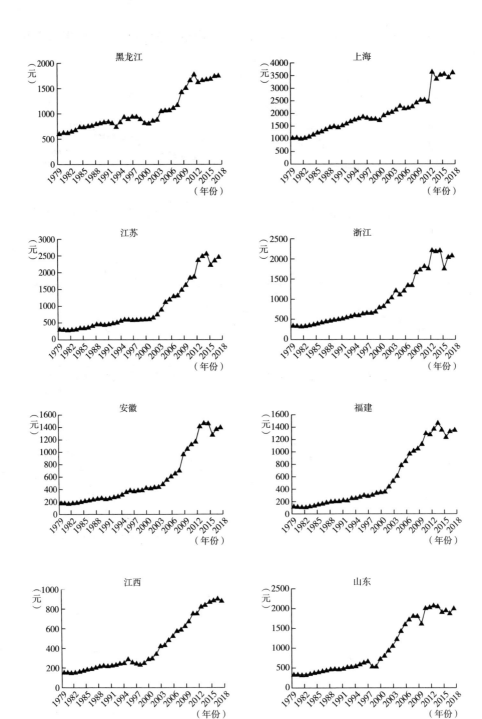

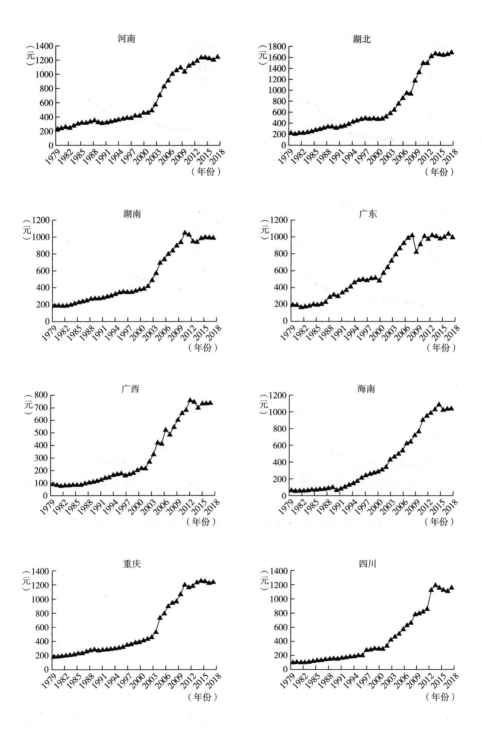

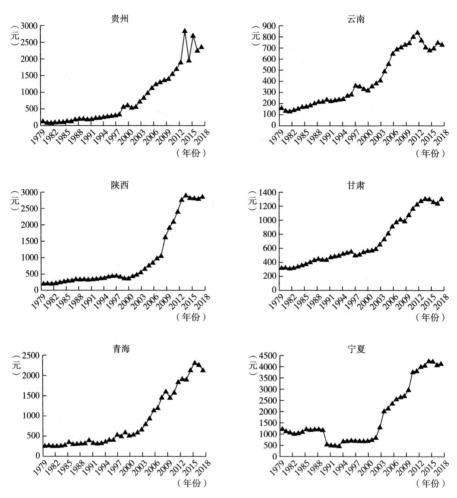

图 4-1　1979~2018 年全国及各地区人均不可再生能源消耗的替代成本变化趋势

4.2　污染成本

4.2.1　温室气体排放成本

1. 测算方法

化石燃料的燃烧会产生大量的温室气体，其中以二氧化碳为主。温室气体的排放会导致全球变暖、海平面上升以及极端天气增强增多，如热带风暴、强高温、强降雨等。同时全球生物多样性也会因气候改变而受到极大影响。毫无疑问，温室气体排放会造成长期的环境破坏和自然资本损失，这一成本也应当被计入 GPI 中。

温室气体排放成本的计算较为直接。根据 GPI 2.0 体系中的方法，温室气体排放成本等于二氧化碳排放量乘以二氧化碳排放的边际社会成本。本报告中的二氧化碳排放量数据来自中国温室气体排放数据库（CEADs 数据库）；二氧化碳排放的边际社会成本则参照 De Boer 等（2017）测算的碳排放交易价格：2017 年碳价为 38 元/吨，按 CPI 价格指数折算到 2018 年为 38.798 元/吨。

2. 数据处理

CEADs 数据库仅提供 1997~2017 年二氧化碳的排放量数据，早期缺失的年份较长，本报告假设二氧化碳排放量与不可再生能源（煤炭、石油和天然气）消费量的变动趋势相同，基于此便可利用不可再生能源消费量的同比变化率对二氧化碳排放量进行补值，从而获得 1979~1996 年全国及各地区的数据。这种方法有其合理性，因为二氧化碳主要就是由不可再生能源的消耗产生的，但其同时也忽略了二氧化碳的其他产生途径以及不可再生能源燃烧过程中二氧化碳捕捉技术的进步等因素。对于 2018 年数据，本报告按二氧化碳排放量的增长趋势进行推算。

3. 计算结果

1979~2018 年全国及各地区温室气体排放成本和人均温室气体排放成本见表 4-3 和表 4-4。总体而言，全国温室气体排放成本由 1979 年的 569.82 亿元上升到 2018 年的 4624.70 亿元，年均增长率为 5.52%；人均温室气体排放成本由 1979 年的 57.95 元增长至 2018 年的 338.01 元，年均增长率为 4.63%。

2018 年温室气体排放成本最高的地区为山西，达到了 681.52 亿元。其后为山东、内蒙古和陕西，分别为 435.62 亿元、295.19 亿元和 271.30 亿元。青海、海南和北京的温室气体排放成本最低，分别为 18.58 亿元、24.18 亿元和 25.55 亿元。从年均增长率来看，海南、内蒙古、陕西的增速最快，均超过了 8%。

2018 年人均温室气体排放成本最高的地区为山西、宁夏和内蒙古，分别为 1833.03、1326.75 元和 1164.91 元。四川、北京和广西则排在末位，人均温室气体排放成本分别为 102.34 元、118.64 元和 153.01 元。从年均增长率来看，北京的人均温室气体排放成本的增长率为-0.22%，说明北京市对工业和生活二氧化碳的控制较为严格。上海、天津的年均增长率也较低，分别为 1.66% 和 2.27%。

表 4-3　1979~2018 年全国及各地区温室气体排放成本及年均增长率

地区	温室气体排放成本（亿元）										年均增长率（%）
	1979 年	1980 年	1985 年	1990 年	1995 年	2000 年	2005 年	2010 年	2015 年	2018 年	1979~2018 年
全国	569.82	583.80	735.75	945.04	1242.72	1222.95	2253.66	3544.10	4309.29	4624.70	5.52
北京	11.62	12.02	14.06	17.24	22.46	24.63	37.00	37.57	32.35	25.55	2.04
天津	11.30	11.59	14.69	18.01	23.08	25.97	34.76	52.10	23.76	57.18	4.24
河北	38.38	33.29	48.58	65.15	94.78	100.07	158.66	220.90	248.06	203.53	4.37
山西	50.93	53.75	62.83	69.49	90.34	34.12	115.02	253.76	572.08	681.52	6.88
内蒙古	8.64	8.85	11.16	14.69	32.34	43.01	95.66	218.24	292.46	295.19	9.48
辽宁	53.57	53.41	63.75	72.79	96.29	112.66	154.38	191.89	194.91	198.02	3.41
吉林	23.89	23.82	28.43	32.46	42.95	37.24	56.98	87.60	84.91	79.84	3.14
黑龙江	38.54	40.17	49.51	59.81	69.76	66.78	88.47	136.39	134.94	135.21	3.27
上海	14.78	15.14	19.08	24.49	32.20	39.05	55.22	62.63	62.72	60.03	3.66
江苏	32.67	33.13	40.00	56.58	79.29	83.90	150.04	211.95	246.04	252.33	5.38
浙江	19.35	19.82	24.97	31.89	40.04	38.86	103.73	145.79	148.01	157.23	5.52
安徽	17.07	17.49	22.03	27.91	42.59	47.53	66.59	109.76	152.42	159.91	5.90
福建	5.28	5.00	7.08	10.41	15.29	20.95	38.55	69.70	90.97	92.61	7.62
江西	10.87	11.14	14.05	18.18	25.23	19.99	35.04	52.06	66.11	72.33	4.98
山东	41.98	43.00	54.14	69.32	91.48	101.42	256.78	360.48	408.23	435.62	6.18
河南	32.90	34.47	46.92	52.95	65.97	54.52	133.20	222.36	208.37	217.58	4.96
湖北	16.60	15.78	22.68	28.20	42.51	49.61	65.12	108.48	98.11	100.82	4.73
湖南	12.88	13.19	16.63	21.36	28.10	29.41	64.87	89.89	97.20	107.21	5.58
广东	17.88	18.09	21.63	33.41	59.00	70.67	105.59	172.67	193.19	210.72	6.53
广西	7.63	7.28	7.93	11.75	18.00	18.42	27.37	52.10	67.21	75.37	6.05

续表

地区	温室气体排放成本（亿元）										年均增长率（%）
	1979年	1980年	1985年	1990年	1995年	2000年	2005年	2010年	2015年	2018年	1979~2018年
海南	0.25	0.26	0.32	0.32	0.86	1.86	2.93	17.43	25.36	24.18	12.42
重庆	10.31	10.84	13.66	16.68	19.41	23.51	28.43	53.69	54.00	48.14	4.03
四川	20.78	21.29	26.84	34.49	45.31	40.36	61.84	110.02	98.39	85.36	3.69
贵州	11.11	9.38	13.73	21.36	33.41	23.77	55.92	95.74	127.09	136.71	6.65
云南	8.31	7.06	9.78	14.57	18.13	20.77	48.33	68.38	69.31	77.20	5.88
陕西	11.35	11.61	17.21	21.02	28.23	26.59	84.32	119.60	205.38	271.30	8.48
甘肃	12.25	12.51	15.55	19.86	26.28	27.44	40.55	56.29	68.51	67.55	4.47
青海	1.69	1.79	2.56	3.21	3.44	4.87	8.19	14.41	17.09	18.58	6.34
宁夏	11.49	10.79	12.95	6.58	9.20	0.32	28.72	58.80	75.03	91.28	5.46

表4-4　1979~2018年全国及各地区人均温室气体排放成本及年均增长率

地区	人均温室气体排放成本（元）										年均增长率（%）
	1979年	1980年	1985年	1990年	1995年	2000年	2005年	2010年	2015年	2018年	1979~2018年
全国	57.95	58.69	69.47	82.06	102.40	98.59	178.81	270.75	320.62	338.01	4.63
北京	129.50	132.89	146.43	158.77	179.54	178.19	240.58	191.49	149.02	118.64	-0.22
天津	152.82	154.80	181.86	203.77	245.05	259.48	333.27	401.08	153.59	366.52	2.27
河北	75.18	64.43	87.57	105.78	147.25	148.39	231.58	307.07	334.09	269.36	3.33
山西	208.12	217.05	239.15	239.69	293.59	103.49	342.84	710.01	1561.34	1833.03	5.74
内蒙古	46.64	47.16	55.59	67.91	141.60	181.04	400.94	882.84	1164.71	1164.91	8.60
辽宁	155.59	153.16	172.94	183.48	235.32	265.83	365.73	438.61	444.80	454.29	2.79
吉林	109.37	107.74	123.72	130.74	165.69	136.49	209.78	318.88	308.43	295.26	2.58
黑龙江	121.62	125.37	149.53	168.82	188.50	181.02	231.61	355.83	353.99	358.35	2.81
上海	130.53	132.05	156.75	183.15	227.56	233.29	310.55	271.94	259.69	247.66	1.66
江苏	55.43	55.79	64.38	83.61	112.21	112.81	200.72	269.35	308.48	313.41	4.54

续表

地区	人均温室气体排放成本（元）										年均增长率（%）
	1979年	1980年	1985年	1990年	1995年	2000年	2005年	2010年	2015年	2018年	1979~2018年
浙江	51.01	51.79	61.95	76.51	92.70	83.09	211.78	267.65	267.22	274.06	4.41
安徽	35.55	35.75	42.72	49.18	70.83	79.39	108.81	184.26	248.08	252.86	5.16
福建	21.22	19.84	26.09	34.28	47.23	60.36	109.07	188.73	236.97	234.98	6.36
江西	33.72	34.06	40.60	47.71	62.10	48.27	81.29	116.68	144.80	155.62	4.00
山东	58.04	58.93	70.35	81.62	105.09	111.71	277.66	375.97	414.57	433.59	5.29
河南	45.76	47.31	60.83	61.22	72.49	58.91	142.01	236.43	219.80	226.52	4.19
湖北	35.83	33.68	46.00	51.84	73.65	82.30	114.05	189.39	167.65	170.39	4.08
湖南	24.66	24.98	29.58	34.86	43.96	45.66	102.55	136.82	143.29	155.40	4.83
广东	34.78	34.59	34.59	52.65	85.91	81.77	114.85	165.38	178.07	185.72	4.39
广西	21.98	20.59	20.48	27.59	39.61	41.03	58.74	113.01	140.13	153.01	5.10
海南	4.65	4.64	5.30	4.88	11.84	23.61	35.40	200.53	278.33	258.89	10.85
重庆	38.85	40.69	49.33	57.12	64.65	76.08	101.61	186.10	179.00	155.20	3.61
四川	21.26	21.68	26.34	31.92	40.00	48.46	75.30	136.75	119.92	102.34	4.11
贵州	40.68	33.77	46.25	65.35	95.23	67.42	149.92	275.18	360.03	379.74	5.89
云南	26.51	22.24	28.71	39.06	45.43	48.43	108.60	148.60	146.17	159.84	4.71
陕西	40.44	41.01	57.33	63.40	80.33	73.76	226.66	320.20	541.48	702.13	7.59
甘肃	64.71	65.22	76.17	88.06	107.81	107.12	156.31	219.89	263.49	256.18	3.59
青海	45.42	47.46	62.82	71.54	71.42	94.02	150.91	255.94	290.66	308.16	5.03
宁夏	315.60	288.68	312.00	140.06	179.38	5.62	481.92	928.84	1123.16	1326.75	3.75

图4-2展示了全国及各地区人均温室气体排放成本的变化趋势。

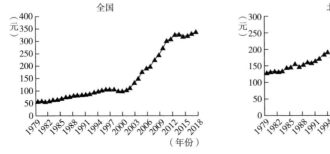
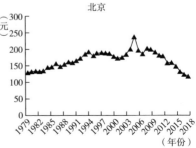

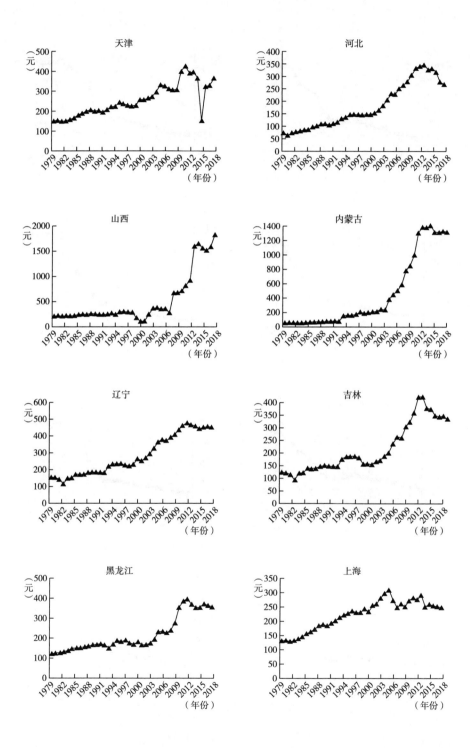

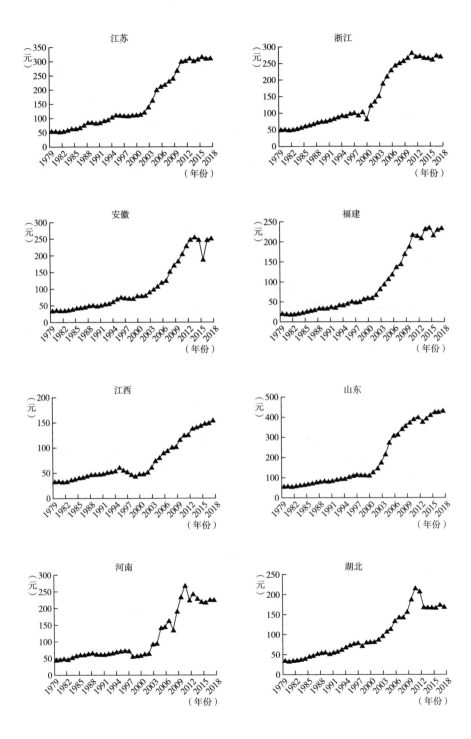

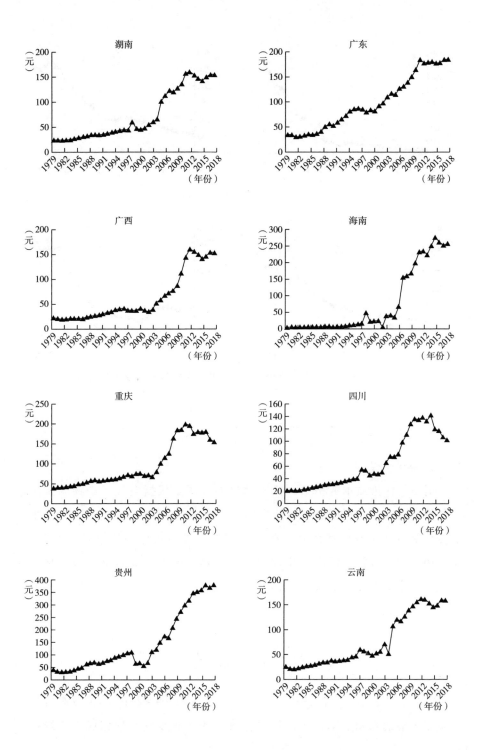

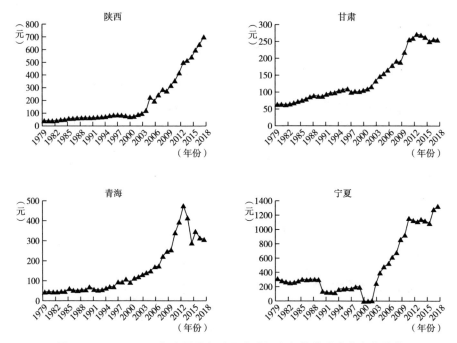

图4-2　1979~2018年全国及各地区人均温室气体排放成本变化趋势

4.2.2　空气污染成本

1. 测算方法

对空气污染成本的衡量，比较直接的方法是根据空气污染物的排放量来估算总成本，也可以通过估计空气污染成本占 GDP 的比例、空气污染天数变化等方法进行间接测算。在《中国真实进步指标测算报告（2018）》中，由于缺乏日常生活废气排放对空气污染影响的相关数据，报告将工业废气的污染成本保守替代为整体空气污染成本，并用治理成本替代污染成本，具体公式如下：

$$C = \frac{C_{accumulate} + C_{operation}}{Q_{disposal}} \times Q_{discharge}$$

其中，C 表示空气污染成本；$C_{accumulate}$ 表示 2009~2016 年工业废气治理投资折旧后的累积成本，在计算中将每年的工业废气治理完成投资统一归为废气治理设备购入、维修等，按设备 8 年使用年限进行折旧处理，并在折旧时把各年投资额按居民消费价格指数（以 2016 年为基期）转换成当年值；$C_{operation}$ 为 2016 年工业废气治理设施的运行费用；$Q_{disposal}$ 为 2016 年工业废气处理量；$Q_{discharge}$ 为 2016 年工业废气排放量。在实际计算过程中，由于缺乏各地区的工业废气处理量，报告假设北京地区的设备恰好能够处理当年北京的废气排放总量，即 $Q_{disposal} = Q_{discharge}$，并据此计算出北京地区单位废气的处理成本，作为各地区的统一计算标准。

本报告采用同样的方法，但由于早期工业废气治理投资和工业废气治理设施运行费用不可得，只能将北京地区 2016 年单位废气的处理成本按消费者物价指数调整为 2018 年价，作为各年份、各地区的单位废气处理成本，即有：

$$C_{t\_j} = c_{2018\_beijing} \times Q_{discharge\_t\_j}$$

其中，C_{t_j} 代表 t 年 j 地区的空气污染处理成本；$c_{2018\_beijing}$ 表示以 2018 年价格计价的北京地区单位废气处理成本；$Q_{discharge\_t\_j}$ 表示 t 年 j 地区的废气排放量。$c_{2018\_beijing}$ 已是经 CPI 调整过后的 2018 年价格，因此后续不需要再对各年总空气污染成本进行 CPI 处理。

2. 数据处理

全国及各地区的工业废气排放数据来自《中国统计年鉴》和《中国环境统计年鉴》，且仅有 1985~2015 年的数值。对于全国层面的缺失数据，本报告取 5 年平均增长率向前推算；对于部分地区、个别年份数据缺失的情况，本次差值方法与 4.1 一致。

3. 计算结果

1979~2018 年全国及各地区空气污染成本和人均空气污染成本见表 4-5 和表 4-6。总体而言，全国空气污染成本由 1979 年的 494.65 亿元上升到 2018 年的 6859.11 亿元，年均增长率为 6.97%；人均温室气体排放成本由 1979 年的 49.59 元增长至 2018 年的 491.15 元，年均增长率为 6.06%。

2018 年空气污染成本最高的地区为河北、江苏和山东，分别为 768.61 亿元、553.78 亿元和 519.30 亿元。这三个地区是我国的重要工业区，因此废气排放量和污染成本往往较高。工业较不发达的地区，如海南、青海和北京等，其空气污染成本也较低。从年均增长率来看，宁夏、陕西、海南的增速最快，均超过了 10%。

2018 年人均空气污染成本最高的地区为宁夏、内蒙古、河北和山西，分别为 1509.83 元、1340.66 元和 1017.22 元和 1016.35 元，其余地区的人均空气污染成本都在 1000 元以下。从年均增长率来看，北京的人均空气污染成本为 -1.00%，上海、黑龙江和天津的年均增长率也较低，分别为 2.77%、3.11% 和 3.86%。

表 4-5　1979~2018 年全国及各地区空气污染成本及年均增长率

地区	空气污染成本（亿元）										年均增长率（%）
	1979 年	1980 年	1985 年	1990 年	1995 年	2000 年	2005 年	2010 年	2015 年	2018 年	1979~2018 年
全国	494.65	524.80	705.94	814.83	1025.72	1318.40	2567.10	4954.71	6539.15	6859.11	6.97
北京	22.94	27.80	56.51	26.44	27.77	30.80	33.71	45.33	35.08	37.15	1.24
天津	9.28	10.30	16.33	12.74	16.27	16.69	43.92	73.35	79.74	85.89	5.87
河北	26.67	27.35	31.59	54.10	70.34	94.08	253.08	537.53	749.84	768.61	9.00
山西	21.71	22.28	25.82	46.48	45.71	63.32	144.51	335.84	321.82	377.88	7.60
内蒙古	14.07	14.38	16.31	28.17	30.26	45.50	115.20	262.33	342.18	339.72	8.51
辽宁	52.19	55.80	77.42	77.64	81.10	90.01	199.49	257.25	324.64	329.17	4.84
吉林	16.45	16.99	20.29	27.63	30.19	29.41	47.14	78.64	100.44	101.10	4.77
黑龙江	28.48	30.16	40.22	46.25	40.31	41.29	50.21	96.49	103.48	112.04	3.57
上海	21.33	22.38	28.73	33.73	44.14	54.92	80.95	123.77	122.18	132.60	4.80
江苏	28.09	28.72	32.63	48.16	75.13	86.64	192.75	297.88	552.41	553.78	7.94
浙江	13.98	14.15	15.28	24.21	29.66	62.12	124.30	195.01	256.16	261.54	7.80
安徽	17.36	17.72	19.98	22.21	33.97	37.65	66.42	170.34	293.88	288.52	7.47
福建	6.81	6.86	7.20	12.86	18.51	26.99	59.79	128.90	164.19	171.09	8.62
江西	10.18	11.05	16.27	15.83	22.87	21.19	41.79	93.64	162.77	161.49	7.34
山东	33.60	34.63	40.96	63.79	70.49	116.23	230.28	418.36	542.15	519.30	7.27
河南	30.52	36.24	70.08	35.92	58.14	70.97	147.91	216.72	346.30	381.75	6.69
湖北	17.53	18.32	23.14	32.60	37.23	54.15	89.75	132.32	225.64	218.71	6.69

续表

地区	空气污染成本（亿元）										年均增长率（%）
	1979年	1980年	1985年	1990年	1995年	2000年	2005年	2010年	2015年	2018年	1979~2018年
湖南	15.86	16.99	23.78	25.92	33.08	34.06	57.39	140.03	146.21	163.98	6.17
广东	16.07	16.30	17.79	24.68	61.80	79.46	128.33	229.92	291.53	297.91	7.77
广西	7.61	7.75	8.65	13.26	22.42	43.97	79.58	138.57	160.07	204.78	8.81
海南	0.60	0.63	0.79	0.76	1.74	4.14	8.68	12.98	22.32	30.75	10.62
重庆	7.78	8.25	11.09	12.74	15.62	18.21	34.88	104.44	94.75	109.21	7.01
四川	29.54	31.59	43.88	47.68	60.69	45.61	77.68	191.89	157.83	195.02	4.96
贵州	9.69	9.97	11.70	15.24	22.35	37.05	36.76	97.27	174.53	209.78	8.20
云南	8.50	8.83	10.88	14.88	15.98	26.24	51.96	104.77	148.39	162.13	7.85
陕西	10.70	11.24	14.53	16.94	22.69	22.70	46.92	128.93	165.13	166.70	11.71
甘肃	14.91	16.22	24.04	17.37	23.14	26.72	40.56	59.67	126.86	113.93	5.35
青海	2.11	2.18	2.58	3.70	4.22	5.79	13.07	37.72	51.58	58.29	8.88
宁夏	2.69	2.62	2.26	5.83	8.89	13.79	27.14	155.79	83.60	103.88	12.30

表4-6　1979~2018年全国及各地区人均空气污染成本及年均增长率

地区	人均空气污染成本（元）										年均增长率（%）
	1979年	1980年	1985年	1990年	1995年	2000年	2005年	2010年	2015年	2018年	1979~2018年
全国	49.59	52.00	65.68	69.69	83.21	104.45	200.05	371.46	477.00	491.15	6.06
北京	255.68	307.37	588.62	243.42	222.00	222.84	219.17	231.05	161.59	172.46	-1.00
天津	125.52	137.48	202.09	144.13	172.74	166.75	421.09	564.68	515.43	550.58	3.86
河北	52.24	52.92	56.94	87.84	109.27	139.50	369.40	747.19	1009.88	1017.22	7.91
山西	88.71	89.96	98.27	160.32	148.57	192.06	430.73	939.67	878.33	1016.35	6.45
内蒙古	75.96	76.61	81.27	130.25	132.50	191.51	482.82	1061.22	1362.74	1340.66	7.64

地区	人均空气污染成本（元）										年均增长率（%）
	1979 年	1980 年	1985 年	1990 年	1995 年	2000 年	2005 年	2010 年	2015 年	2018 年	1979~2018 年
辽宁	151.58	160.02	210.03	195.71	198.19	212.40	472.61	587.99	740.86	755.15	4.20
吉林	75.32	76.86	88.29	111.27	116.46	107.82	173.55	286.27	364.83	373.88	4.19
黑龙江	89.89	94.13	121.46	130.53	108.92	111.91	131.44	251.75	271.46	296.96	3.11
上海	188.40	195.20	236.04	252.26	311.94	328.10	455.28	537.43	505.91	547.03	2.77
江苏	47.67	48.36	52.52	71.16	106.32	116.48	257.86	378.55	692.59	687.84	7.08
浙江	36.86	36.98	37.91	58.09	68.68	132.82	253.79	358.02	462.46	455.89	6.66
安徽	36.14	36.22	38.76	39.13	56.49	62.90	108.53	285.95	478.33	456.23	6.72
福建	27.38	27.22	26.52	42.33	57.20	77.76	169.14	349.05	427.68	434.12	7.34
江西	31.58	33.80	47.03	41.56	56.28	51.18	96.94	209.86	356.47	347.43	6.34
山东	46.46	47.47	53.23	75.11	80.97	128.02	249.00	436.34	550.57	516.87	6.37
河南	42.45	49.74	90.86	41.53	63.89	76.67	157.68	230.44	365.29	397.45	5.90
湖北	37.83	39.11	46.93	59.94	64.50	89.83	157.18	231.01	385.57	369.62	6.02
湖南	30.37	32.18	42.30	42.30	51.75	52.89	90.73	213.14	215.55	237.68	5.42
广东	31.27	31.17	28.45	38.89	89.99	91.95	139.58	220.21	268.71	262.57	5.61
广西	21.93	21.90	22.32	31.11	49.35	97.94	170.78	300.59	333.77	415.71	7.84
海南	11.12	11.37	13.29	11.52	23.99	52.63	104.89	149.36	245.03	329.28	9.08
重庆	29.30	30.95	40.06	43.62	52.05	58.93	124.67	361.99	314.05	352.08	6.58
四川	30.22	32.17	43.07	44.13	53.59	54.76	94.60	238.52	192.38	233.80	5.39
贵州	35.49	35.92	39.42	46.64	63.71	105.10	98.56	279.59	494.43	582.73	7.44
云南	27.10	27.83	31.94	39.88	40.04	61.18	116.75	227.66	312.93	335.67	6.67
陕西	38.11	39.71	48.42	51.09	64.58	62.98	126.12	345.20	435.36	431.43	6.42
甘肃	78.73	84.55	117.79	77.03	94.93	104.30	156.36	233.07	487.93	432.04	4.46
青海	56.84	57.82	63.31	82.65	87.70	111.83	240.79	669.91	877.26	966.71	7.54
宁夏	73.77	70.14	54.50	124.07	173.38	245.38	455.40	2461.12	1251.52	1509.83	8.05

图4-3展示了全国及各地区人均空气污染成本的变化趋势。

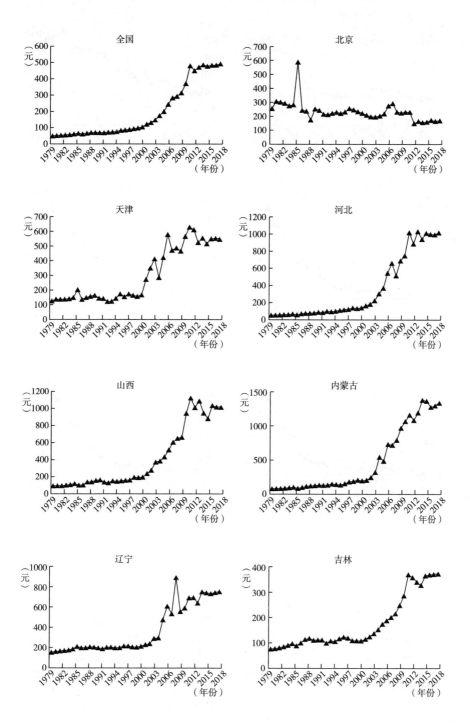

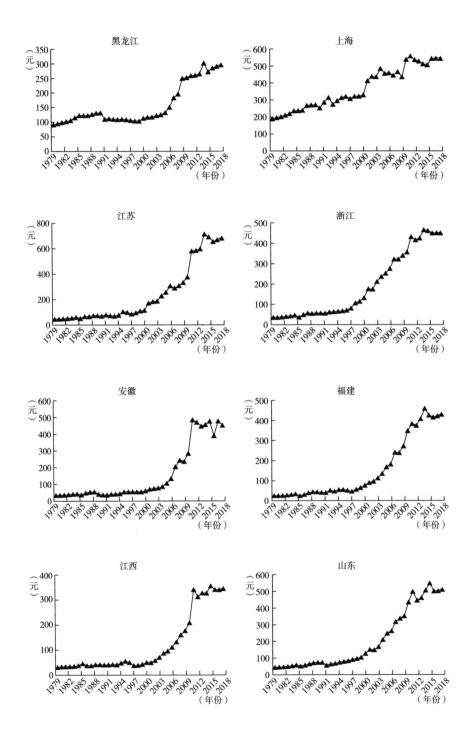

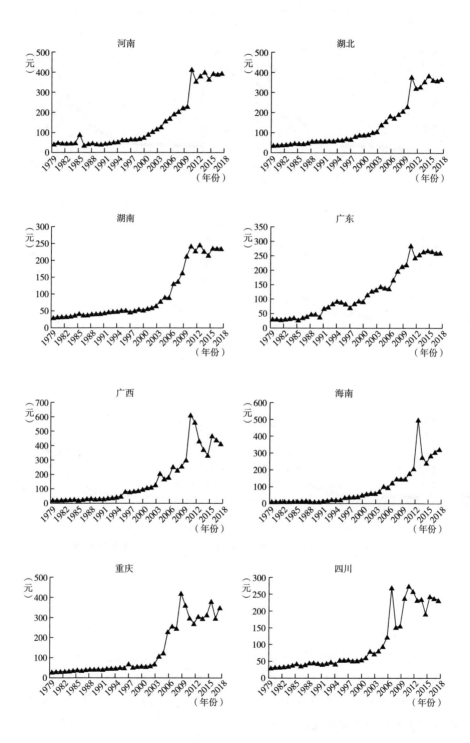

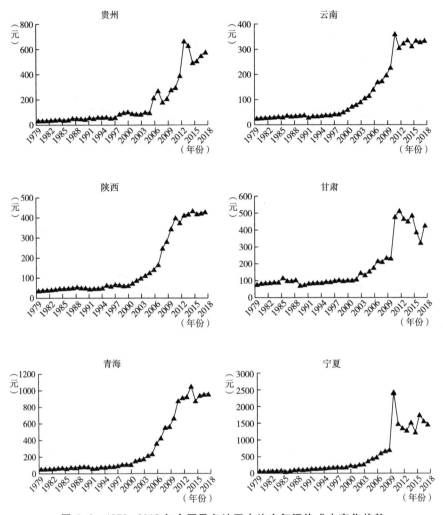

图 4-3 1979~2018 年全国及各地区人均空气污染成本变化趋势

4.2.3 水污染成本

1. 测算方法

工业生产、农业生产以及家庭排放的污水均会对地表水和地下水造成污染，对人体健康、渔业、水产业以及相关旅游休闲业造成损失或危害，并且产生相应的污染治理成本。这些负面成本对 GPI 来说是减项，因此应该从经济发展的真实衡量中扣除。

水污染成本的核算方法有多种，主流方法是用一个地区污染水域百分比乘以总体水域未被污染时的总价值。例如，美国佛蒙特州用未被污染的水的人均服务价值乘以该州人口总数得到佛蒙特州水资源没有被污染时的总价值，然后再与被污染水体占总水体百分比相乘来获得该州水污染成本（Erickson et al.，2013）；美国俄勒冈和马里兰州的GPI测算同样是使用该方法来计算水污染成本，只是净水服务价值的衡量标准略有不同（Kubiszewski et al.，2015）。美国使用该种计算方法的一个原因是各州对污染水域监测比较完善，因此污染水体百分比数据较容易获得。

水污染成本的另一种测算方法是用治理污水所花费的成本进行衡量。例如，Hamilton（1999）测算澳大利亚的GPI时，用提高水质的控制费用作为水污染成本；Hayashi（2015）测算日本的GPI时，用工业部门和农业部门（畜牧业）水域中产生的生化需氧量（BOD）和化学需氧量（COD）的数量并取其较大值乘以边际清除成本来估算水污染成本，但由于数据限制，该文章省略了城市生活污水的计算而使水污染估算成本偏低；在对中国的研究中，由于数据限制通常使用水污染治理支出费用替代水污染成本（王茂园，2013；李宣，2014）。

本报告基于污水处理成本法，根据水污染相关数据的可得性，按照以下公式进行计算：

$$C_t = \frac{C_{accumulate\_t} + C_{operate\_t}}{Q_{disposal\_t}} \times Q_{discharge\_t}$$

其中C_t为t年的水污染治理成本；$C_{accumulate\_t}$为t年工业废水治理投资折旧后累积额度，每年的工业废水治理投资包括废水治理设备购入、维修等，从2004年开始按设备8年使用年限计算治污设备的累计折旧额；$C_{operate\_t}$表示t年的废水治理设施运行费用；$Q_{disposal\_t}$表示t年的工业废水处理量；$Q_{discharge\_t}$表示t年的废水排放量。

2. 数据处理

水污染成本核算的主要资料来源是《中国环境统计年鉴》，该年鉴已经出版的年份为1998年和2005～2018年，并且1998年、2017年和2018年的"各地区工业污染治理投资完成情况"统计指标数据缺失。所以本报告只能根据2005～2016年《中国环境统计年鉴》中的数据计算2004～2015年的水污染成本。对于 2004 年之前和 2015 年之后的缺失数据，主要采用移动平均法来计算填补。

3. 计算结果

1979~2018 年全国及各地区水污染成本和人均水污染成本见表 4-7 和表 4-8。总体而言，全国水污染成本由 1979 年的 318.81 亿元上升到 2018 年的 3738.68 亿元，年均增长率为 6.52%；人均水污染成本由 1979 年的 34.42 元增长至 2018 年的 273.25 元，年均增长率为 5.62%。

2018 年水污染成本最高的地区为江苏，为 421.18 亿元。其次为广东、浙江，水污染成本也超过了 300 亿元。从年均增长率来看，增速超过 40% 的地区有四川、海南、内蒙古和浙江，分别为 62.28%、52.73%、43.12% 和 40.94%，其中四川省的水污染成本从 1979 年接近 0.00 亿元上升到 2018 年的 162.48 亿元。此外，贵州、陕西、黑龙江、辽宁和广西 5 个地区的水污染成本年均增速也超过了 30%。山西的年均增长率为负值，即 -2.23%，说明山西的水污染程度在下降。

2018 年人均水污染成本最高的地区为浙江、江苏和上海，分别为 526.17 元、523.14 元和 509.71 元；最低的地区为天津、贵州和吉林，人均水污染成本都在 100 元以下。从年均增长率来看，增速位于前三名的地区为四川、海南和内蒙古，分别为 62.94%、50.61% 和 41.97%；增速排名靠后的有上海、甘肃和山西，分别为 2.13%、1.14% 和 -3.28%。上海尽管人均水污染成本较高，但增速较慢。

表 4-7　1979~2018 年全国及各地区水污染成本及年均增长率

| 地区 | 水污染成本（亿元） | | | | | | | | | | 年均增长率（%） |
	1979 年	1980 年	1985 年	1990 年	1995 年	2000 年	2005 年	2010 年	2015 年	2018 年	1979~2018 年
全国	318.81	376.19	670.52	1363.23	745.72	1235.62	2115.76	3107.54	3438.91	3738.68	6.52
北京	2.67	3.62	11.21	36.52	26.30	42.40	83.82	192.37	89.92	97.18	9.66
天津	0.06	0.09	0.48	2.91	3.70	11.52	26.43	53.26	78.93	5.99	12.69
河北	19.39	23.63	47.55	102.78	54.75	74.75	62.37	147.88	236.17	281.84	7.10
山西	179.86	207.77	291.72	426.44	149.15	134.99	116.33	97.59	89.89	74.49	-2.23

续表

地区	水污染成本（亿元）										年均增长率（%）
	1979年	1980年	1985年	1990年	1995年	2000年	2005年	2010年	2015年	2018年	1979~2018年
内蒙古	0.00	0.00	0.00	0.05	0.25	2.90	15.64	35.35	70.52	90.57	43.12
辽宁	0.00	0.01	0.09	1.07	3.19	25.31	125.41	241.40	132.14	167.57	31.06
吉林	2.00	2.57	6.57	18.34	12.94	23.98	27.16	38.16	29.87	25.85	6.78
黑龙江	0.00	0.00	0.04	0.58	1.95	18.22	78.27	81.67	144.08	159.13	34.01
上海	25.35	32.47	77.70	191.20	102.27	131.69	183.05	187.54	114.48	123.55	4.15
江苏	4.85	6.50	19.79	59.50	44.22	88.05	173.77	206.82	347.20	421.18	12.12
浙江	0.00	0.00	0.01	0.27	1.20	14.34	101.60	146.76	250.74	301.86	40.94
安徽	0.03	0.05	0.35	2.52	4.31	19.97	57.68	81.27	125.86	142.77	24.23
福建	0.80	1.13	4.27	16.89	17.24	45.83	78.28	99.58	85.00	105.91	13.35
江西	4.15	5.22	12.18	30.17	18.33	28.87	39.81	50.30	76.20	71.34	7.57
山东	3.24	4.51	16.02	59.16	52.58	119.16	196.50	222.89	272.42	281.49	12.13
河南	30.45	36.88	70.07	138.99	68.79	85.50	79.90	100.72	112.68	110.09	3.35
湖北	0.43	0.60	2.45	10.41	9.56	25.88	62.08	81.49	117.04	162.58	16.45
湖南	0.16	0.24	1.09	5.12	5.58	16.81	39.68	74.44	105.22	105.76	18.06
广东	44.45	54.18	109.39	235.10	136.03	176.95	191.04	382.61	423.38	384.10	5.69
广西	0.00	0.01	0.05	0.46	1.06	7.31	38.42	49.39	92.86	126.97	31.01
海南	0.00	0.00	0.00	0.00	0.03	0.62	34.79	76.04	27.08	21.58	52.73
重庆	0.17	0.23	0.88	3.51	2.94	6.72	13.81	34.67	47.57	49.40	15.72
四川	0.00	0.00	0.00	0.01	0.13	4.85	60.85	158.51	144.35	162.48	62.28
贵州	0.00	0.00	0.00	0.07	0.29	3.46	28.93	117.34	36.72	29.93	38.19
云南	0.55	0.74	2.48	8.37	6.44	13.42	29.36	51.00	65.56	75.73	13.44
陕西	0.00	0.00	0.01	0.16	0.49	4.28	23.51	52.12	101.51	114.62	37.26
甘肃	16.31	18.73	32.39	58.48	24.70	28.54	25.79	36.00	30.29	35.35	2.00
青海	0.01	0.01	0.07	0.33	0.41	1.26	3.06	4.84	5.99	6.89	18.44
宁夏	0.05	0.07	0.35	1.77	2.12	6.86	7.18	19.70	15.00	16.93	16.09

表 4-8　1979~2018 年全国及各地区人均水污染成本及年均增长率

地区	人均水污染成本（元）										年均增长率（%）
	1979 年	1980 年	1985 年	1990 年	1995 年	2000 年	2005 年	2010 年	2015 年	2018 年	1979~2018 年
全国	32.42	37.82	63.31	118.37	61.44	99.61	167.87	237.40	255.86	273.25	5.62
北京	29.73	40.04	116.77	336.31	210.21	306.79	544.99	980.46	414.19	451.15	7.22
天津	0.77	1.15	5.95	32.95	39.27	115.08	253.36	409.98	510.24	38.38	10.55
河北	37.98	45.73	85.70	166.88	85.06	110.84	91.03	205.56	318.07	373.01	6.03
山西	734.95	838.95	1110.47	1471.00	484.71	409.43	346.72	273.05	245.33	200.34	-3.28
内蒙古	0.00	0.00	0.01	0.25	1.08	12.21	65.54	143.00	280.86	357.43	41.97
辽宁	0.01	0.02	0.24	2.70	7.79	59.71	297.11	551.77	301.55	384.43	30.27
吉林	9.16	11.63	28.61	73.85	49.93	87.91	99.98	138.93	108.50	95.61	6.20
黑龙江	0.01	0.01	0.12	1.64	5.28	49.40	204.88	213.06	377.97	421.76	33.41
上海	223.89	283.22	638.47	1430.10	722.76	786.69	1029.51	814.33	474.05	509.71	2.13
江苏	8.24	10.95	31.86	87.92	62.59	118.38	232.47	262.83	435.31	523.14	11.23
浙江	0.00	0.00	0.04	0.66	2.78	30.65	207.42	269.43	452.68	526.17	39.45
安徽	0.06	0.10	0.68	4.44	7.16	33.36	94.24	136.44	204.85	225.76	23.36
福建	3.22	4.48	15.74	55.63	53.25	132.04	221.45	269.66	221.42	268.75	12.02
江西	12.87	15.97	35.22	79.18	45.10	69.74	92.35	112.72	166.89	153.48	6.56
山东	4.49	6.18	20.82	69.66	60.40	131.25	212.48	232.47	276.65	280.17	11.18
河南	42.36	50.63	90.85	160.71	75.59	92.37	85.18	107.09	118.87	114.62	2.59
湖北	0.92	1.29	4.98	19.14	16.56	42.93	108.71	142.27	200.01	274.77	15.72
湖南	0.31	0.45	1.93	8.35	8.73	26.10	62.73	113.31	155.12	153.29	17.22
广东	86.47	103.60	174.94	370.47	198.06	204.76	207.78	366.45	390.25	338.54	3.56
广西	0.01	0.02	0.12	1.09	2.33	16.28	82.45	107.14	193.62	257.75	29.84
海南	0.00	0.00	0.00	0.05	0.35	7.91	420.14	875.05	297.26	231.08	50.61
重庆	0.63	0.85	3.17	12.01	9.78	21.75	49.34	120.18	157.67	159.25	15.25
四川	0.00	0.00	0.00	0.01	0.11	5.82	74.10	197.03	175.95	194.80	62.94
贵州	0.00	0.00	0.01	0.20	0.82	9.83	77.56	337.28	104.02	83.13	37.22
云南	1.76	2.32	7.29	22.44	16.13	31.30	65.98	110.82	138.26	156.79	12.19

续表

| 地区 | 人均水污染成本（元） | | | | | | | | | 年均增长率（%） |
	1979 年	1980 年	1985 年	1990 年	1995 年	2000 年	2005 年	2010 年	2015 年	2018 年	1979~2018 年
陕西	0.00	0.00	0.04	0.49	1.41	11.87	63.21	139.53	267.62	296.64	36.14
甘肃	86.11	97.65	158.70	259.36	101.32	111.39	99.42	140.61	116.51	134.04	1.14
青海	0.25	0.37	1.67	7.47	8.47	24.23	56.40	86.05	101.88	114.21	16.98
宁夏	1.38	1.95	8.45	37.58	41.30	122.05	120.47	311.22	224.58	246.09	14.21

图 4-4 展示了全国及各地区人均水污染成本的变化趋势。

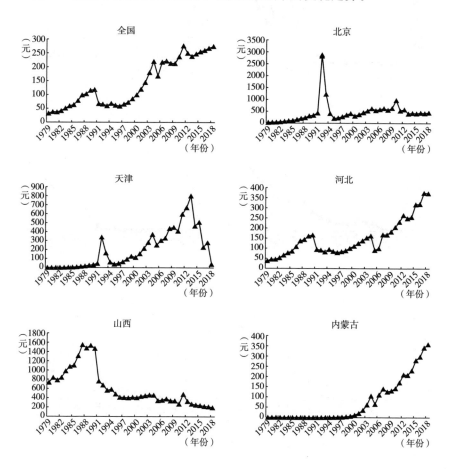

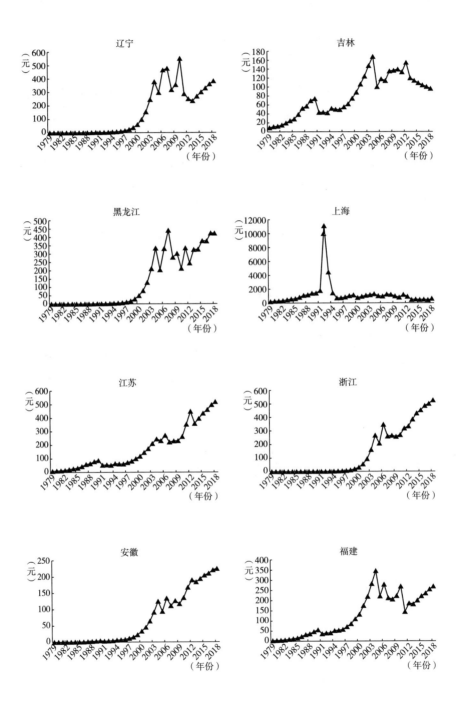

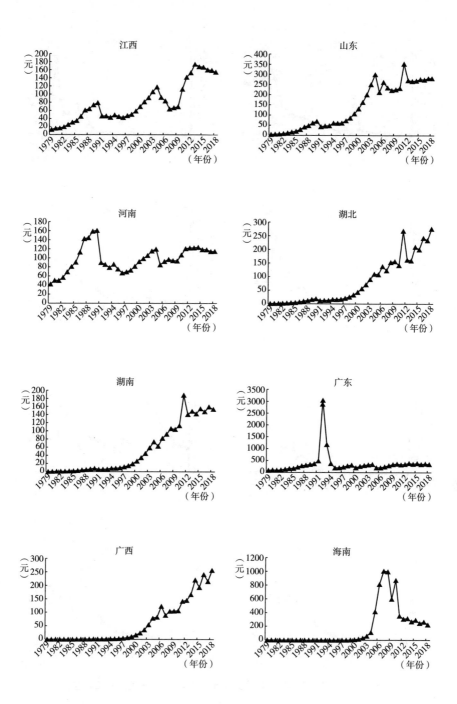

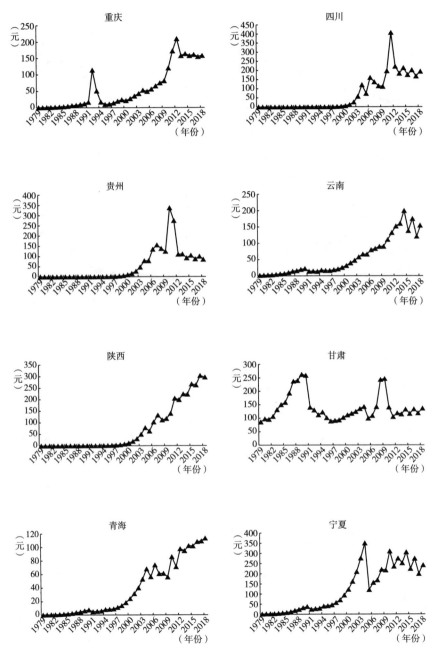

图 4-4　1979~2018 年全国及各地区人均水污染成本变化趋势

4.2.4 固体废弃物污染成本

1. 测算方法

通常来讲，固体废弃物主要包括城市生活垃圾、工业固体废物、工业危险废物和医疗废物。固体废弃物污染是环境污染中重要的一环。堆积的工业固体废物经过雨水或降解所产生的滤液一旦进入地下水或蓄水层，会导致水源无法饮用，甚至使地区不适宜居住；工业固体废物还会污染大气，例如焚烧炉运行时会产生颗粒物、酸性气体、未燃尽的废物、重金属与微量有机化合物等，石油化工厂堆存的露天油渣会生成一定数量的多环芳烃并挥发进入大气中（侯芳，2015）。

截至 2012 年，中国工业固体废弃物堆存量达 100 亿吨，同时仍以每年 10 亿吨的速度继续增加（赵丽娜等，2013）。另外，生态环境部发布的《2019 全国大、中城市固体废物污染环境防治年报》指出，2018 年中国 200 个大、中型城市一般工业固体废物产生量达 15.5 亿吨，其中综合利用 8.6 亿吨（包括了对往年贮存的利用），处置 3.9 亿吨（也包括对往年贮存的处置），贮存 8.1 亿吨，倾倒丢弃 4.6 万吨。可见固体废弃物已经成为经济发展中不可回避的主要环境问题之一，GPI 2.0 指标体系中也引入了固体废弃物污染成本来测算其对居民福利的负面作用。

《中国真实进步指标测算报告（2018）》仅测算了工业固体废物污染成本，包括一般工业固体废物和工业危险废物。使用的方法是成本替代法，即将之前若干年的工业固体废物治理投资进行折旧并加总，再除以工业固体废物处理量进而得到单位处理成本，最后乘以工业固体废物产生量得到总治理成本。然而，1979~2018 年工业固体废物治理投资额根据政策和污染物排放量变动比较大，具体数据缺少统计，导致使用治理投资费用替代污染成本不具备可行性。

一般而言，对工业固体废物的处理方法可以分为排放、贮存、处置和综合利用。综合利用的产物一般为建筑材料，例如将工业固体废物加工为水泥混合材。但由于当前治理工业固体废物的标准化程度较低，回收利用所产生的经济价值因统计渠道不同显示出较大差异，故本报告不予以考虑。同时，排放所产生的外部效应无法用成本法进行测算，因此也不将其纳入核算。综上所述，本报告在测算中只计算工业固体废物的处置和贮存成本。

工业固体废物污染成本即为处置成本（工业固体废物处置量乘以每吨处置成本）与贮存成本（工业固体废物贮存量乘以每吨贮存成本）之和。除此之外，本报告还考虑了城市生活垃圾污染成本，采用的方法同样为成本替代法，即认为其等于城市生活垃圾清运量与每吨清运成本两者乘积。将工业固体废物污染成本与城市生活垃圾污染成本相加，即可得到固体废弃物污染成本。

早年的工业固体废物统计口径不一，因而缺少详细的处置量和贮存量数据。根据《2019 全国大、中城市固体废物污染环境防治年报》，全国工业固体废物处置量占产生量的比重约为 20%，贮存量占产生量的比重约为 40%，综合利用量占产生量的比重约为 40%。报告采用了这一比例来计算各年的工业固体废物处置量和贮存量。同时，本报告参考了 Long 和 Ji（2019）测算固体废物污染成本的方法，将一般工业固体废物的处置成本设为 75 元/吨，贮存成本设为 15 元/吨，将生活垃圾清运成本设为 27 元/吨。

2. 数据处理

1979～2018 年全国及各地区的工业固体废物产生量和城市生活垃圾清运量来源于《中国统计年鉴》，对于部分地区、个别年份数据缺失的情况，此处插值处理方法与 4.1 一致。

3. 计算结果

1979～2018 年全国及各地区固体废弃物污染成本和人均固体废弃物污染成本见表 4-9 和表 4-10。总体而言，全国固体废弃物污染成本由 1979 年的 84.64 亿元上升到 2018 年的 759.55 亿元，年均增长率为 5.79%；人均固体废弃物污染成本由 1979 年的 8.48 元增长至 2018 年的 54.39 元，年均增长率为 4.88%。

2018 年固体废弃物污染成本最高的地区为河北、山西、辽宁和内蒙古，分别为 75.11 亿元、69.66 亿元、62.01 亿元和 58.19 亿元，占全国总固体废弃物污染成本的 34.89%。这些地区的钢铁和煤炭行业较为发达，因此产生了较多的工业固体废物。海南、北京、天津和上海的固体废弃物污染成本则较低。从年均增长率来看，青海、内蒙古和贵州的增速最快，均超过了 10%。

2018 年人均固体废弃物污染成本最高的地区为青海，为 513.75 元。内蒙古、山西、辽宁、宁夏位列其后，人均固体废弃物污染成本也都超过了

100 元。从年均增长率来看，北京的增速最低，为-0.88%，上海的年均增长率也接近于 0。相较之下增速较快的地区有青海、内蒙古，其值均超过了 10%。

表 4-9 1979~2018 年全国及各地区固体废弃物污染成本及年均增长率

地区	固体废弃物污染成本（亿元）										年均增长率（%）
	1979 年	1980 年	1985 年	1990 年	1995 年	2000 年	2005 年	2010 年	2015 年	2018 年	1979~2018 年
全国	84.64	96.98	113.87	142.43	167.20	203.29	324.40	548.65	738.55	759.55	5.79
北京	2.38	2.40	2.28	2.00	3.28	3.05	3.83	4.37	3.62	4.05	1.37
天津	0.61	0.72	0.90	1.21	1.67	1.59	2.75	4.41	3.90	4.06	4.98
河北	5.83	5.73	8.55	11.72	14.38	16.28	36.02	68.14	76.00	75.11	6.78
山西	2.44	3.43	4.89	7.30	9.82	17.71	25.16	39.34	67.97	69.66	8.97
内蒙古	0.83	1.12	2.82	4.58	5.62	5.83	16.35	36.59	56.89	58.19	11.51
辽宁	13.38	14.09	15.36	17.08	16.75	18.14	23.58	38.53	70.63	62.01	4.01
吉林	2.88	3.10	3.47	4.57	5.06	5.10	6.73	11.10	12.63	11.75	3.67
黑龙江	4.56	5.60	5.90	9.32	8.31	8.13	9.78	13.46	17.15	16.93	3.42
上海	2.32	2.04	2.71	3.08	3.88	4.26	5.80	7.12	5.58	5.85	2.40
江苏	2.78	2.87	4.37	5.40	7.13	7.77	14.34	21.78	26.40	29.41	6.23
浙江	0.58	1.32	1.56	2.44	3.20	4.09	7.34	11.55	13.02	14.76	8.67
安徽	2.63	2.90	4.07	5.79	6.29	6.80	10.10	20.41	28.75	28.85	6.34
福建	1.38	1.43	1.63	1.69	2.05	5.19	8.74	16.85	12.05	13.08	5.95
江西	5.48	7.97	6.42	7.01	8.16	10.60	15.43	20.52	23.52	27.02	4.18
山东	4.96	4.96	6.44	9.17	11.08	13.43	22.09	36.36	45.29	52.36	6.23
河南	1.40	2.55	3.37	5.09	7.15	9.10	15.02	24.37	33.32	34.96	8.61
湖北	2.65	3.20	3.85	4.92	6.08	7.67	10.14	16.23	18.52	19.92	5.31
湖南	4.85	6.22	4.68	4.63	4.68	5.91	8.38	13.49	16.69	14.34	2.82
广东	3.59	5.19	4.20	4.94	5.29	5.93	10.73	16.69	18.04	20.86	4.61
广西	2.62	1.66	3.90	2.85	3.63	4.90	7.88	13.75	15.69	15.98	4.75
海南	0.26	0.30	0.33	0.33	0.38	0.39	0.49	0.71	1.32	1.46	4.50

续表

地区	固体废弃物污染成本（亿元）										年均增长率（%）
	1979 年	1980 年	1985 年	1990 年	1995 年	2000 年	2005 年	2010 年	2015 年	2018 年	1979~2018 年
重庆	2.23	2.38	2.66	2.96	3.30	3.21	4.37	6.65	7.13	6.61	2.82
四川	6.82	7.28	8.16	9.10	10.06	10.91	15.11	25.37	28.09	30.02	3.87
贵州	0.43	1.18	1.31	2.09	3.01	5.44	10.67	17.77	15.54	18.34	10.12
云南	2.70	3.01	3.42	4.45	4.82	7.13	10.34	20.44	30.63	30.71	6.43
陕西	1.37	1.58	2.25	3.64	4.42	6.12	10.64	15.52	21.00	21.99	7.38
甘肃	1.77	1.81	2.17	2.66	3.56	4.09	5.53	8.62	12.94	12.48	5.13
青海	0.07	0.09	0.26	0.72	0.71	0.97	1.51	3.98	31.44	30.98	15.64
宁夏	0.41	0.37	0.68	0.86	1.01	1.21	1.77	5.42	7.56	8.92	8.22

注：本表数据来自全国和地区统计年鉴，因统计口径不一，全国数据和地区加总数据不尽相同。

表4-10　1979~2018年全国及各地区人均固体废弃物污染成本及年均增长率

地区	人均固体废弃物污染成本（元）										年均增长率（%）
	1979 年	1980 年	1985 年	1990 年	1995 年	2000 年	2005 年	2010 年	2015 年	2018 年	1979~2018 年
全国	8.48	9.61	10.60	12.18	13.56	16.10	25.28	41.13	53.87	54.39	4.88
北京	26.56	26.58	23.75	18.40	26.22	22.09	24.88	22.29	16.70	18.82	-0.88
天津	8.27	9.55	11.16	13.68	17.71	15.91	26.36	33.92	25.19	26.05	2.99
河北	11.41	11.08	15.41	19.03	22.33	24.14	52.58	94.71	102.35	99.41	5.71
山西	9.97	13.85	18.63	25.18	31.91	53.72	74.99	110.08	185.52	187.36	7.81
内蒙古	4.49	5.98	14.03	21.15	24.62	24.53	68.53	148.03	226.58	229.64	10.61
辽宁	38.87	40.42	41.67	43.06	40.94	42.81	55.87	88.08	161.18	142.26	3.38
吉林	13.20	14.01	15.11	18.42	19.51	18.69	24.77	40.40	45.89	43.46	3.10
黑龙江	14.40	17.47	17.81	26.29	22.44	22.05	25.60	35.12	44.99	44.86	2.96
上海	20.49	17.82	22.25	23.02	27.40	25.44	32.65	30.90	23.10	24.15	0.42
江苏	4.73	4.83	7.04	7.98	10.09	10.45	19.19	27.68	33.10	36.53	5.38

续表

地区	人均固体废弃物污染成本 (元)										年均增长率 (%)
	1979 年	1980 年	1985 年	1990 年	1995 年	2000 年	2005 年	2010 年	2015 年	2018 年	1979~2018 年
浙江	1.52	3.45	3.88	5.85	7.42	8.74	14.98	21.21	23.50	25.73	7.53
安徽	5.47	5.92	7.89	10.20	10.47	11.35	16.50	34.26	46.80	45.62	5.59
福建	5.53	5.69	6.02	5.55	6.33	14.94	24.73	45.63	31.39	33.20	4.70
江西	16.99	24.38	18.55	18.39	20.08	25.62	35.79	45.99	51.51	58.13	3.20
山东	6.86	6.80	8.37	10.79	12.73	14.79	23.89	37.92	46.00	52.11	5.34
河南	1.94	3.51	4.36	5.88	7.86	9.83	16.01	25.92	35.15	36.40	7.80
湖北	5.73	6.83	7.81	9.05	10.53	12.73	17.76	28.33	31.65	33.67	4.65
湖南	9.29	11.78	8.33	7.56	7.32	9.18	13.25	20.53	24.60	20.79	2.09
广东	6.99	9.92	6.71	7.79	7.70	6.86	11.67	15.99	16.63	18.38	2.51
广西	7.55	4.69	10.06	6.69	7.99	10.92	16.91	29.82	32.72	32.45	3.81
海南	4.86	5.51	5.48	5.00	5.21	4.96	5.87	8.16	14.47	15.62	3.04
重庆	8.42	8.93	9.61	10.14	11.01	10.38	15.63	23.05	23.62	21.32	2.41
四川	6.98	7.41	8.01	8.43	8.88	13.10	18.40	31.54	34.24	35.99	4.30
贵州	1.56	4.26	4.40	6.41	8.57	15.44	28.61	51.08	44.02	50.94	9.35
云南	8.63	9.47	10.05	11.92	12.08	16.63	23.24	44.42	64.59	63.59	5.26
陕西	4.87	5.59	7.49	10.97	12.59	16.97	28.59	41.56	55.38	56.91	6.51
甘肃	9.35	9.41	10.62	11.79	14.60	15.95	21.31	33.66	49.77	47.32	4.25
青海	1.89	2.33	6.30	16.09	14.67	18.64	27.80	70.64	534.78	513.75	14.27
宁夏	11.25	10.02	16.50	18.21	19.77	21.54	29.70	85.70	113.17	129.62	6.47

图 4-5 展示了全国及各地区人均固体废弃物污染成本的变化趋势。

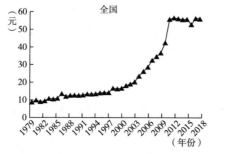
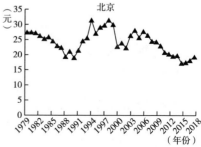

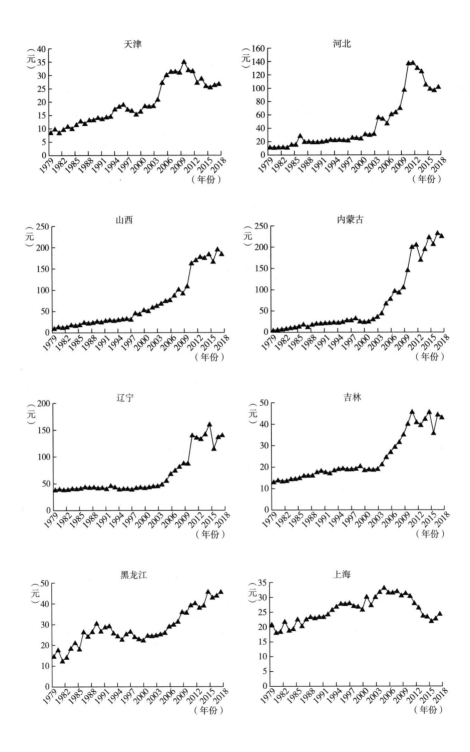

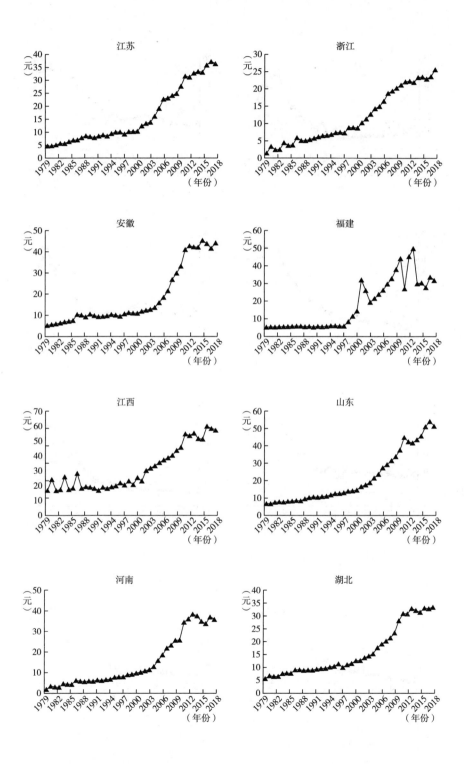

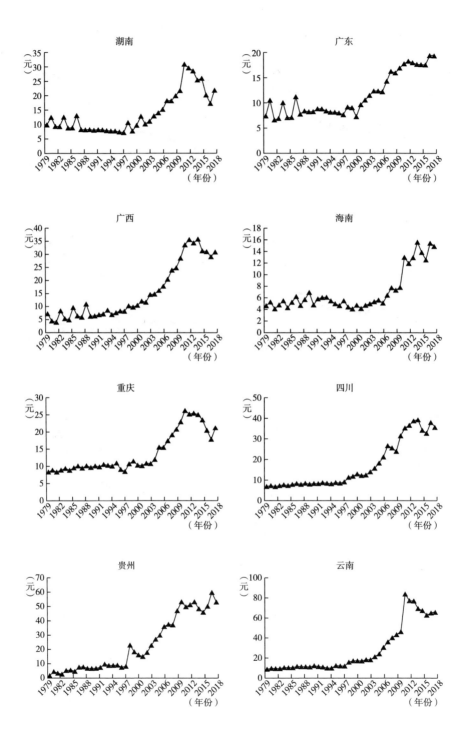

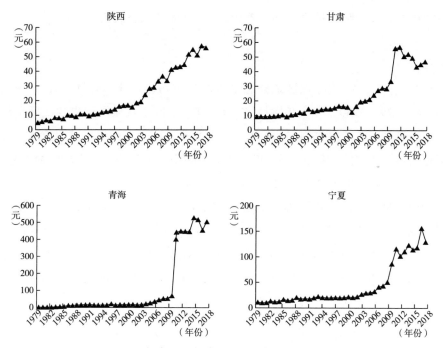

图 4-5　1979~2018 年全国及各地区人均固体废弃物污染成本变化趋势

4.2.5　噪声污染成本

1. 测算方法

随着工业生产、交通运输、城市建设的发展以及人口密度的增加、家庭设施的增多，环境噪声污染问题日益严重。噪声污染源主要包括四类：工业生产噪声、建筑施工噪声、交通运输噪声和社会生活噪声。参考 GPI 核算中的先例（Talberth & Weisdorf，2017）并鉴于数据的可得性，本报告主要使用城市道路交通噪声污染成本来对整体成本做一个估计。道路交通噪声污染的主要来源是机动车辆。根据《2019 中国统计年鉴》，截至 2018 年年底全国民用汽车拥有量为 2.32 亿辆，当年新注册民用汽车数量为 2652 万辆。迅速增长的汽车数量为早已不堪重负的城市交通带来了更多的拥堵和事故，同时也导致了更为严重的城市噪声污染，严重影响了居民的生活质量。

国内外对噪声污染成本的核算方法主要有防护费用法、损害费用法和意愿评估调查法（Harford，2006）。本报告在方法选择上延续佟琼等

（2014）的思路：把噪声污染成本看作人们为减少甚至消除噪声所花费的一系列成本，即降噪达标法（防护费用法），具体计算公式为：

$$C_{t\_j} = L_{t\_j}\, \sigma_t (Z_{t\_j} - Z_k)$$

其中，C_{t_j} 为 t 年 j 地区道路总里程的噪声污染成本（$j = 1$，2，3，…，29；$t = 1979$，1980，…，2018）；Z_{t_j} 为 t 年 j 地区重点城市测得的实际平均噪声分贝数；Z_k 为国家制定的标准噪声分贝数；σ_t 为经过居民消费价格指数调整（以 2018 年为基准）后 t 年每公里道路降低单位分贝噪声所需的费用；L_{t_j} 为 t 年 j 地区重点城市年末实有道路长度。

由于早年道路长度和噪声分贝数据不可得，报告在上述方法基础上进行了调整：即先使用上述公式表示的降噪达标法测算出 2011 年各地区的噪声污染总成本，再除以当年各地区民用汽车拥有量，得出当年各地区单位车辆的年噪声污染成本，最终将其乘以 1979~2018 年各地区的汽车持有量即可求出各地区每年的噪声污染总成本，具体计算公式为：

$$C_{2011\_j} = L_{2011\_j}\, \sigma_{2011}(Z_{2011\_j} - Z_k)$$

$$C_{t\_j}^* = \frac{C_{2011\_j}}{N_{2011\_j}} \cdot N_{t\_j}$$

其中，$C_{t\_j}^*$ 为 t 年 j 地区的噪声污染总成本；C_{2011_j} 为 2011 年 j 地区的噪声污染总成本；N_{2011_j} 为 2011 年 j 地区的民用汽车拥有量；N_{t_j} 为 t 年 j 地区的民用汽车拥有量。

之所以选择 2011 年作为基准，是因为报告参考了佟琼等（2014）论文中使用的道路交通标准分贝数（62.5 分贝）和单位公里降噪成本（0.3593 万元，主要为安装低噪声路面、声屏障、高架桥吸声处理设备以及道路两侧绿化带的平均费用）。这些标准都是作者依据 2011 年的实际情况设定的。

2. 数据处理

各地区城市年末实有道路长度以及民用机动车拥有量均来自《中国统计年鉴》。重点城市道路交通噪声监测分贝数来自《中国环境统计年鉴》（同省份多个重点城市则取平均值）。为了方便计算，本报告不在民用汽车拥有量中区分公共交通与私人交通车辆，并且假设车辆产生的噪声等级是一样的。

由于实际产生交通噪声的车流量不可得，本报告选择使用汽车拥有量进行替代，这会在一定程度上影响单位车辆噪声污染成本的测算。同时，使用各地区主要城市年末实有道路长度会高估噪声污染成本，因为其包含了不需要降噪的道路里程。另外，使用2011年的交通噪声防治费用作为基准会让早年的噪声污染成本被高估，因为早期的噪声污染成本并不如现在这么严重，降噪费用的投入力度也不及现在这么大。

在计算过程中对于部分地区、个别年份数据缺失的情况，本次插值处理方法与4.1一致。

3. 计算结果

1979~2018年全国及各地区噪声污染成本和人均噪声污染成本见表4-11和表4-12。总体而言，全国噪声污染成本由1979年的1.09亿元上升到2018年的167.07亿元，年均增长率为13.77%；人均噪声污染成本由1979年的0.11元增长至2018年的11.96元，年均增长率为12.79%。

2018年噪声污染成本最高的地区为广东、山东和江苏，分别为21.54亿元、17.73亿元和17.12亿元。这些地区城镇化程度较高，人口众多，因此拥有较高的汽车持有量和噪声污染成本。根据《中国统计年鉴》，从2011年到2018年，广东的民用汽车拥有量从910.93万辆增长到2116.28万辆。排名第二、第三位的山东和江苏在2018年分别拥有民用汽车2128.29万辆和1776.57万辆。从年均增长率来看，海南、浙江和重庆的增速最高，分别为20.46%、17.40%和16.02%。

2018年人均噪声污染成本最高的地区为江苏、湖北、广东和山东，分别为21.26元、19.98元、18.98元和17.65元。云南、贵州、陕西的人均噪声污染成本最低，分别为4.60元、5.04元、5.47元。从年均增长率来看，各地的增速都在9%以上，说明各地支出的噪声污染防护费用都在稳步增加。

表4-11 1979~2018年全国及各地区噪声污染成本及年均增长率

地区	噪声污染成本（亿元）										年均增长率（%）
	1979年	1980年	1985年	1990年	1995年	2000年	2005年	2010年	2015年	2018年	1979~2018年
全国	1.09	1.26	2.31	3.96	7.57	11.35	22.54	55.44	116.51	167.07	13.77
北京	0.03	0.03	0.06	0.11	0.23	0.41	0.83	1.78	2.12	2.28	11.95

地区	噪声污染成本（亿元）										年均增长率（%）
	1979 年	1980 年	1985 年	1990 年	1995 年	2000 年	2005 年	2010 年	2015 年	2018 年	1979~2018 年
天津	0.03	0.03	0.05	0.08	0.18	0.32	0.45	1.04	1.80	1.97	11.63
河北	0.03	0.04	0.07	0.14	0.29	0.42	0.80	1.99	4.34	6.17	14.40
山西	0.02	0.03	0.05	0.09	0.13	0.21	0.42	0.97	1.83	2.54	13.15
内蒙古	0.02	0.03	0.04	0.07	0.13	0.21	0.38	1.07	2.13	3.03	13.29
辽宁	0.10	0.10	0.18	0.32	0.56	0.68	1.18	2.58	5.08	6.94	11.59
吉林	0.05	0.06	0.10	0.17	0.24	0.42	0.67	1.57	3.22	4.33	12.18
黑龙江	0.07	0.08	0.14	0.25	0.35	0.52	0.83	1.88	3.39	4.60	11.33
上海	0.04	0.05	0.07	0.11	0.24	0.38	0.73	1.35	2.17	3.02	11.51
江苏	0.06	0.07	0.14	0.27	0.49	0.72	1.85	5.31	11.96	17.12	15.65
浙江	0.02	0.02	0.05	0.10	0.24	0.45	1.33	3.55	7.34	10.04	17.40
安徽	0.03	0.04	0.07	0.12	0.19	0.30	0.63	1.65	3.92	6.40	14.30
福建	0.02	0.03	0.05	0.08	0.15	0.24	0.52	1.47	3.26	4.66	14.60
江西	0.03	0.03	0.05	0.07	0.11	0.16	0.31	0.87	2.16	3.42	12.97
山东	0.07	0.09	0.17	0.31	0.63	0.94	2.06	5.88	12.58	17.73	15.09
河南	0.03	0.03	0.07	0.12	0.19	0.34	0.61	1.60	3.80	5.79	14.51
湖北	0.12	0.13	0.21	0.31	0.53	0.73	1.32	3.18	7.63	11.82	12.52
湖南	0.05	0.06	0.09	0.16	0.30	0.39	0.67	1.80	4.34	6.67	13.45
广东	0.07	0.09	0.22	0.41	1.17	1.76	3.80	7.96	14.98	21.54	15.92
广西	0.03	0.03	0.05	0.09	0.17	0.20	0.41	1.05	2.51	4.06	13.73
海南	0.00	0.00	0.02	0.03	0.09	0.08	0.15	0.37	0.78	1.19	20.46
重庆	0.01	0.01	0.04	0.06	0.13	0.20	0.45	1.10	2.68	4.03	16.02
四川	0.04	0.05	0.10	0.16	0.27	0.39	0.70	1.81	3.90	5.59	13.69
贵州	0.01	0.01	0.02	0.04	0.06	0.09	0.18	0.44	1.11	1.81	13.46
云南	0.02	0.02	0.03	0.05	0.11	0.20	0.34	0.77	1.59	2.22	13.16
陕西	0.02	0.02	0.03	0.05	0.08	0.13	0.22	0.65	1.50	2.11	13.12

续表

地区	噪声污染成本（亿元）										年均增长率（%）
	1979年	1980年	1985年	1990年	1995年	2000年	2005年	2010年	2015年	2018年	1979~2018年
甘肃	0.03	0.03	0.04	0.07	0.10	0.15	0.22	0.57	1.59	2.10	11.83
青海	0.01	0.01	0.02	0.02	0.03	0.05	0.07	0.18	0.45	0.63	10.58
宁夏	0.01	0.01	0.01	0.02	0.03	0.06	0.10	0.27	0.66	0.95	13.32

表4-12 1979~2018年全国及各地区人均噪声污染成本及年均增长率

地区	人均噪声污染成本（元）										年均增长率（%）
	1979年	1980年	1985年	1990年	1995年	2000年	2005年	2010年	2015年	2018年	1979~2018年
全国	0.11	0.12	0.22	0.34	0.61	0.90	1.76	4.16	8.50	11.96	12.79
北京	0.31	0.35	0.66	0.99	1.87	2.99	5.41	9.09	9.75	10.57	9.46
天津	0.36	0.37	0.65	0.93	1.87	3.15	4.27	8.02	11.64	12.60	9.51
河北	0.06	0.07	0.13	0.23	0.46	0.62	1.17	2.76	5.84	8.17	13.25
山西	0.08	0.11	0.19	0.31	0.42	0.65	1.25	2.70	4.99	6.84	11.94
内蒙古	0.13	0.15	0.22	0.32	0.55	0.87	1.57	4.33	8.49	11.97	12.38
辽宁	0.28	0.28	0.49	0.81	1.36	1.62	2.78	5.90	11.58	15.92	10.92
吉林	0.22	0.26	0.42	0.67	0.94	1.52	2.47	5.71	11.70	16.02	11.56
黑龙江	0.22	0.26	0.43	0.70	0.95	1.42	2.17	4.89	8.88	12.18	10.83
上海	0.38	0.41	0.60	0.85	1.67	2.26	4.11	5.85	8.98	12.47	9.36
江苏	0.10	0.12	0.22	0.39	0.70	0.97	2.48	6.75	14.99	21.26	14.73
浙江	0.05	0.06	0.12	0.24	0.54	0.95	2.71	6.52	13.25	17.50	16.16
安徽	0.07	0.08	0.14	0.21	0.32	0.51	1.03	2.77	6.38	10.12	13.50
福建	0.09	0.11	0.17	0.27	0.46	0.69	1.48	3.99	8.48	11.82	13.26
江西	0.09	0.10	0.14	0.18	0.26	0.38	0.71	1.96	4.72	7.36	11.92
山东	0.10	0.12	0.22	0.37	0.73	1.03	2.22	6.13	12.78	17.65	14.13
河南	0.04	0.05	0.09	0.14	0.21	0.37	0.65	1.70	4.01	6.03	13.66
湖北	0.26	0.28	0.42	0.57	0.93	1.21	2.31	5.54	13.04	19.98	11.82

地区	人均噪声污染成本（元）										年均增长率（%）1979~2018年
	1979年	1980年	1985年	1990年	1995年	2000年	2005年	2010年	2015年	2018年	
湖南	0.09	0.11	0.16	0.26	0.47	0.61	1.06	2.74	6.40	9.67	12.65
广东	0.13	0.17	0.36	0.64	1.70	2.04	4.13	7.63	13.80	18.98	13.59
广西	0.08	0.09	0.13	0.20	0.38	0.45	0.88	2.27	5.23	8.24	12.71
海南	0.02	0.01	0.32	0.45	1.23	1.07	1.85	4.22	8.55	12.70	18.78
重庆	0.05	0.05	0.15	0.21	0.43	0.66	1.61	3.81	8.87	12.98	15.55
四川	0.04	0.05	0.10	0.15	0.24	0.47	0.86	2.25	4.76	6.70	14.15
贵州	0.05	0.05	0.08	0.11	0.17	0.26	0.47	1.26	3.14	5.04	12.66
云南	0.06	0.06	0.09	0.13	0.27	0.46	0.76	1.67	3.35	4.60	11.92
陕西	0.06	0.07	0.10	0.14	0.24	0.35	0.58	1.75	3.96	5.47	12.19
甘肃	0.14	0.16	0.22	0.31	0.41	0.58	0.87	2.21	6.13	7.96	10.88
青海	0.34	0.34	0.41	0.52	0.69	0.96	1.29	3.16	7.62	10.45	9.22
宁夏	0.20	0.22	0.31	0.43	0.64	1.00	1.72	4.31	9.94	13.84	11.49

图4-6展示了全国及各地区人均噪声污染成本的变化趋势。

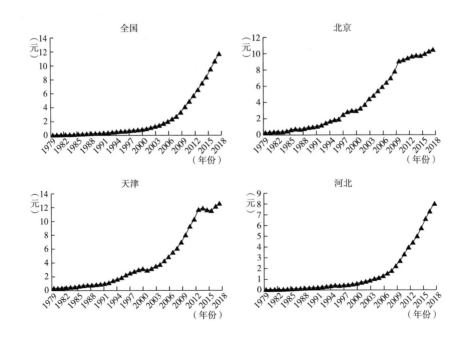

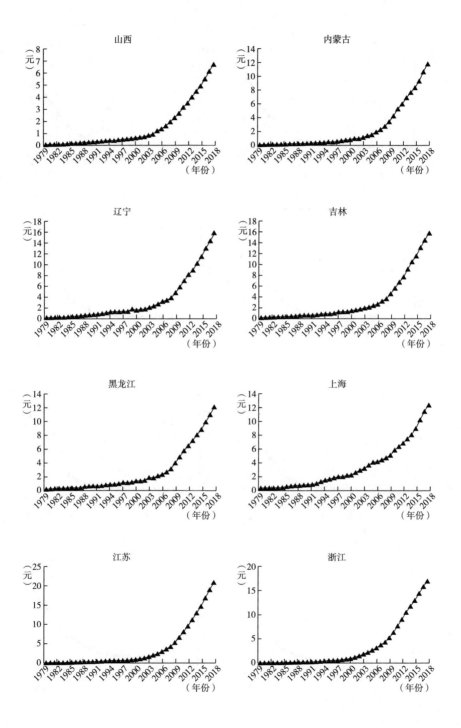

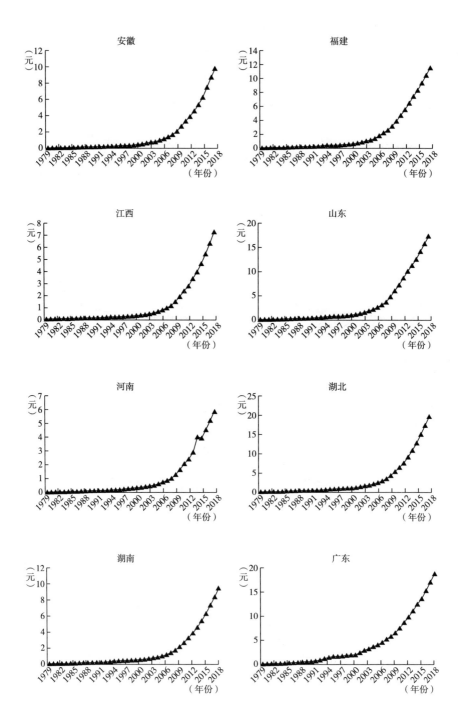

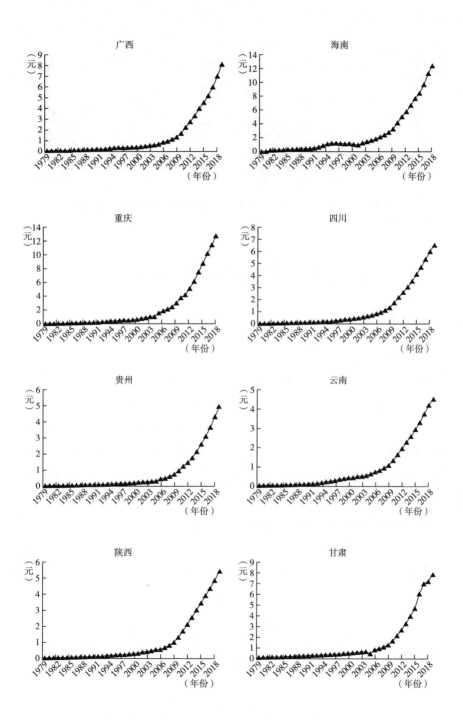

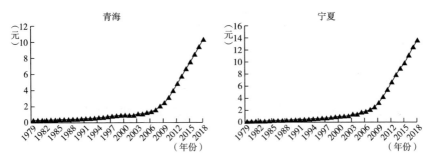

图 4-6　1979~2018 年全国及各地区人均噪声污染成本变化趋势

4.3　经济活动的社会成本

4.3.1　犯罪成本

1. 测算方法

《中国真实进步指标测算报告（2018）》核算犯罪成本时，排除了其中与 GPI 其他指标重复的部分（如犯罪引起的医疗费用已被算入防御性消费支出中，因而不应再重复核算），并将犯罪成本视为以下两个部分：一部分是由犯罪行为造成的直接经济损失，该部分数据通过微观调查获取；[①] 另一部分是犯罪造成的心理损失，该部分本报告使用心理咨询费用来衡量。[②]

基于数据可得性，同时依据陈硕等（2013）对 1995~2010 年刑事犯罪所致社会成本的研究，即犯罪数量快速增长对应着犯罪带来的社会成本快速增加，本报告假设犯罪数量与由此带来的社会成本同比例变动。基于

① ［H3350］过去一年，您家所有家庭成员遭遇过哪些犯罪或违法行为？1. 扒窃；2. 抢劫；3. 入室抢盗；4. 性骚扰；5. 性暴力；6. 拐卖；7. 诈骗；8. 交通肇事；9. 人身伤害；777. 其他；7778. 没有遇到犯罪或违法现象。［H3351］您家在过去一年中由于【H3350 所选选项】受到的损失一共有多少元？包括财产损失、医疗费、诉讼费、误工损失等（单位：元）。

② ［H3352］您的家庭成员是否有人因为遭遇过【H3350 所选选项】犯罪或者其他违法行为而受到心理创伤？1. 是；2. 否。［H3353］是否做过心理咨询？1. 是；2. 否。［H3354］做心理咨询花了多少钱？［0…999999999］。

此，以《中国真实进步指标测算报告（2018）》中的犯罪成本测算结果为基础，利用犯罪数量的变动便可计算出其他年份的犯罪成本，具体公式如下：

$$C_{t\_j} = C_{2016\_j} \times \frac{NC_{t\_j}}{NC_{2016\_j}}$$

其中，C_{t_j} 表示 t 年 j 地区的犯罪成本（2018 年价格）；C_{2016_j} 表示《中国真实进步指标测算报告（2018）》中计算得到的 2016 年 j 地区的犯罪成本（2018 年价格）；NC_{t_j} 表示 t 年 j 地区的犯罪数量；NC_{2016_j} 表示 2016 年 j 地区的犯罪数量。

地区人均犯罪成本、全国人均犯罪成本和全国总犯罪成本分别为：

$$\text{地区人均犯罪成本}：\overline{C}_{t\_j} = \frac{C_{t\_j}}{Pop_{t\_j}}$$

$$\text{全国人均犯罪成本}：\overline{C}_t = \frac{\sum_{j=1}^{k} C_{t\_j}}{\sum_{j=1}^{k} Pop_{t\_j}}$$

$$\text{全国总犯罪成本}：C_t = \overline{C}_t \times Pop_t$$

其中，Pop_{t_j} 表示 t 年 j 地区的总人口；k 等于 29，代表全国 29 个省、自治区和直辖市；Pop_t 表示 t 年全国总人数。

2. 数据处理

（1）犯罪数量的替代指标

从代表性来说，犯罪数量较好的替代指标为公安机关立案的刑事案件数，但是从数据可得性角度来看，较为完整的各地区公安机关立案的刑事案件数无法获取。本报告转而采用与公安机关立案的刑事案件数高度相关的另一指标——失业人数，理由如下：一是现有关于失业与犯罪的研究相对一致地认为失业与犯罪有显著的正相关关系，如梁甄桥等（2018）、章元等（2011）、Mustard（2010）等；二是比较 1995～2017 年全国数据（见图 4-7）发现，公安机关立案的刑事案件数与失业人数高度相关，相关系数达 0.95，且两者回归的 R^2 为 0.90。综上，本报告利用失业人数替代犯罪数量计算各年的犯罪成本。

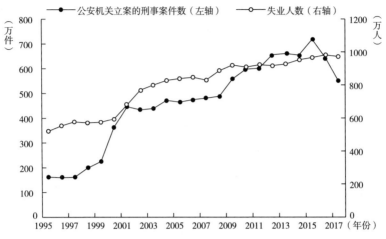

图 4-7　1995~2017 年公安机关立案的刑事案件数与失业人数变动情况

（2）失业人数缺失数据补值

对部分地区、个别年份数据缺失的情况（特别是早期），报告按全国失业人口的变动趋势计算各地区的失业人数。这是因为 1979 年至 1985 年全国失业人数从 568 万下降到 239 万，呈现出明显的下行趋势，与各地区的变动趋势也类似。

3. 计算结果

1979~2018 年全国及各地区犯罪成本和人均犯罪成本见表 4-13 和表 4-14。总体而言，全国犯罪成本由 1979 年的 1094.81 亿元上升到 2018 年的 1567.75 亿元，年均增长率为 0.92%；人均犯罪成本由 1979 年的 109.75 元增长至 2018 年的 112.26 元，年均增长率为 0.06%。

2018 年犯罪成本最高的地区为河南、广东和湖北，分别为 160.87 亿元、148.19 亿元和 120.61 亿元；宁夏、青海和内蒙古的犯罪成本最低，都在 10 亿元左右。从年均增长率来看，黑龙江、内蒙古、福建、吉林、重庆、辽宁、广东的增速为负，说明这些地区的治安状况有所好转。

2018 年人均犯罪成本最高的地区为天津、海南、福建和浙江，分别为 263.44 元、224.60 元、221.97 元和 204.69 元。山东、重庆、陕西的人均犯罪成本最低，分别为 29.68 元、41.99 元、45.55 元。从年均增长率来看，有更多地区（16 个）的人均犯罪成本增速为负。

表 4-13　1979~2018 年全国及各地区犯罪成本及年均增长率

地区	犯罪成本（亿元）										年均增长率（%）
	1979年	1980年	1985年	1990年	1995年	2000年	2005年	2010年	2015年	2018年	1979~2018年
全国	1094.81	961.75	509.01	777.14	1054.41	1080.44	1459.16	1528.82	1544.36	1567.75	0.92
北京	10.33	18.05	3.35	3.54	4.58	6.91	22.07	16.03	16.33	16.47	1.20
天津	23.03	21.98	3.66	12.90	5.26	16.72	18.63	25.64	39.93	41.10	1.50
河北	20.04	16.56	7.36	15.74	35.78	35.58	56.84	71.77	80.58	77.78	3.54
山西	2.76	2.63	2.97	6.29	8.46	11.09	16.35	23.32	29.22	28.07	6.13
内蒙古	18.85	16.13	6.11	6.68	7.56	5.54	7.78	9.14	11.37	11.89	-1.18
辽宁	40.45	38.60	17.02	20.48	28.43	35.25	52.19	33.61	39.88	38.37	-0.14
吉林	40.63	26.39	12.53	12.59	15.23	27.55	33.09	27.21	28.62	32.16	-0.60
黑龙江	41.72	39.81	23.51	10.66	14.89	13.22	16.35	18.91	21.41	20.59	-1.79
上海	11.81	33.50	2.73	17.49	32.71	45.61	62.46	62.69	56.36	44.08	3.43
江苏	118.96	70.37	24.80	78.03	73.52	93.67	144.27	140.80	124.87	119.21	0.01
浙江	45.57	35.26	11.89	38.61	69.63	75.21	99.96	107.20	116.13	117.43	2.46
安徽	28.83	27.51	12.13	34.79	45.54	72.32	63.62	61.56	70.73	64.25	2.08
福建	117.84	84.58	83.27	45.42	55.51	45.92	75.19	73.18	77.74	87.48	-0.76
江西	17.04	19.13	5.85	11.57	12.13	18.74	25.62	29.55	33.65	39.45	2.17
山东	8.39	8.01	15.25	16.79	22.30	24.03	27.49	28.51	27.99	29.82	3.30
河南	84.81	80.93	53.29	83.08	79.77	70.83	109.23	126.44	140.53	160.87	1.66
湖北	51.86	49.73	27.73	42.39	95.45	140.67	175.55	185.90	111.56	120.61	2.19
湖南	22.10	21.10	6.65	17.58	32.40	30.49	46.33	47.77	49.87	44.62	1.82
广东	150.41	143.53	63.25	77.84	121.63	122.60	139.88	159.34	149.88	148.19	-0.04
广西	31.99	24.19	16.78	27.12	30.43	22.04	36.05	37.26	35.36	32.60	0.05
海南	19.77	18.86	8.32	13.33	22.09	14.09	19.42	18.28	18.12	20.98	0.15
重庆	15.28	14.58	6.43	8.76	10.42	10.10	16.82	12.94	14.19	13.03	-0.41
四川	44.05	37.37	19.15	50.72	58.59	41.10	45.78	46.18	72.93	71.15	1.24
贵州	22.43	21.40	6.51	16.59	25.74	15.86	18.76	18.92	22.47	23.36	0.10
云南	25.83	15.65	10.98	20.35	27.65	17.66	33.91	40.96	50.80	54.47	1.93
陕西	15.18	15.78	4.89	8.17	11.97	8.31	15.69	15.62	16.31	17.60	0.38

地区	犯罪成本（亿元）										年均增长率（%）
	1979年	1980年	1985年	1990年	1995年	2000年	2005年	2010年	2015年	2018年	1979~2018年
甘肃	37.91	36.17	30.28	52.58	68.98	30.91	39.12	45.00	39.89	41.87	0.26
青海	7.74	7.38	12.24	9.54	13.40	4.09	8.18	9.54	10.09	10.56	0.80
宁夏	3.51	2.65	2.68	5.89	8.10	5.60	6.48	7.07	7.28	7.94	2.12

注：本表数据来自全国和地区统计年鉴，因统计口径不一，全国数据和地区加总数据不尽相同。

表4-14　1979~2018年全国及各地区人均犯罪成本及年均增长率

地区	人均犯罪成本（元）										年均增长率（%）
	1979年	1980年	1985年	1990年	1995年	2000年	2005年	2010年	2015年	2018年	1979~2018年
全国	109.75	95.29	47.36	66.47	85.54	85.59	113.71	114.62	112.65	112.26	0.06
北京	115.09	199.58	34.91	32.59	36.61	50.01	143.47	81.70	75.23	76.47	-1.04
天津	311.46	293.44	45.33	145.92	55.79	167.04	178.64	197.37	258.13	263.44	-0.43
河北	39.25	32.05	13.27	25.56	55.59	52.76	82.97	99.77	108.53	102.93	2.50
山西	11.26	10.62	11.31	21.69	27.49	33.63	48.72	65.24	79.76	75.51	5.00
内蒙古	101.82	85.95	30.44	30.88	33.10	23.31	32.60	36.98	45.28	46.90	-1.97
辽宁	117.49	110.70	46.18	51.62	69.47	83.18	123.64	76.82	91.01	88.03	-0.74
吉林	185.98	119.36	54.52	50.70	58.74	100.99	121.83	99.07	103.98	118.92	-1.14
黑龙江	131.66	124.26	71.00	30.08	40.23	35.83	42.81	49.34	56.16	54.57	-2.23
上海	104.33	292.21	22.40	130.81	231.15	272.46	351.31	272.21	233.38	181.85	1.43
江苏	201.87	118.50	39.91	115.31	104.05	125.94	193.01	178.94	156.56	148.07	-0.79
浙江	120.16	92.15	29.51	92.63	161.22	160.82	204.09	196.81	209.66	204.69	1.38
安徽	60.02	56.21	23.52	61.30	75.74	120.81	103.95	103.34	115.12	101.59	1.36
福建	473.82	335.77	306.92	149.55	171.49	132.31	212.71	198.15	202.51	221.97	-1.93
江西	52.88	58.51	16.92	30.37	29.87	45.27	59.42	66.22	73.69	84.87	1.22
山东	11.61	10.98	19.82	19.76	25.61	26.46	29.72	29.74	28.42	29.68	2.44
河南	117.97	111.09	69.09	96.05	87.66	76.52	116.45	134.44	148.24	167.49	0.90
湖北	111.95	106.16	56.24	77.93	165.37	233.37	307.44	324.54	190.64	203.84	1.55

续表

地区	人均犯罪成本（元）										年均增长率（%）
	1979 年	1980 年	1985 年	1990 年	1995 年	2000 年	2005 年	2010 年	2015 年	2018 年	1979~2018 年
湖南	42.32	39.95	11.82	28.69	50.69	47.34	73.24	72.71	73.52	64.67	1.09
广东	292.60	274.43	101.15	122.67	177.10	141.87	152.14	152.61	138.15	130.61	-2.05
广西	92.20	68.37	43.32	63.64	66.99	49.11	77.45	80.83	73.73	66.18	-0.85
海南	365.82	341.35	139.19	201.02	305.05	179.02	234.54	210.33	198.94	224.60	-1.24
重庆	57.57	54.71	23.22	29.98	34.71	32.69	60.11	44.84	47.04	41.99	-0.81
四川	45.06	38.06	18.80	46.94	51.74	49.34	55.75	57.40	88.89	85.30	1.65
贵州	82.12	77.07	21.94	50.77	73.38	45.00	50.30	54.38	63.66	64.88	-0.60
云南	82.39	49.32	32.25	54.54	69.31	41.19	76.21	89.00	107.13	112.77	0.81
陕西	54.08	55.73	16.30	24.65	34.06	23.05	42.18	41.81	43.00	45.55	-0.44
甘肃	200.16	188.55	148.38	233.15	282.93	120.66	150.79	175.80	153.43	158.77	-0.59
青海	207.97	195.88	300.83	212.96	278.64	78.94	150.60	169.46	171.68	175.08	-0.44
宁夏	96.31	70.97	64.62	125.40	157.98	99.63	108.78	111.73	109.02	115.41	0.47

图 4-8 展示了全国及各地区人均犯罪成本的变化趋势。

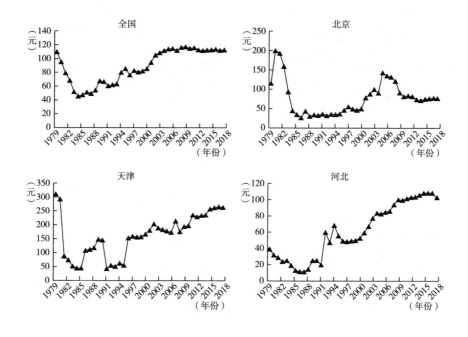

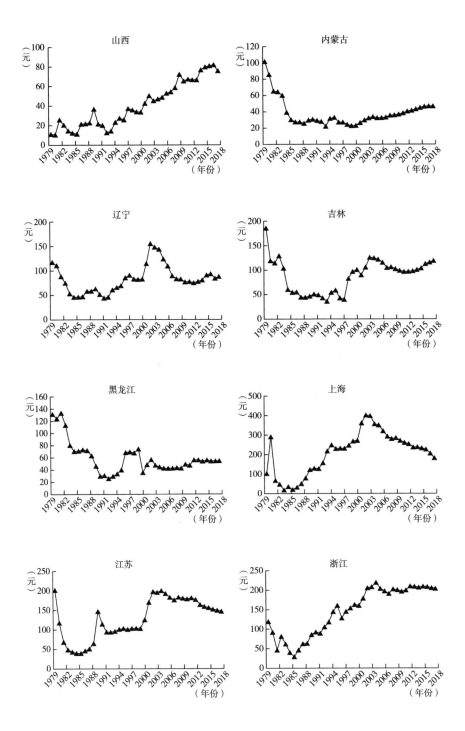

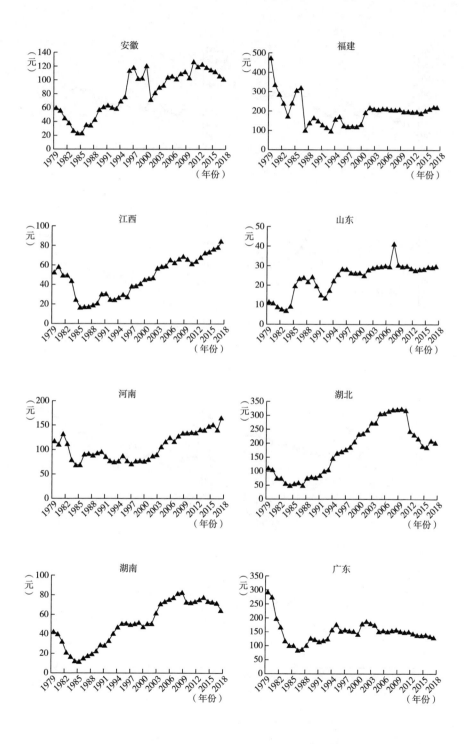

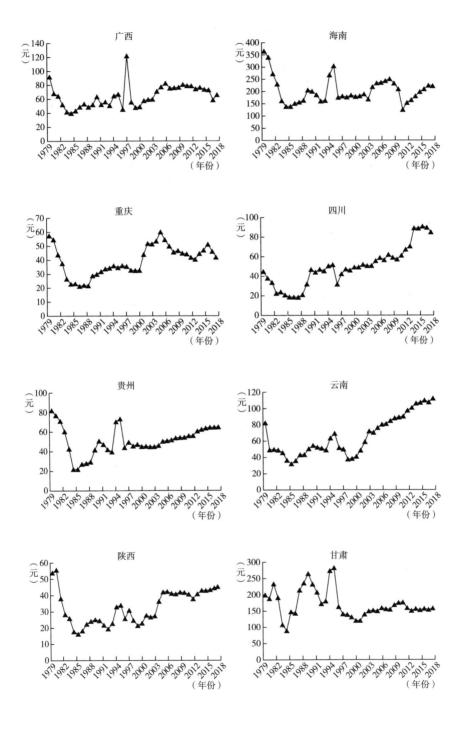

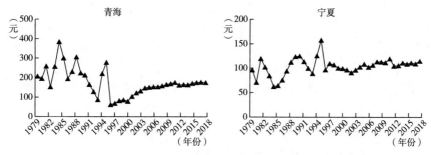

图4-8 1979～2018年全国及各地区人均犯罪成本变化趋势

4.3.2 家庭变更成本

1. 测算方法

家庭变更成本主要指的是夫妻离异带来的一种社会成本。离异往往源于夫妻间的争执与不和，且常伴随着漫长的时间消耗及一笔可观的费用支出，如工本费、协议离婚公证费、案件诉讼费、评估费和律师费等。更重要的是离异会对孩子造成巨大的身心损害，导致孩子在学习、生活中表现欠佳。因此，GPI指标体系把家庭变更所引致的社会成本看作福利的减项。

在《中国真实进步指标测算报告（2018）》中，鉴于数据的可得性和当前法律对赡养费支付缺乏硬性要求和支付标准，家庭变更成本被简化为未成年子女的抚养费，并等于25%×人均可支配收入×离异家庭未成年孩子数量×补偿年限。本报告采用同样的方法，具体公式为：

$$C_{t\_j} = 25\% \times Inc_{t\_j} \times Divorce_{t\_j} \times Children_{t\_j} \times Length_{t\_j}$$

其中，C_{t_j} 表示 t 年 j 地区的家庭变更成本；Inc_{t_j} 表示 t 年 j 地区的人均可支配收入；$Divorce_{t\_j}$ 表示 t 年 j 地区的离婚登记对数；$Children_{t\_j}$ 表示 t 年 j 地区离异家庭未成年孩子的平均数量；$Length_{t\_j}$ 表示 t 年 j 地区离异家庭未成年孩子的平均抚养费补偿年限，等于18减去离异家庭未成年孩子的平均年龄。各地区离异家庭未成年孩子的数量和年龄难以获得，因此本报告使用在婚（正常家庭）家庭未成年孩子的数量和平均年龄代替，数据来源于2017年中国真实进步微观调查（CGPIS 2017）。

t 年 j 地区的人均家庭变更成本为：

$$\overline{C}_{t\_j} = \frac{C_{t\_j}}{Pop_{t\_j}}$$

其中，$\overline{C}_{t\_j}$ 表示 t 年 j 地区的人均家庭变更成本；Pop_{t_j} 表示 t 年 j 地区的人口数。

2. 数据处理

（1）居民人均可支配收入的计算

《中国真实进步指标测算报告（2018）》测算家庭变更成本使用的是居民人均可支配收入，但该指标仅从 2013 年开始统计，[①] 无法满足早期年份家庭变更成本的计算需求。考虑到计算的统一性以及数据的可得性，本报告通过以下方法获得居民人均可支配收入：

$$Inc_{t\_j} = Inc_{city\_t\_j} \times r_{t\_j} + Inc_{rural\_t\_j} \times (1 - r_{t\_j})$$

其中，$Inc_{city\_t\_j}$ 表示 t 年 j 地区的城镇居民人均可支配收入；$Inc_{rural\_t\_j}$ 表示 t 年 j 地区的农村居民人均可支配收入；r_{t_j} 表示 t 年 j 地区城镇居民占总人口的比重。同时需要注意，2013 年之前农村居民人均可支配收入的统计口径为农村居民人均纯收入。

（2）对于部分地区、个别年份数据缺失的情况，本次插值处理方法与 4.1 一致。

3. 计算结果

1979~2018 年全国及各地区家庭变更成本和人均家庭变更成本见表 4-15 和表 4-16。总体而言，全国家庭变更成本由 1979 年的 3.22 亿元上升到 2018 年的 1068.15 亿元，年均增长率为 16.04%；人均家庭变更成本由 1979 年的 0.32 元增长至 2018 年的 76.49 元，年均增长率为 15.05%。

2018 年家庭变更成本最高的地区为广东、河南和山东，分别为 101.49 亿元、76.17 亿元和 74.93 亿元；宁夏、青海和海南的家庭变更成本最低，

---

① 统计局关于 2013 年相关统计口径改变的解释："从 2013 年起，国家统计局开展了城乡一体化住户收支与生活状况调查，2013 年及以后数据来源于此项调查。与 2013 年前的分城镇和农村住户调查的调查范围、调查方法、指标口径有所不同。"http://data.stats.gov.cn/easyquery.htm? cn=E0103。

都在6亿元左右。可见，地区的家庭变更成本与人口数量有一定的正相关性。从年均增长率来看，甘肃的增速最低，为13.38%；天津的增速最高，为18.63%。

2018年人均家庭变更成本最高的地区为内蒙古、重庆和北京，分别为130.32元、117.83元和104.47元。其余地区的人均家庭变更成本都在100元以下。从年均增长率来看，山西的增速最低，为11.29%；江苏的增速最高，为18.36%。

表 4-15 1979~2018 年全国及各地区家庭变更成本及年均增长率

地区	家庭变更成本（亿元）										年均增长率（%）
	1979 年	1980 年	1985 年	1990 年	1995 年	2000 年	2005 年	2010 年	2015 年	2018 年	1979~2018 年
全国	3.22	4.07	8.88	17.69	33.28	55.59	131.93	333.78	749.33	1068.15	16.04
北京	0.05	0.06	0.16	0.43	0.95	1.64	3.57	7.10	20.55	22.50	16.88
天津	0.01	0.03	0.06	0.14	0.29	0.52	1.27	3.45	7.60	11.14	18.63
河北	0.13	0.18	0.36	0.62	1.28	2.05	5.02	14.27	30.47	44.67	16.04
山西	0.13	0.13	0.25	0.35	0.45	0.64	1.37	3.18	8.67	12.59	12.49
内蒙古	0.09	0.12	0.29	0.53	1.00	1.89	3.69	9.70	25.08	33.02	16.32
辽宁	0.15	0.18	0.39	1.20	2.09	2.77	6.62	13.21	25.16	32.60	14.80
吉林	0.07	0.12	0.26	0.80	1.56	2.16	3.97	7.99	15.92	18.81	15.43
黑龙江	0.13	0.14	0.34	0.82	1.57	2.06	4.04	8.74	18.86	22.50	14.14
上海	0.05	0.06	0.19	0.56	0.92	1.50	4.70	8.26	16.57	17.76	16.52
江苏	0.05	0.07	0.20	0.41	1.04	1.94	5.69	16.01	34.44	52.21	19.31
浙江	0.11	0.12	0.33	0.70	1.59	3.16	9.14	21.61	40.10	54.09	17.20
安徽	0.06	0.07	0.15	0.30	0.52	0.94	2.26	7.72	21.60	36.68	17.84
福建	0.06	0.08	0.20	0.40	0.74	2.15	4.66	12.11	25.72	38.36	17.85
江西	0.09	0.10	0.17	0.30	0.47	0.78	2.07	5.86	14.14	23.21	15.15
山东	0.13	0.18	0.45	0.84	1.67	2.97	8.50	24.22	53.88	74.93	17.62
河南	0.10	0.23	0.48	0.89	1.70	2.73	6.09	15.66	47.75	76.17	18.41

续表

地区	家庭变更成本（亿元）										年均增长率（%）
	1979年	1980年	1985年	1990年	1995年	2000年	2005年	2010年	2015年	2018年	1979~2018年
湖北	0.10	0.10	0.29	0.58	0.88	1.55	3.51	9.08	21.17	31.45	15.91
湖南	0.14	0.21	0.43	0.79	1.48	2.12	5.48	12.75	28.42	42.36	15.69
广东	0.33	0.39	0.79	1.45	3.25	5.78	14.65	34.99	70.22	101.49	15.79
广西	0.16	0.20	0.47	0.84	1.79	2.72	4.00	10.40	23.48	35.32	14.81
海南	0.02	0.02	0.04	0.10	0.13	0.23	0.63	1.55	4.18	6.56	16.81
重庆	0.10	0.11	0.27	0.50	0.94	1.87	5.37	13.79	25.74	36.55	16.37
四川	0.22	0.26	0.65	1.68	3.12	4.24	8.43	22.21	48.51	67.01	15.77
贵州	0.10	0.13	0.26	0.52	1.23	0.89	1.87	5.30	16.08	29.74	15.77
云南	0.09	0.10	0.31	0.64	1.08	1.21	2.33	5.63	15.17	23.93	15.49
陕西	0.05	0.10	0.24	0.46	0.61	0.99	1.92	5.59	14.35	23.76	17.43
甘肃	0.09	0.10	0.17	0.31	0.46	0.76	1.39	2.56	7.41	11.78	13.38
青海	0.03	0.07	0.16	0.26	0.35	0.48	0.84	1.21	3.16	5.35	14.32
宁夏	0.02	0.02	0.05	0.09	0.14	0.26	0.63	1.37	3.30	5.16	15.53

注：本表数据来自全国和地区统计年鉴，因统计口径不一，全国数据和地区加总数据不尽相同。

表4-16　1979~2018年全国及各地区人均家庭变更成本及年均增长率

地区	人均家庭变更成本（元）										年均增长率（%）
	1979年	1980年	1985年	1990年	1995年	2000年	2005年	2010年	2015年	2018年	1979~2018年
全国	0.32	0.40	0.83	1.51	2.70	4.40	10.28	25.02	54.66	76.49	15.05
北京	0.57	0.71	1.67	3.98	7.62	11.86	23.23	36.18	94.65	104.47	14.28
天津	0.19	0.35	0.72	1.54	3.11	5.23	12.16	26.53	49.13	71.43	16.38
河北	0.26	0.34	0.65	1.01	1.99	3.04	7.33	19.84	41.04	59.12	14.88
山西	0.52	0.52	0.93	1.20	1.46	1.94	4.07	8.88	23.67	33.87	11.29

续表

地区	人均家庭变更成本（元）										年均增长率（%）
	1979 年	1980 年	1985 年	1990 年	1995 年	2000 年	2005 年	2010 年	2015 年	2018 年	1979~2018 年
内蒙古	0.49	0.62	1.46	2.46	4.38	7.94	15.46	39.25	99.86	130.32	15.39
辽宁	0.43	0.53	1.05	3.03	5.12	6.53	15.68	30.18	57.42	74.79	14.11
吉林	0.32	0.53	1.15	3.24	6.02	7.91	14.62	29.09	57.84	69.58	14.80
黑龙江	0.41	0.43	1.02	2.30	4.25	5.58	10.58	22.81	49.48	59.64	13.63
上海	0.40	0.50	1.53	4.22	6.50	8.97	26.46	35.88	68.63	73.27	14.27
江苏	0.09	0.12	0.32	0.60	1.48	2.61	7.62	20.34	43.18	64.85	18.36
浙江	0.29	0.32	0.82	1.68	3.67	6.76	18.66	39.68	72.39	94.28	15.97
安徽	0.13	0.14	0.28	0.52	0.86	1.57	3.69	12.95	35.15	58.01	17.01
福建	0.25	0.31	0.73	1.31	2.30	6.19	13.18	32.80	67.00	97.32	16.47
江西	0.29	0.31	0.50	0.80	1.15	1.88	4.81	13.12	30.96	49.93	14.07
山东	0.18	0.24	0.58	0.99	1.92	3.27	9.19	25.26	54.72	74.58	16.64
河南	0.15	0.32	0.62	1.03	1.87	2.95	6.50	16.65	50.37	79.30	17.53
湖北	0.21	0.21	0.59	1.07	1.53	2.58	6.15	15.85	36.17	53.16	15.18
湖南	0.28	0.40	0.76	1.29	2.32	3.29	8.66	19.41	41.90	61.40	14.87
广东	0.65	0.74	1.26	2.28	4.73	6.69	15.94	33.52	64.73	89.45	13.47
广西	0.47	0.57	1.23	1.96	3.93	6.06	8.58	22.57	48.95	71.70	13.78
海南	0.28	0.36	0.74	1.47	1.75	2.97	7.59	17.89	45.83	70.23	15.18
重庆	0.37	0.43	0.97	1.70	3.12	6.05	19.18	47.78	85.32	117.83	15.91
四川	0.23	0.27	0.63	1.55	2.75	5.09	10.26	27.61	59.13	80.34	16.25
贵州	0.36	0.46	0.87	1.60	3.50	2.54	5.02	15.25	45.54	82.60	14.95
云南	0.28	0.31	0.92	1.72	2.71	2.81	5.24	12.24	31.99	49.55	14.22
陕西	0.16	0.37	0.82	1.38	1.72	2.74	5.15	14.96	37.83	61.49	16.48
甘肃	0.46	0.51	0.81	1.36	1.90	2.95	5.36	10.00	28.52	44.66	12.42
青海	0.78	1.96	3.99	5.78	7.26	9.33	15.42	21.49	53.70	88.70	12.91
宁夏	0.51	0.60	1.14	1.85	2.80	4.69	10.52	21.69	49.37	75.03	13.66

图 4-9 展示了全国及各地区人均家庭变更成本的变化趋势。

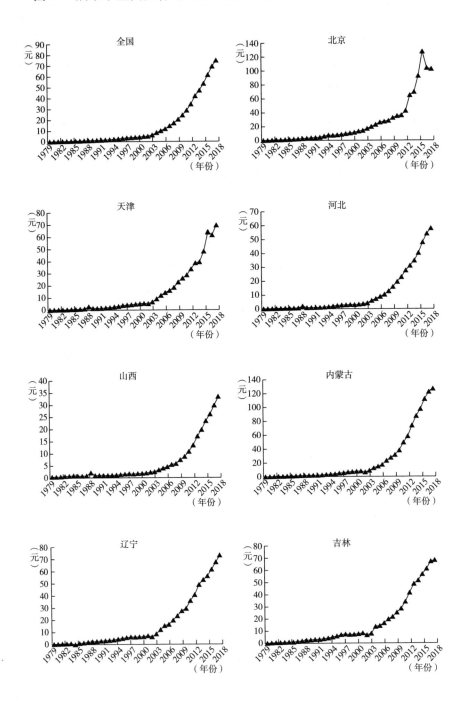

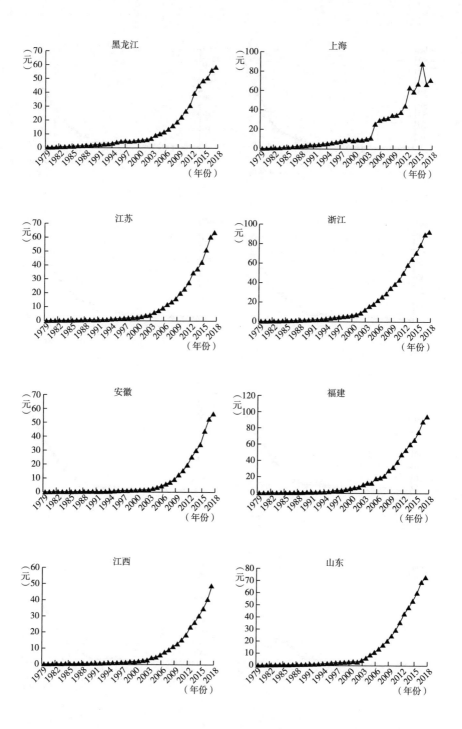

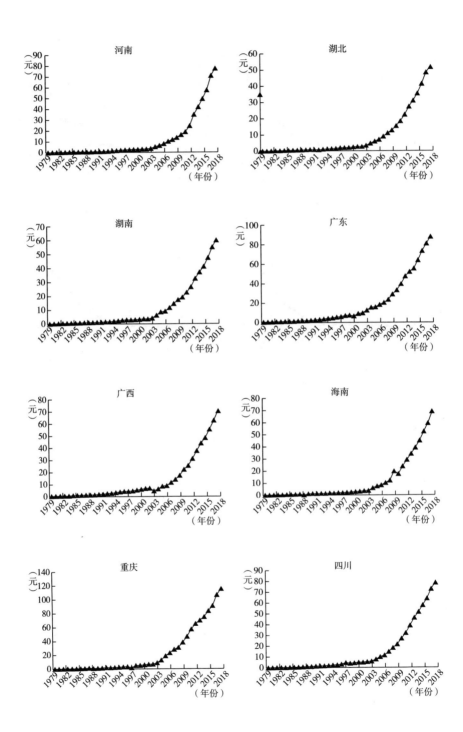

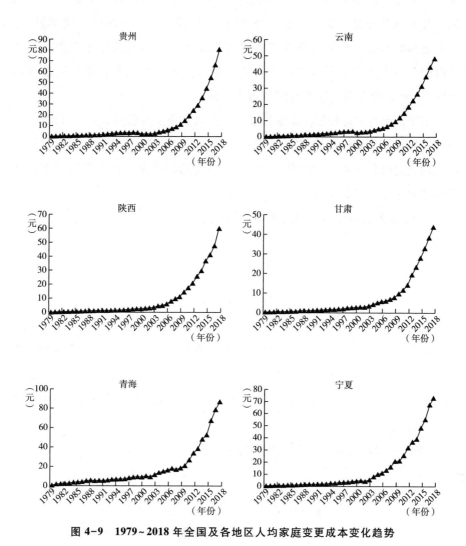

图 4-9　1979~2018 年全国及各地区人均家庭变更成本变化趋势

4.3.3　通勤成本

1. 测算方法

通勤成本主要包含两个方面：一是交通费用支出，二是通勤花费的时间成本。《中国真实进步指标测算报告（2018）》利用微观调查数据对该指标进行了测算：一是通勤产生的货币支出，该部分成本由微观数据直接加权加总得出，进而获得地区和全国的货币支出；① 二是通勤造成的时间损失，对于该部分成本报告借鉴了《佛蒙特州 GPI（1960-2011）技术报告》中对通勤时间的一个偏好假设"如果可以选择，大多数人宁愿花更少的通勤时间"以及相应的计算方法，首先将微观数据加权加总获得社会总通勤时间，② 然后确定单位通勤时间的损失价格。

由于缺少各年份数据，本报告以《中国真实进步指标测算报告（2018）》中的通勤成本测算结果为基础，假设 1979～2018 年通勤成本与可比城镇居民人均交通通信支出（2018 年价格）同步变动，进而计算出各地区不同年份的通勤成本，具体公式如下。

（1）地区通勤成本、地区人均通勤成本

$$\text{地区人均通勤成本}: \overline{C}_{t\_j} = \overline{C}_{2016\_j} \times \frac{CJ_{t\_j}}{CJ_{2016\_j}}$$

$$\text{地区通勤成本}: C_{t\_j} = \overline{C}_{t\_j} \times Pop_{t\_j}$$

其中，$\overline{C}_{2016\_j}$ 表示 2016 年 j 地区的人均通勤成本；CJ_{t_j} 表示 t 年 j 地区的可比城镇居民人均交通通信支出（2018 年价格）；CJ_{2016_j} 表示 2016 年 j 地区的可比城镇居民人均交通通信支出（2018 年价格）；Pop_{t_j} 表示 t 年 j 地区的总人口数。

（2）全国通勤成本、全国人均通勤成本

$$\text{全国人均通勤成本}: \overline{C}_t = \frac{\sum_{j=1}^{k} C_{t\_j}}{\sum_{j=1}^{k} Pop_{t\_j}}$$

$$\text{全国通勤成本}: C_t = \overline{C}_t \times Pop_t$$

---

① ［A3118］【CAPI 加载家庭成员姓名】上班采用的交通工具是？（多选）1. 路面公共交通；2. 轨道交通；3. 公务车；4. 私家车；5. 打车；6. 电动车或摩托车；7. 自行车；8. 步行 7777. 其他 ［A3119］【CAPI 加载家庭成员姓名】每天上下班花费多少钱？1. 5 元以下；2. 5～10 元；3. 11～20 元；4. 21～30 元；5. 31～50 元；6. 51～100 元；7. 100 元以上；8. 不花钱。

② ［A3116］【CAPI 加载家庭成员姓名】单程上班大概花多少时间？1. 15 分钟以下；2. 15～30 分钟；3. 31～45 分钟；4. 46～60 分钟；5. 61～75 分钟；6. 76～90 分钟；7. 91～105 分钟；8. 106～120 分钟；9. 120 分钟以上。

其中，k 等于 29，代表全国 29 个省、自治区和直辖市；Pop_t 表示 t 年的全国总人口数。

2. 数据处理

（1）调整变量选择——可比城镇居民人均交通通信支出

由于缺乏直接测算通勤成本所需的数据，本报告以《中国真实进步指标测算报告（2018）》中的通勤成本测算结果为基础，并假定通勤成本与可比城镇居民人均交通通信支出的变动趋势一致，这样便可通过可比城镇居民人均交通通信支出的变动测算出各年各地区的通勤成本。但要注意可比城镇居民人均交通通信支出应首先以 2018 年为基期对各年数据做 CPI 调整。

选取城镇居民人均交通通信支出指标主要考虑到以下两个方面的因素：第一，城镇居民人均交通通信支出数据的可获得年份最多，而农村居民人均交通通信支出数据缺失较为严重；第二，同时包含城镇和农村居民在内的整体人均交通通信支出仅从 2014 年开始统计，数据更难以获得。

（2）可比城镇居民人均交通通信支出缺失数据的插补

1994 年及之前年份的城镇居民人均交通通信支出数据整体缺失，因此本报告利用城镇居民消费水平的变动趋势来推算 1994 年之前的可比城镇居民人均交通通信支出。

3. 计算结果

1979~2018 年全国及各地区通勤成本和人均通勤成本见表 4-17 和表 4-18。总体而言，全国通勤成本由 1979 年的 173.90 亿元上升到 2018 年的 12136.62 亿元，年均增长率为 11.50%；人均通勤成本由 1979 年的 17.43 元增长至 2018 年的 869.06 元，年均增长率为 10.54%。

2018 年通勤成本最高的地区为广东、山东和江苏，分别为 1009.57 亿元、1008.27 亿元和 749.01 亿元；海南、青海和宁夏的通勤成本最低，分别为 49.66 亿元、55.03 亿元和 60.85 亿元。从年均增长率来看，各地区的增速相差不大，大都在 11% 左右。

2018 年人均通勤成本最高的地区为北京，为 2675.67 元。上海和天津紧随其后，人均通勤成本分别为 2652.72 元和 1951.43 元，其余地区大都在 1000 元以下。直辖市人口密集、资源集中，因此人均通勤成本高于其他地区。从年均增长率来看，广东的增速最低，为 7.99%；辽宁的增速最高，为 12.29%。

表 4-17 1979~2018 年全国及各地区通勤成本及年均增长率

| 地区 | 通勤成本（亿元） | | | | | | | | | | 年均增长率（%） |
	1979 年	1980 年	1985 年	1990 年	1995 年	2000 年	2005 年	2010 年	2015 年	2018 年	1979~2018 年
全国	173.90	187.54	254.82	315.37	892.64	1892.99	4380.68	7906.59	10346.51	12136.62	11.50
北京	7.89	8.63	11.46	13.51	27.65	62.47	214.86	440.48	594.17	576.34	11.63
天津	2.25	2.47	3.38	4.39	14.29	21.72	61.24	164.23	235.59	304.42	13.41
河北	8.43	9.09	12.42	18.65	61.10	93.78	202.14	331.96	510.11	613.67	11.62
山西	2.48	2.74	3.78	4.28	13.77	39.01	79.00	159.14	229.78	260.53	12.67
内蒙古	3.91	4.26	5.61	6.54	15.56	41.67	81.24	170.65	274.40	305.62	11.82
辽宁	3.26	3.48	4.61	5.98	18.79	46.52	106.31	229.18	313.86	379.19	12.97
吉林	3.52	3.76	4.70	5.17	11.85	30.63	70.36	113.60	168.42	206.64	11.01
黑龙江	3.52	3.79	4.69	5.56	12.72	30.71	61.94	105.23	157.96	188.65	10.75
上海	8.48	9.44	13.76	18.86	37.82	87.89	257.86	604.90	596.12	643.02	11.74
江苏	11.41	12.36	16.23	18.37	50.20	107.72	270.10	453.43	748.40	749.01	11.32
浙江	6.79	7.27	9.61	12.26	39.17	78.31	260.26	419.40	516.96	530.31	11.82
安徽	4.10	4.60	6.39	7.65	30.17	50.34	105.53	178.04	269.38	306.33	11.70
福建	3.49	3.83	5.15	6.40	19.23	55.83	116.35	226.53	282.49	333.57	12.41
江西	2.44	2.64	3.54	4.34	19.61	37.38	81.89	165.00	240.86	281.10	12.94
山东	9.48	10.40	14.21	18.21	63.54	131.97	318.55	685.70	800.13	1008.27	12.71
河南	8.74	9.59	13.68	16.11	46.86	95.76	227.64	419.39	501.25	643.63	11.65
湖北	6.30	6.75	8.79	10.19	38.09	73.05	145.35	233.17	367.60	506.25	11.91
湖南	6.67	7.22	9.35	11.81	46.55	79.33	145.38	249.19	355.91	455.13	11.44
广东	22.81	24.32	34.17	39.21	89.40	287.24	637.95	945.70	973.97	1009.57	10.21
广西	3.40	3.50	4.32	5.76	27.65	47.50	86.35	205.10	210.17	263.79	11.80
海南	0.59	0.65	0.85	1.04	2.68	8.80	18.51	40.56	53.49	49.66	12.03
重庆	13.60	14.37	19.75	26.09	37.87	62.30	121.18	161.78	254.56	340.16	8.60
四川	10.80	11.31	15.03	18.93	64.59	95.41	231.50	387.31	497.80	671.38	11.17

续表

地区	通勤成本（亿元）										年均增长率（%）
	1979年	1980年	1985年	1990年	1995年	2000年	2005年	2010年	2015年	2018年	1979~2018年
贵州	2.51	2.67	3.69	3.95	15.45	35.40	65.23	104.51	162.71	281.39	12.87
云南	5.12	5.50	8.00	10.18	25.93	59.75	127.18	242.74	281.87	334.33	11.31
陕西	5.27	5.80	8.14	10.38	30.46	59.89	123.44	197.89	338.08	390.84	11.67
甘肃	2.73	2.85	3.76	4.50	10.25	24.24	54.00	73.89	110.79	141.92	10.66
青海	0.85	0.93	1.21	1.30	3.56	7.11	15.54	20.16	52.78	55.03	11.27
宁夏	0.54	0.59	0.83	1.04	4.06	8.44	15.71	30.44	44.33	60.85	12.85

注：本表数据来自全国和地区统计年鉴，因统计口径不一，全国数据和地区加总数据不尽相同。

表4-18　1979~2018年全国及各地区人均通勤成本及年均增长率

地区	人均通勤成本（元）										年均增长率（%）
	1979年	1980年	1985年	1990年	1995年	2000年	2005年	2010年	2015年	2018年	1979~2018年
全国	17.43	18.58	23.71	26.97	72.42	149.97	341.38	592.76	754.73	869.06	10.54
北京	87.95	95.39	119.34	124.40	221.04	452.03	1396.99	2245.04	2736.85	2675.67	9.15
天津	30.45	33.03	41.83	49.62	151.73	217.01	587.19	1264.25	1522.86	1951.43	11.26
河北	16.50	17.59	22.39	30.28	94.92	139.06	295.06	461.43	687.02	812.16	10.51
山西	10.15	11.06	14.39	14.75	44.74	118.32	235.47	445.27	627.13	700.72	11.47
内蒙古	21.14	22.69	27.98	30.24	68.13	175.38	340.48	690.32	1092.79	1206.06	10.93
辽宁	9.47	9.99	12.50	15.09	45.93	109.77	251.86	523.83	716.25	869.90	12.29
吉林	16.10	17.03	20.46	20.83	45.70	112.19	259.06	413.53	611.78	764.19	10.40
黑龙江	11.11	11.83	14.16	15.69	34.36	83.24	162.14	274.55	414.38	499.99	10.25
上海	74.94	82.30	113.05	141.03	267.29	525.06	1450.28	2626.59	2468.41	2652.72	9.58
江苏	19.37	20.82	26.12	27.15	71.04	144.82	361.34	576.22	938.31	930.33	10.44
浙江	17.90	19.00	23.84	29.42	90.70	167.43	531.37	769.96	933.30	924.37	10.64

续表

地区	人均通勤成本（元）										年均增长率（%）
	1979 年	1980 年	1985 年	1990 年	1995 年	2000 年	2005 年	2010 年	2015 年	2018 年	1979~2018 年
安徽	8.53	9.40	12.38	13.49	50.18	84.09	172.43	298.88	438.44	484.40	10.91
福建	14.02	15.20	18.98	21.06	59.41	160.84	329.14	613.39	735.84	846.40	11.09
江西	7.57	8.08	10.23	11.40	48.28	90.29	189.96	369.78	527.50	604.78	11.89
山东	13.11	14.26	18.47	21.44	72.99	145.35	344.45	715.16	812.57	1003.55	11.76
河南	12.16	13.16	17.74	18.62	51.49	103.46	242.69	445.93	528.75	670.10	10.83
湖北	13.59	14.42	17.83	18.73	65.98	121.19	254.56	407.06	628.15	855.58	11.21
湖南	12.77	13.68	16.64	19.28	72.83	123.19	229.81	379.29	524.70	659.70	10.64
广东	44.38	46.50	54.65	61.79	130.16	332.38	693.88	905.75	897.75	889.80	7.99
广西	9.80	9.89	11.15	13.51	60.87	105.82	185.30	444.90	438.22	535.50	10.80
海南	10.96	11.80	14.24	15.73	36.99	111.78	223.50	466.79	587.18	531.71	10.47
重庆	51.26	53.91	71.36	89.31	126.16	201.63	433.09	560.76	843.75	1096.58	8.17
四川	11.05	11.52	14.75	17.52	57.03	114.55	281.90	481.42	606.78	804.91	11.62
贵州	9.18	9.60	12.43	12.10	44.05	100.43	174.87	300.40	460.95	781.65	12.07
云南	16.34	17.34	23.50	27.28	64.99	139.34	285.80	527.47	594.41	692.19	10.08
陕西	18.79	20.50	27.11	31.29	86.68	166.14	331.84	529.83	891.33	1011.50	10.76
甘肃	14.43	14.86	18.44	19.94	42.04	94.60	208.19	288.64	426.10	538.20	9.72
青海	22.97	24.63	29.81	28.98	73.99	137.27	286.19	358.15	897.67	912.55	9.90
宁夏	14.97	15.84	20.07	22.06	79.12	150.12	263.55	480.92	663.64	884.51	11.03

图 4-10 展示了全国及各地区人均通勤成本的变化趋势。

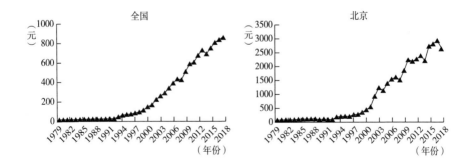

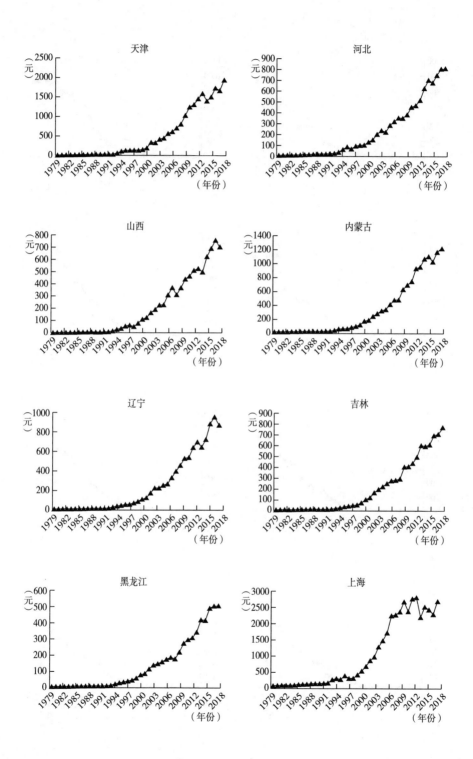

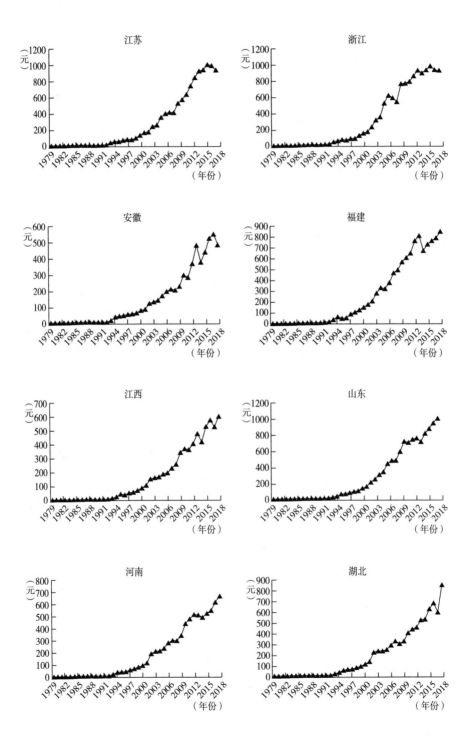

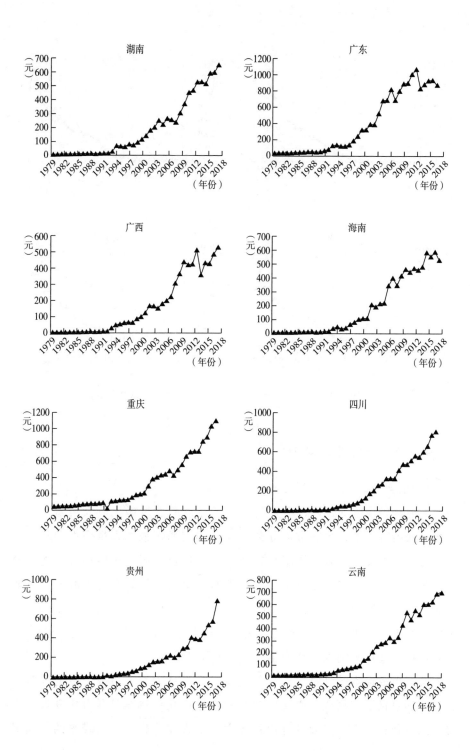

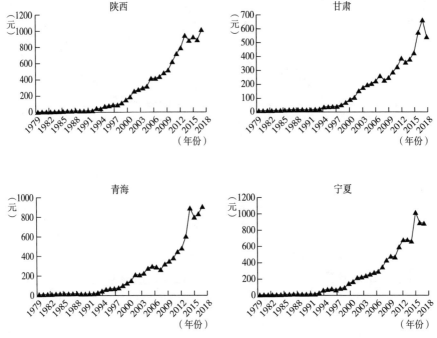

图4-10　1979~2018年全国及各地区人均通勤成本变化趋势

4.3.4　交通事故成本

1. 测算方法

交通基础设施的建设，一方面为国民经济的发展做出巨大贡献，便利了居民的出行需求，另一方面导致了大量的交通事故、人员伤亡和经济损失。特别是近几十年来中国城市化建设高速推进，居民车辆持有量连年攀升，相较之下道路交通混乱无序，管理水平落后，导致交通事故成为主要的非正常死亡原因之一。据《2019年中国统计年鉴》，2018年全国交通事故发生数为244937起，死伤人数总和超过32万人，直接财产损失达138455.9万元。把这些损失纳入GPI的核算中是十分必要的。

交通事故成本的计算方式比较直观，可以分为交通事故导致的人身伤亡损失和直接财产损失。直接财产损失数据可从中国统计年鉴中获取；而计算人身伤亡损失则需要计算出每死亡一个人和受伤一个人带来的平均成本。本报告采用《中国真实进步指标测算报告（2018）》中同样的假设和计算方法，[①] 具体公式如下。

（1）地区交通事故成本、地区人均交通事故成本

$$\text{地区交通事故成本}: C_{t\_j} = C_{death\_t\_j} + C_{disability\_t\_j} + C_{propertyloss\_t\_j}$$

$$\text{地区人均交通事故成本}: \overline{C}_{t\_j} = \frac{C_{t\_j}}{Pop_{t\_j}}$$

$$C_{death\_t\_j} = 80\% \times N_{death\_t\_j} \times 20 \times inc_{t-1\_j} + 20\% \times N_{death\_t\_j} \times 5 \times inc_{t-1\_j}$$

$$C_{disability\_t\_j} = （80\% \times N_{disability\_t\_j} \times 20 \times inc_{t-1\_j} + 20\% \times N_{disability\_t\_j} \times 5 \times inc_{t-1\_j}）\times 50\%$$

其中，$C_{death\_t\_j}$ 表示 t 年 j 地区交通事故导致的总死亡成本（2018 年价格）；$N_{death\_t\_j}$ 表示 t 年 j 地区的交通事故死亡人数；inc_{t-1_j} 表示 $t-1$ 年 j 地区的居民人均可支配收入（2018 年价格）；$C_{disability\_t\_j}$ 表示 t 年 j 地区交通事故导致的总残疾成本（2018 年价格）；$N_{disability\_t\_j}$ 表示 t 年 j 地区的交通事故致残人数；$C_{propertyloss\_t\_j}$ 表示 t 年 j 地区交通事故导致的直接财产损失（2018 年价格）；Pop_{t_j} 表示 t 年 j 地区的总人口数。

（2）全国交通事故成本、全国人均交通事故成本

$$\text{全国人均交通事故成本}: \overline{C}_t = \frac{\sum_{j=1}^{k} C_{t\_j}}{\sum_{j=1}^{k} Pop_{t\_j}}$$

$$\text{全国交通事故成本}: C_t = \overline{C}_t \times Pop_t$$

其中，k 等于 29，代表全国 29 个省、自治区和直辖市；Pop_t 表示全国

[①] 《中国真实进步指标测算报告（2018）》中交通事故死亡和交通事故残疾总成本的计算思路如下："根据《最高人民法院关于审理人身损害赔偿案件适用法律若干问题的解释》第29 条的规定，死亡赔偿金的计算标准是，根据受理交通事故案件法院所在地上一年度城镇居民人均可支配收入（死亡受害人的户口在城镇），或者农村居民人均纯收入（交通事故死亡受害人的户口在农村），计算 20 年；如果死亡受害人年龄在 60 周岁以上，每增加一岁就减少一年；死亡受害人的年龄在 75 周岁以上的，统一按照 5 年计算。残疾赔偿金则用死亡赔偿金乘以具体的伤残赔偿指数来计算。报告假设：死亡人数和受伤人数中分别有 80%为 60 周岁以下，20% 为 60 周岁以上；60 周岁以下按标准赔偿其当地上一年平均收入的 20倍，而 60 周岁以上统一赔偿其当地上一年平均收入的 5 倍（我国 60 岁已为退休年龄）。对于受伤人口中的残疾比例，本报告认为从全国整体情况来看，交通事故导致死亡和残疾的可能性大致相同，因此假设各省交通事故导致残疾占受伤人数的比例与全国死伤比相同，由此算出各省受伤人口中导致残疾的人口数量。残疾中假设平均受伤等级为 5 级，其赔付标准为死亡赔付的 50%。"

总人口数。

2. 数据处理

（1）居民人均可支配收入的计算

在测算交通事故导致的死亡和残疾成本时，需要使用到居民人均可支配收入。此处在计算 1979~2018 年的居民人均可支配收入时，采用与家庭变更成本计算过程中相同的方法，因而不再赘述。

（2）对于部分地区、个别年份数据缺失的情况，本次插值处理方式与4.1 相同。

3. 计算结果

1979~2018 年全国及各地区交通事故成本和人均交通事故成本见表 4-19 和表 4-20。总体而言，全国交通事故成本由 1979 年的 12.34 亿元上升到 2018 年的 466.24 亿元，年均增长率为 9.76%；人均交通事故成本由 1979 年的 1.24 元增长至 2018 年的 33.39 元，年均增长率为 8.82%。

2018 年交通事故成本最高的地区为广东、浙江和江苏，分别为 48.59 亿元、39.10 亿元和 38.67 亿元；宁夏、青海和甘肃的交通事故成本最低，分别为 2.43 亿元、2.47 亿元和 5.05 亿元。从年均增长率来看，上海的增速最低，为 5.30%，其次为湖南、辽宁和青海，其余地区的增速相差不大，大都在 10% 左右。

2018 年人均交通事故成本最高的地区为北京、天津和浙江，分别为 81.87 元、69.35 元和 68.16 元。湖南、河北、四川和甘肃的人均交通事故成本最低，分别为 11.89 元、16.57 元、17.51 元和 19.16 元，其余地区的人均交通事故成本都在 20 元以上。从年均增长率来看，上海的增速最低，为 3.27%；湖北的增速最高，为 11.50%。

表 4-19　1979~2018 年全国及各地区交通事故成本及年均增长率

地区	交通事故成本（亿元）										年均增长率（%）
	1979 年	1980 年	1985 年	1990 年	1995 年	2000 年	2005 年	2010 年	2015 年	2018 年	1979~2018 年
全国	12.34	12.72	35.53	49.62	109.34	189.43	282.93	284.80	367.84	466.24	9.76
北京	0.46	0.45	1.32	1.86	3.37	7.81	8.61	9.30	11.58	17.63	9.83

续表

地区	交通事故成本（亿元）										年均增长率（%）
	1979年	1980年	1985年	1990年	1995年	2000年	2005年	2010年	2015年	2018年	1979~2018年
天津	0.19	0.22	0.62	0.90	0.96	3.46	4.19	6.57	9.98	10.82	10.93
河北	0.34	0.36	1.12	1.53	3.61	8.56	8.12	7.93	10.60	12.52	9.70
山西	0.34	0.34	1.03	1.22	1.48	3.05	7.52	7.45	9.26	12.03	9.54
内蒙古	0.13	0.13	0.41	0.50	1.48	2.71	4.52	5.44	5.83	7.87	11.03
辽宁	0.71	0.74	1.86	2.69	5.09	5.77	7.08	8.62	12.05	12.21	7.56
吉林	0.22	0.22	0.60	1.10	2.27	4.26	5.25	5.19	6.00	7.62	9.56
黑龙江	0.25	0.23	0.65	0.85	1.30	3.68	4.71	4.30	5.87	8.17	9.31
上海	0.99	1.20	1.67	2.18	4.45	8.57	11.18	7.99	8.50	7.43	5.30
江苏	0.72	0.72	2.39	3.03	7.41	17.56	23.72	25.07	34.60	38.67	10.74
浙江	0.74	0.75	2.43	4.47	11.82	21.75	36.08	37.89	43.24	39.10	10.71
安徽	0.37	0.37	1.11	1.12	1.73	4.94	7.97	8.48	16.67	17.20	10.37
福建	0.37	0.39	1.17	1.80	4.69	9.45	14.71	15.86	14.53	17.17	10.35
江西	0.25	0.26	0.75	0.94	1.84	4.63	5.16	5.18	6.85	12.68	10.55
山东	0.61	0.63	1.98	2.58	5.99	13.10	18.68	17.46	23.27	25.91	10.10
河南	0.51	0.53	1.61	1.97	3.55	5.46	9.41	6.18	8.58	20.94	9.99
湖北	0.38	0.37	1.26	1.84	3.77	6.46	5.44	7.14	9.07	33.93	12.21
湖南	0.64	0.68	1.83	2.10	4.61	5.85	8.51	8.22	12.80	8.21	6.77
广东	1.43	1.43	3.89	6.53	21.84	19.12	48.54	42.82	48.92	48.59	9.46
广西	0.32	0.33	1.00	1.66	3.47	7.45	6.21	6.22	8.35	25.51	11.90
海南	0.10	0.10	0.28	0.33	0.46	0.43	1.05	1.75	3.79	5.29	10.83
重庆	0.21	0.21	0.47	0.59	0.96	1.27	4.57	5.28	7.09	7.18	9.43
四川	0.64	0.65	1.79	2.37	3.69	8.71	10.15	10.32	13.33	14.61	8.36
贵州	0.28	0.29	0.80	0.84	1.49	1.16	2.13	2.34	2.33	14.26	10.57
云南	0.31	0.31	1.12	1.50	2.38	3.85	4.25	4.72	10.84	12.17	9.90
陕西	0.33	0.30	0.87	1.24	2.04	2.78	4.74	5.68	7.73	9.12	8.92

续表

地区	交通事故成本（亿元）										年均增长率（%）
	1979年	1980年	1985年	1990年	1995年	2000年	2005年	2010年	2015年	2018年	1979~2018年
甘肃	0.13	0.13	0.34	0.42	0.74	2.24	2.59	3.00	4.71	5.05	9.94
青海	0.12	0.13	0.42	0.44	0.66	0.75	1.13	1.43	2.07	2.47	7.97
宁夏	0.07	0.08	0.22	0.28	0.50	1.31	1.65	1.64	2.20	2.43	9.33

表4-20　1979~2018年全国及各地区人均交通事故成本及年均增长率

地区	人均交通事故成本（元）										年均增长率（%）
	1979年	1980年	1985年	1990年	1995年	2000年	2005年	2010年	2015年	2018年	1979~2018年
全国	1.24	1.26	3.31	4.24	8.87	15.01	22.05	21.35	26.83	33.39	8.82
北京	5.08	5.00	13.77	17.11	26.93	56.53	55.97	47.40	53.34	81.87	7.39
天津	2.56	2.89	7.64	10.21	10.20	34.58	40.20	50.57	64.49	69.35	8.83
河北	0.66	0.71	2.01	2.49	5.61	12.69	11.86	11.03	14.27	16.57	8.60
山西	1.41	1.37	3.91	4.22	4.80	9.25	22.42	20.86	25.28	32.36	8.38
内蒙古	0.72	0.70	2.04	2.29	6.47	11.42	18.95	22.02	23.23	31.06	10.14
辽宁	2.07	2.11	5.05	6.77	12.45	13.61	16.78	19.71	27.50	28.01	6.91
吉林	0.99	0.98	2.61	4.42	8.74	15.61	19.34	18.88	21.80	28.17	8.96
黑龙江	0.80	0.72	1.97	2.39	3.52	9.98	12.32	11.22	15.41	21.65	8.82
上海	8.75	10.46	13.74	16.31	31.46	51.22	62.88	34.71	35.20	30.66	3.27
江苏	1.23	1.21	3.85	4.48	10.48	23.60	31.74	31.87	43.37	48.03	9.85
浙江	1.95	1.95	6.03	10.72	27.37	46.50	73.67	69.57	78.07	68.16	9.54
安徽	0.76	0.76	2.16	1.98	2.88	8.25	13.03	14.24	27.13	27.19	9.59
福建	1.48	1.54	4.30	5.91	14.48	27.23	41.62	42.94	37.85	43.57	9.06
江西	0.79	0.80	2.16	2.46	4.53	11.18	11.96	11.62	15.00	27.28	9.51
山东	0.84	0.86	2.58	3.04	6.88	14.43	20.20	18.21	23.63	25.79	9.18
河南	0.71	0.73	2.08	2.28	3.90	5.90	10.03	6.57	9.05	21.80	9.18
湖北	0.82	0.79	2.56	3.38	6.53	10.71	9.52	12.46	15.50	57.34	11.50

续表

地区	人均交通事故成本（元）										年均增长率（%）
	1979 年	1980 年	1985 年	1990 年	1995 年	2000 年	2005 年	2010 年	2015 年	2018 年	1979~2018 年
湖南	1.22	1.29	3.26	3.43	7.21	9.08	13.45	12.52	18.87	11.89	6.01
广东	2.78	2.73	6.22	10.29	31.80	22.12	52.80	41.01	45.09	42.83	7.26
广西	0.92	0.94	2.59	3.90	7.64	16.60	13.32	13.50	17.40	51.79	10.90
海南	1.78	1.79	4.63	5.04	6.42	5.48	12.64	20.17	41.63	56.63	9.28
重庆	0.81	0.77	1.70	2.03	3.20	4.12	16.34	18.30	23.50	23.14	8.99
四川	0.65	0.66	1.76	2.20	3.26	10.46	12.36	12.82	16.25	17.51	8.80
贵州	1.04	1.05	2.68	2.56	4.26	3.29	5.72	6.72	6.59	39.60	9.79
云南	0.98	0.97	3.29	4.02	5.97	8.99	9.56	10.27	22.86	25.21	8.68
陕西	1.16	1.06	2.89	3.75	5.79	7.71	12.76	15.19	20.38	23.60	8.04
甘肃	0.66	0.67	1.67	1.87	3.02	8.74	9.98	11.71	18.13	19.16	9.01
青海	3.34	3.42	10.41	9.73	13.77	14.47	20.81	25.32	35.13	40.98	6.64
宁夏	2.06	2.13	5.25	5.87	9.74	23.33	27.64	25.95	32.90	35.31	7.56

图 4-11 展示了全国及各地区人均交通事故成本的变化趋势。

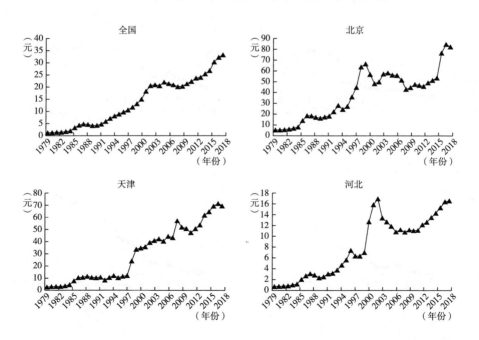

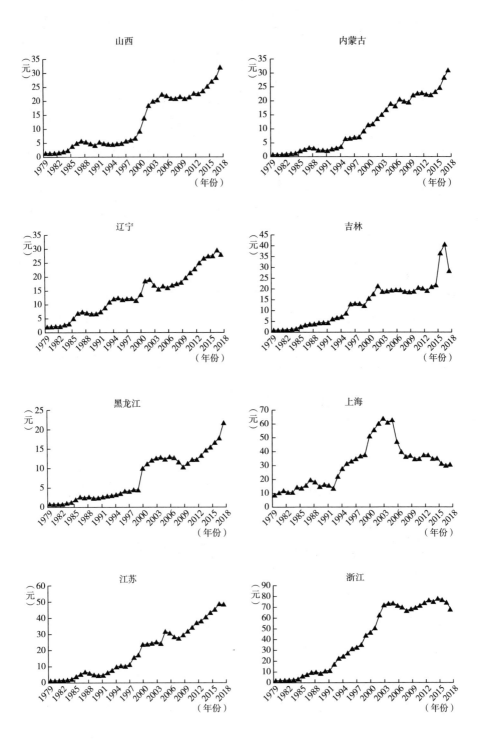

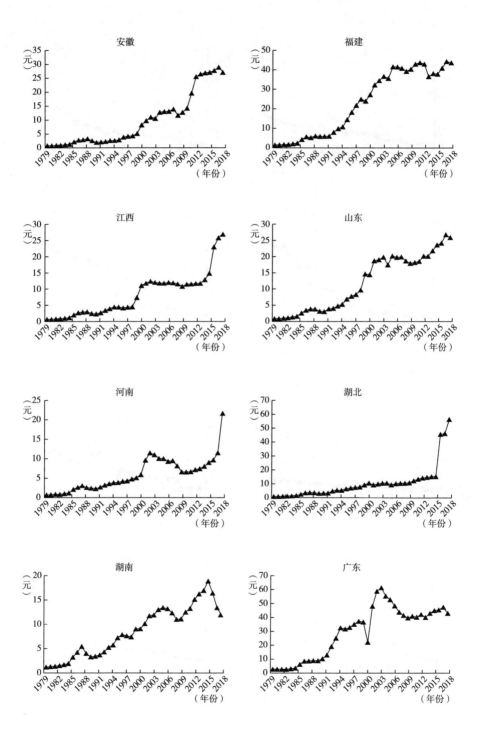

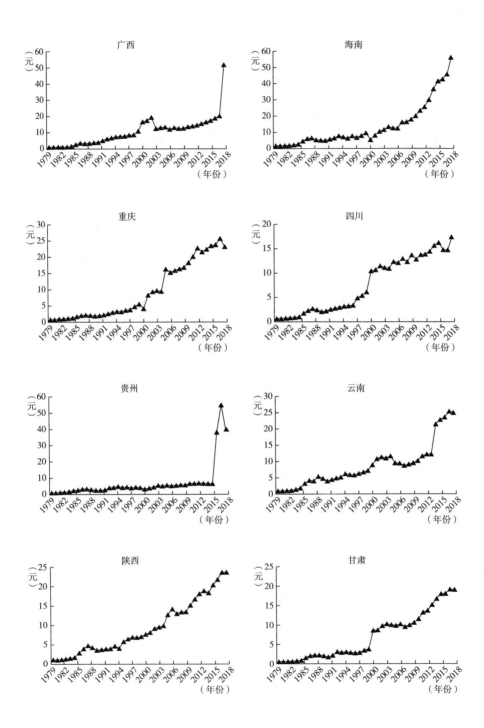

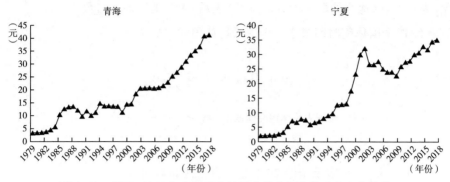

图4-11　1979~2018年全国及各地区人均交通事故成本变化趋势

4.3.5　休闲时间损失成本

1. 测算方法

休闲时间损失成本的计算关键在于损失休闲小时数的确定，但不同社会群体的休闲时间差异较大，如全职家庭成员、退休人员、未成年人或在校生等非劳动力，以及非充分就业人员与充分就业人员。在 GPI 1.0 框架下，一些学者在测算国家和地区的 GPI 时，并没有将休闲时间损失成本考虑在内（Berik et al., 2011；Long & Ji, 2019；Hou, 2017）。而 Wen 等（2007）在测算苏州 GPI 时，却纳入了休闲时间价值。此外，Talberth 和 Weisdorf（2017）在计算美国、马里兰州及巴尔的摩市的 GPI 时，正式把休闲时间价值列入了 GPI 2.0 指标体系中。本报告参考上述文献的方法，计算中国居民的休闲时间损失成本，具体公式如下。

（1）地区休闲时间损失成本、地区人均休闲时间损失成本

$$地区休闲时间损失成本：C_{t\_j} = W_{t\_j} \times N_{t\_j} \times (T_{t\_j} - \overline{T}_{t\_j})$$

$$地区人均休闲时间损失成本：\overline{C}_{t\_j} = \frac{C_{t\_j}}{POP_{t\_j}}$$

其中，$\overline{T}_{t\_j}$ 表示 t 年 j 地区职工一年的标准工作时间；[①] T_{t_j} 表示 t 年 j 地

---

① 标准工作时间：按照每周工作 5 天，每天工作 8 小时计算一周的平均工作时长。

区职工一年的平均工作时间；W_{t_j} 表示 t 年 j 地区的职工平均小时工资率；N_{t_j} 表示 t 年 j 地区的职工人数；POP_{t_j} 表示 t 年 j 地区的人口数。

（2）全国休闲时间成本、全国人均休闲时间成本

$$全国休闲时间成本：C_t = \sum_{j=1}^{k} C_{t\_j}$$

$$全国人均休闲时间成本：\overline{C_t} = \frac{C_t}{\sum_{j=1}^{k} POP_{t\_j}}$$

其中，$k = 29$，表示全国 29 个省、自治区和直辖市。

2. 数据处理

本部分的数据主要来源于历年《中国统计年鉴》、各省份统计年鉴，其中统计年鉴中就业和工资条目下给出了 1980~2017 年职工年平均工资率和 1995~2017 年职工的平均工作时间。据此，本报告可以计算 1995~2017 年的休闲时间成本。但由于 1979~1995 年和 2018 年的休闲时间缺失，本报告采用移动平均的方法进行插补。

3. 计算结果

1979~2018 年全国及各地区休闲时间损失成本和人均休闲时间损失成本见表 4-21 和表 4-22。总体而言，全国休闲时间损失成本由 1979 年的 0.06 亿元上升到 2018 年的 40707.14 亿元；人均休闲时间损失成本由 1979 年的 0.01 元增长至 2018 年的 2975.19 元。

2018 年休闲时间损失成本最高的地区为广东、江苏、山东和四川，分别为 4667.63 亿元、3251.05 亿元、2750.47 亿元和 2331.75 亿元；青海、宁夏和海南的休闲时间损失成本最低，分别为 167.97 亿元、192.94 亿元和 321.47 亿元。可见，人口数量越多的地区，其休闲时间损失成本往往越高。

2018 年人均休闲时间损失成本最高的地区为北京、天津、广东和江苏，分别为 6684.54 元、4151.05 元、4113.90 元和 4038.07 元。这些地区的经济也往往较为发达。黑龙江、山西和吉林的人均休闲时间损失成本最低，分别为 1504.07 元、1830.98 元和 1921.32 元，其余地区的人均休闲时间损失成本都在 2000 元以上。

表 4-21 1979~2018 年全国及各地区休闲时间损失成本及年均增长率

地区	休闲时间损失成本（亿元）									
	1979 年	1980 年	1985 年	1990 年	1995 年	2000 年	2005 年	2010 年	2015 年	2018 年
全国	0.06	0.10	1.79	31.44	523.44	4644.82	13446.07	23675.99	29159.24	40707.14
北京	0.00	0.00	0.02	0.33	3.08	84.62	435.17	988.60	1024.93	1439.85
天津	0.00	0.00	0.01	0.23	2.57	48.83	126.08	258.07	471.55	647.56
河北	0.00	0.00	0.02	0.10	9.74	167.43	552.83	1010.76	1245.95	1734.80
山西	0.00	0.00	0.00	0.00	0.00	45.07	215.01	396.43	482.37	680.76
内蒙古	0.00	0.00	0.04	0.87	18.66	66.15	166.49	326.02	444.69	622.22
辽宁	0.00	0.00	0.00	0.00	0.00	101.74	383.06	681.46	766.69	1074.55
吉林	0.00	0.00	0.05	0.89	18.21	75.96	147.74	260.84	375.08	519.52
黑龙江	0.00	0.00	0.04	0.71	11.96	96.41	179.85	291.48	406.88	567.49
上海	0.00	0.00	0.00	0.00	0.00	94.51	225.89	404.35	663.46	902.79
江苏	0.00	0.00	0.02	0.00	0.00	379.07	1120.41	2024.34	2316.05	3251.05
浙江	0.00	0.00	0.08	1.33	13.49	351.78	807.37	1262.58	1334.21	1889.97
安徽	0.00	0.01	0.10	1.93	38.63	177.50	556.48	1058.89	1363.26	1910.89
福建	0.00	0.01	0.14	2.85	64.11	187.62	360.52	632.44	979.56	1345.96
江西	0.00	0.00	0.06	1.02	18.89	115.25	427.33	765.74	1065.07	1496.43
山东	0.01	0.02	0.29	5.62	122.13	437.81	811.49	1419.33	1988.50	2750.47
河南	0.01	0.01	0.21	4.10	92.87	252.45	829.49	1427.85	1630.90	2299.22
湖北	0.00	0.00	0.05	0.82	8.99	173.09	395.92	827.08	1124.35	1570.17
湖南	0.00	0.00	0.00	0.00	0.00	151.47	670.87	1097.45	1325.11	1843.89
广东	0.00	0.01	0.12	1.70	9.64	535.39	1700.48	2799.88	3342.74	4667.63
广西	0.00	0.01	0.17	3.41	81.84	168.52	408.47	695.76	780.56	1069.93
海南	0.00	0.00	0.01	0.11	1.69	17.32	79.71	152.32	239.76	321.47
重庆	0.00	0.00	0.06	1.07	21.55	94.03	310.68	564.57	603.12	837.54
四川	0.00	0.00	0.07	1.01	9.07	259.86	818.40	1402.53	1688.70	2331.75
贵州	0.00	0.00	0.00	0.00	0.00	85.86	483.21	859.61	930.39	1299.19
云南	0.00	0.01	0.12	2.37	49.46	186.81	393.72	631.57	805.53	1166.57
陕西	0.00	0.01	0.11	2.30	55.14	102.07	504.67	906.89	1083.65	1521.53
甘肃	0.00	0.00	0.07	1.29	28.79	86.00	205.00	319.35	420.29	583.06
青海	0.00	0.00	0.01	0.26	5.52	21.24	65.30	97.18	117.65	167.97
宁夏	0.00	0.00	0.02	0.31	6.96	19.59	64.41	112.67	138.27	192.94

注：部分地区前期缺失数据较多，未计算年均增长率（下表同）。

表 4-22　1979~2018 年全国及各地区人均休闲时间损失成本及年均增长率

地区	人均休闲时间损失成本（元）									
	1979 年	1980 年	1985 年	1990 年	1995 年	2000 年	2005 年	2010 年	2015 年	2018 年
全国	0.01	0.01	0.17	2.73	43.13	374.46	1066.84	1808.71	2169.52	2975.19
北京	0.01	0.01	0.22	3.00	24.58	612.28	2829.42	5038.75	4721.01	6684.54
天津	0.01	0.01	0.18	2.60	27.31	487.80	1208.82	1986.70	3048.15	4151.05
河北	0.00	0.00	0.03	0.17	16.31	248.27	806.94	1405.00	1678.05	2295.92
山西	0.00	0.00	0.00	0.00	0.00	136.69	640.87	1109.20	1316.51	1830.98
内蒙古	0.01	0.01	0.22	4.01	81.68	278.42	697.79	1318.85	1770.96	2455.47
辽宁	0.00	0.00	0.00	0.00	0.00	240.06	907.51	1557.62	1749.63	2465.13
吉林	0.01	0.01	0.20	3.57	70.26	278.43	543.95	949.55	1362.44	1921.32
黑龙江	0.00	0.01	0.12	1.99	32.33	261.34	470.81	760.44	1067.37	1504.07
上海	0.00	0.00	0.00	0.00	0.00	564.57	1270.49	1755.74	2747.24	3724.37
江苏	0.00	0.00	0.04	0.00	0.00	509.65	1498.88	2572.55	2903.77	4038.07
浙江	0.01	0.01	0.21	3.19	31.24	752.15	1648.38	2317.93	2408.76	3294.36
安徽	0.01	0.01	0.20	3.40	64.24	296.53	909.29	1777.56	2218.84	3021.65
福建	0.02	0.03	0.53	9.38	198.06	540.53	1019.86	1712.53	2551.60	3415.27
江西	0.01	0.01	0.16	2.66	46.48	278.38	991.25	1716.13	2332.62	3219.51
山东	0.01	0.02	0.37	6.61	140.30	482.22	877.48	1480.32	2019.39	2737.60
河南	0.01	0.02	0.27	4.74	102.05	272.74	884.32	1518.18	1720.36	2393.77
湖北	0.00	0.01	0.10	1.50	15.58	287.14	693.38	1443.92	1921.31	2653.66
湖南	0.00	0.00	0.00	0.00	0.00	235.19	1060.50	1670.40	1953.58	2672.69
广东	0.01	0.01	0.19	2.68	14.04	619.52	1849.56	2681.62	3081.15	4113.90
广西	0.01	0.03	0.43	8.00	180.15	375.41	876.55	1509.23	1627.53	2172.00
海南	0.00	0.01	0.11	1.66	23.40	220.13	962.62	1752.78	2631.81	3441.90
重庆	0.01	0.01	0.21	3.68	71.80	304.29	1110.36	1956.90	1999.06	2700.00
四川	0.00	0.00	0.06	0.94	8.01	311.99	996.59	1743.36	2058.38	2795.52
贵州	0.00	0.00	0.00	0.00	0.00	243.58	1295.48	2470.86	2635.65	3608.85
云南	0.01	0.02	0.36	6.35	123.95	435.66	884.76	1372.38	1698.71	2415.27
陕西	0.01	0.02	0.37	6.93	156.93	283.14	1356.63	2428.08	2856.97	3937.70
甘肃	0.01	0.02	0.32	5.74	118.08	335.69	790.28	1247.44	1616.50	2211.09
青海	0.01	0.02	0.33	5.81	114.82	409.98	1202.65	1726.03	2000.81	2785.56
宁夏	0.01	0.02	0.37	6.49	135.71	348.59	1080.67	1780.00	2069.90	2804.34

图 4-12 展示了全国及各地区人均休闲时间损失成本的变化趋势。

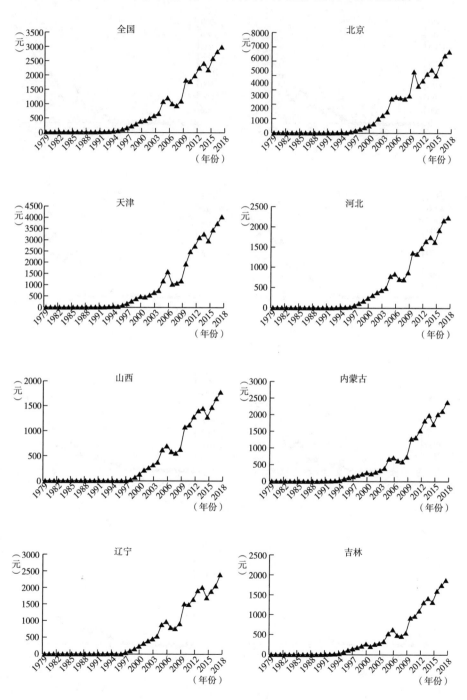

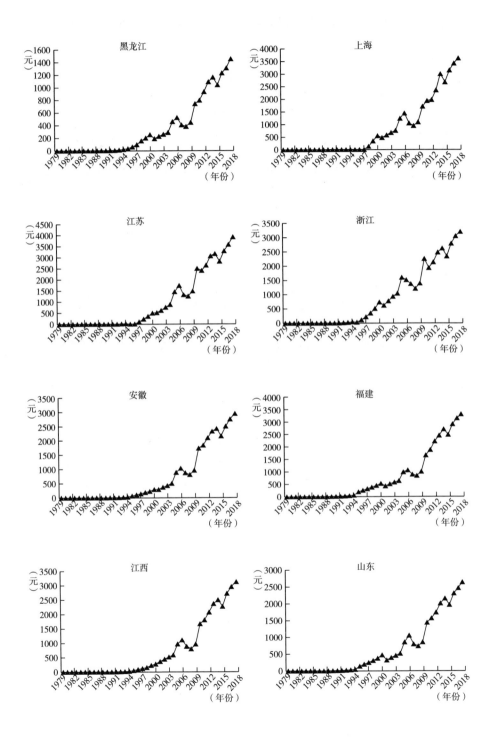

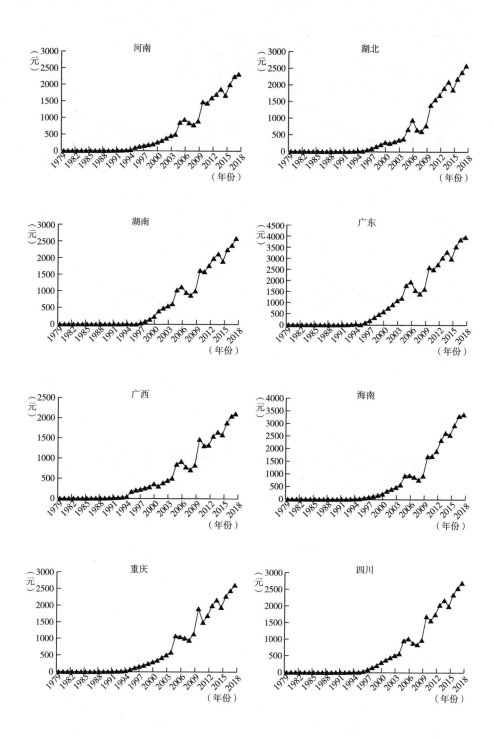

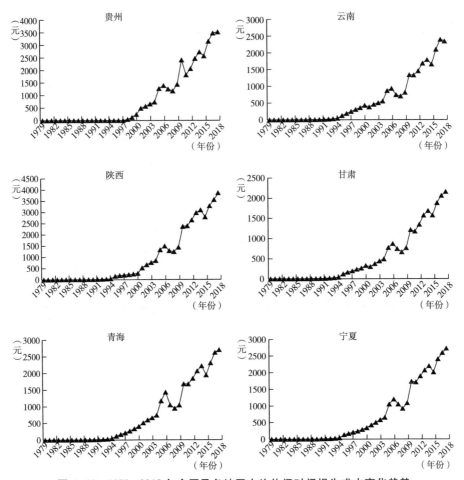

图 4-12 1979~2018 年全国及各地区人均休闲时间损失成本变化趋势

4.3.6 就业不足成本

1. 测算方法

GPI 1.0 指标体系已把就业不足成本纳入经济账户中，对其的衡量不仅包括失业率，还包括对就业失去信心（Discouraged Workers）、非自愿临时工作（想找稳定工作而不得），以及其他受客观条件限制而不能参加工作（比如照顾孩子、交通困难等）等情况带来的福利损失。测算方法则采用机会成本法，即统计劳动力本应工作而没有工作的时间，并设定合适的工资水平计算出其虚拟工作收入，结果即为就业不足成本。GPI 2.0 把就业不足成本纳入经济活动的社会成本中，但计算方法并没有改动。

本报告的计算方法参考了 GPI 1.0 指标体系，并考虑数据可得性，用失业人数乘以单位就业人员工资，再乘以平均失业时长得到就业不足成本，具体公式如下：

$$C_{t\_j} = N_{t\_j} \times Salary_{t\_j} \times Duration_t$$
$$Duration_t = \sum p_{t\_j} \times Month_i$$

其中，C_{t_j} 代表 t 年 j 地区的就业不足成本；N_{t_j} 代表 t 年 j 地区的城镇登记失业人数；$Salary_{t\_j}$ 代表 t 年 j 地区城镇单位就业人员的平均工资；$Duration_t$ 代表各年的平均失业持续时间，且令各地区 $Duration_t$ 等于全国 $Duration_t$；p_{t_j} 代表 t 年 j 地区失业时长为 $Month_i$ 的城镇登记失业人数所占的比例；$Month_i$ 代表失业持续的月份数 i。

由于中国特殊的城乡二元体系，农村失业人数和失业持续时间并没有被纳入统计，因此报告只能测算城镇居民的就业不足成本以代替全体居民的就业不足成本，这会导致测算结果偏低。对于农村地区的失业人数和就业不足成本，则需要等待相关研究的进一步完善。

2. 数据处理

（1）城镇单位就业人员平均工资缺失数据插补

城镇单位就业人员平均工资来自中国及各省份统计年鉴，但其早期数据缺失，仅能追溯至 1998 年。对于缺失数据，报告利用城镇在岗职工货币工资指数（上年＝100），将城镇单位就业人员平均工资向早期年份推算。

（2）平均失业持续时间缺失数据插补

城镇失业人员的未工作时长构成来自《中国人口和就业统计年鉴》，且仅有 2007~2017 年的数据，因此计算得到的各年平均失业持续时间也仅限于这一时间段。鉴于平均失业持续时间在各年较为稳定，本报告对缺失数据取之后 5 年的平均值进行插补。

（3）对于其他数据部分地区、个别年份缺失的情况，本次插值处理方式与 4.1 相同。

3. 计算结果

1979~2018 年全国及各地区就业不足成本和人均就业不足成本见表 4-23 和表 4-24。总体而言，全国就业不足成本由 1979 年的 166.05 亿元上升到

2018 年的 4944.61 亿元，年均增长率为 9.09%；人均就业不足成本由 1979 年的 16.65 元增长至 2018 年的 354.06 元，年均增长率为 8.15%。

2018 年就业不足成本最高的地区为四川、山东、广东和河南，分别为 255.11 亿元、210.97 亿元、199.56 亿元和 189.14 亿元；青海、海南和宁夏的就业不足成本最低，分别为 24.44 亿元、25.75 亿元和 26.02 亿元。

2018 年人均就业不足成本最高的地区为天津，为 1026.50 元，远高于其他地区。上海、内蒙古、辽宁、吉林位列其后，人均就业不足成本分别为 692.41 元、485.38 元、422.54 元和 418.76 元。广西、甘肃、广东的人均就业不足成本最低，分别为 147.54 元、164.39 元和 175.89 元，其余地区的人均就业不足成本大都在 200 元以上。

表 4-23 1979~2018 年全国及各地区就业不足成本及年均增长率

地区	就业不足成本（亿元）										年均增长率（%）
	1979年	1980年	1985年	1990年	1995年	2000年	2005年	2010年	2015年	2018年	1979~2018年
全国	166.05	168.10	93.20	169.13	313.53	574.70	1456.75	2438.54	3780.77	4944.61	9.09
北京	2.13	3.83	0.81	1.12	1.93	5.18	32.80	37.49	55.20	71.05	9.41
天津	3.73	5.32	1.15	5.00	2.64	13.29	26.83	61.42	127.34	160.13	10.12
河北	2.61	2.28	1.27	3.18	9.84	14.07	38.67	80.96	126.49	161.01	11.15
山西	1.85	0.80	1.12	2.67	4.25	6.77	20.89	48.31	82.18	99.73	10.76
内蒙古	13.50	12.53	5.54	6.45	8.85	9.11	26.73	53.61	92.35	123.00	5.83
辽宁	16.64	17.27	8.98	12.50	20.90	35.97	97.37	97.79	152.10	184.19	6.36
吉林	11.72	8.13	4.33	4.51	7.12	19.09	38.13	48.35	77.37	113.23	5.99
黑龙江	31.57	31.95	20.01	9.17	15.09	20.24	42.11	72.99	125.27	147.56	4.03
上海	2.27	7.10	0.79	6.07	16.84	36.52	83.12	137.04	172.26	167.84	11.66
江苏	10.01	6.25	3.21	11.02	15.41	29.05	83.40	119.51	151.27	179.32	7.68
浙江	4.25	3.43	1.51	5.53	15.38	28.55	69.58	92.90	142.55	186.53	10.18
安徽	5.64	7.79	2.19	6.33	10.91	22.38	39.27	64.95	106.79	128.62	8.35
福建	6.94	5.19	6.40	3.95	7.17	9.47	23.45	34.00	55.30	79.35	6.45
江西	4.78	5.79	2.03	4.16	5.76	11.84	29.45	55.15	96.62	148.30	9.21
山东	4.39	3.80	9.27	12.14	21.14	33.37	66.25	107.72	158.48	210.97	10.44
河南	9.53	6.87	5.49	9.61	12.67	15.98	45.25	83.80	121.51	189.14	7.96

续表

地区	就业不足成本（亿元）										年均增长率（%）
	1979年	1980年	1985年	1990年	1995年	2000年	2005年	2010年	2015年	2018年	1979~2018年
湖北	5.03	5.25	3.66	6.20	16.84	34.07	69.74	131.36	114.55	164.24	9.35
湖南	6.84	7.69	3.07	8.68	18.74	23.26	61.05	93.20	148.41	174.54	8.66
广东	16.14	13.10	7.64	11.39	27.42	41.19	77.69	117.60	153.90	199.56	6.66
广西	5.69	4.26	3.52	6.20	8.77	9.00	27.09	43.35	60.48	72.68	6.75
海南	2.03	2.07	1.05	1.64	3.66	2.54	7.46	11.28	17.71	25.75	6.73
重庆	2.65	2.66	1.60	2.40	2.86	8.25	26.29	32.79	54.00	63.65	8.50
四川	11.12	10.03	6.31	18.84	26.40	27.71	51.94	82.01	201.72	255.11	8.36
贵州	4.56	4.90	1.76	4.95	9.08	7.91	16.46	27.00	53.74	72.67	7.36
云南	3.21	2.01	1.92	3.90	6.53	6.55	19.92	33.46	63.51	97.36	9.14
陕西	7.14	8.22	3.09	5.68	8.94	9.20	30.51	52.19	77.02	106.95	7.19
甘肃	4.67	3.56	3.98	7.21	11.25	6.91	13.75	22.99	31.37	43.35	5.88
青海	3.90	2.03	4.56	3.15	5.14	2.25	7.44	11.66	17.15	24.44	4.82
宁夏	0.91	0.74	0.92	2.14	3.51	3.61	7.57	13.16	18.77	26.02	8.97

注：本表数据来自全国和地区统计年鉴，因统计口径不一，全国数据和地区加总数据不尽相同。

表 4-24　1979~2018 年全国及各地区人均就业不足成本及年均增长率

地区	人均就业不足成本（元）										年均增长率（%）
	1979年	1980年	1985年	1990年	1995年	2000年	2005年	2010年	2015年	2018年	1979~2018年
全国	16.65	16.65	8.67	14.47	25.44	45.53	113.52	182.82	275.79	354.06	8.15
北京	23.75	42.38	8.48	10.33	15.40	37.51	213.27	191.07	254.25	329.86	6.98
天津	50.51	70.99	14.19	56.57	28.01	132.75	257.22	472.80	823.16	1026.50	8.03
河北	5.10	4.41	2.29	5.16	15.28	20.86	56.44	112.54	170.36	213.09	10.04
山西	7.57	3.23	4.27	9.20	13.80	20.54	62.27	135.18	224.29	268.22	9.58
内蒙古	72.88	66.77	27.63	29.81	38.76	38.33	112.05	216.86	367.77	485.38	4.98
辽宁	48.32	49.52	24.36	31.50	51.08	84.86	230.67	223.52	347.10	422.54	5.72
吉林	53.67	36.80	18.85	18.18	27.47	69.99	140.41	175.99	281.04	418.76	5.41
黑龙江	99.62	99.72	60.43	25.87	40.77	54.87	110.23	190.42	328.62	391.10	3.57

续表

地区	人均就业不足成本（元）										年均增长率（%）
	1979年	1980年	1985年	1990年	1995年	2000年	2005年	2010年	2015年	2018年	1979~2018年
上海	20.09	61.89	6.51	45.42	119.01	218.15	467.50	595.06	713.30	692.41	9.50
江苏	16.99	10.53	5.17	16.29	21.81	39.06	111.58	151.87	189.66	222.72	6.82
浙江	11.21	8.98	3.74	13.27	35.62	61.04	142.06	170.55	257.36	325.13	9.02
安徽	11.75	15.91	4.25	11.15	18.15	37.38	64.17	109.04	173.81	203.39	7.59
福建	27.90	20.60	23.59	12.99	22.16	27.27	66.33	92.06	144.06	201.35	5.20
江西	14.83	17.70	5.87	10.91	14.17	28.60	68.31	123.61	211.61	319.07	8.19
山东	6.07	5.21	12.05	14.29	24.29	36.76	71.64	112.35	160.94	209.99	9.51
河南	13.26	9.43	7.11	11.11	13.93	17.27	48.24	89.10	128.18	196.92	7.16
湖北	10.86	11.21	7.42	11.40	29.18	56.52	122.14	229.34	195.75	277.57	8.67
湖南	13.10	14.55	5.47	14.16	29.32	36.12	96.51	141.85	218.80	252.99	7.89
广东	31.40	25.04	12.22	17.95	39.92	47.67	84.50	112.63	141.86	175.89	4.52
广西	16.41	12.05	9.09	14.55	19.31	20.04	58.13	94.03	126.10	147.54	5.79
海南	37.65	37.50	17.64	24.71	50.59	32.33	90.11	129.76	194.38	275.71	5.24
重庆	9.97	9.97	5.77	8.22	9.54	26.69	93.96	113.67	178.99	205.18	8.06
四川	11.38	10.21	6.19	17.44	23.31	33.26	63.25	101.94	245.88	305.85	8.81
贵州	16.69	17.64	5.93	15.15	25.89	22.45	44.12	77.60	152.23	201.85	6.60
云南	10.25	6.35	5.63	10.45	16.36	15.28	44.75	72.71	133.93	201.58	7.94
陕西	25.44	29.05	10.29	17.13	25.45	25.53	82.01	139.74	203.05	276.78	6.31
甘肃	24.66	18.57	19.50	31.97	46.14	26.96	52.99	89.80	120.66	164.39	4.98
青海	104.89	53.75	112.13	70.37	106.93	43.37	137.08	207.09	291.60	405.36	3.53
宁夏	25.11	19.73	22.10	45.59	68.37	64.28	126.94	207.87	281.04	378.20	7.20

图4-13展示了全国及各地区人均就业不足成本的变化趋势。

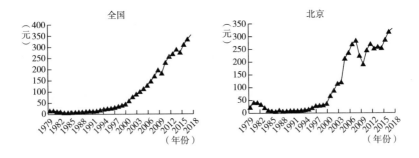

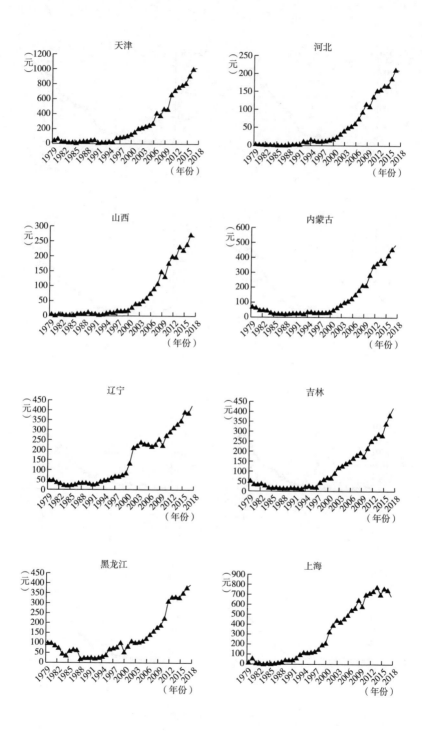

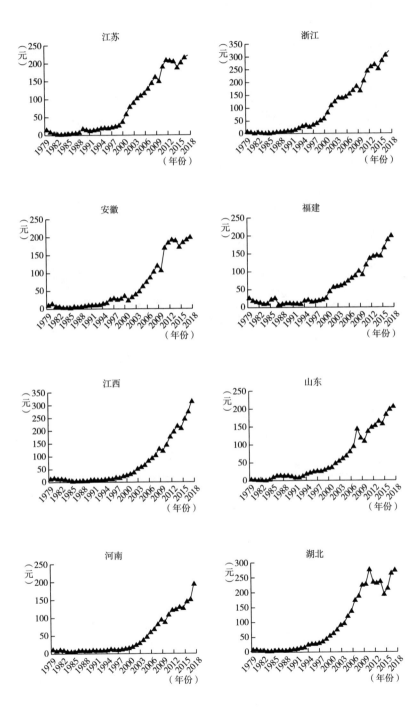

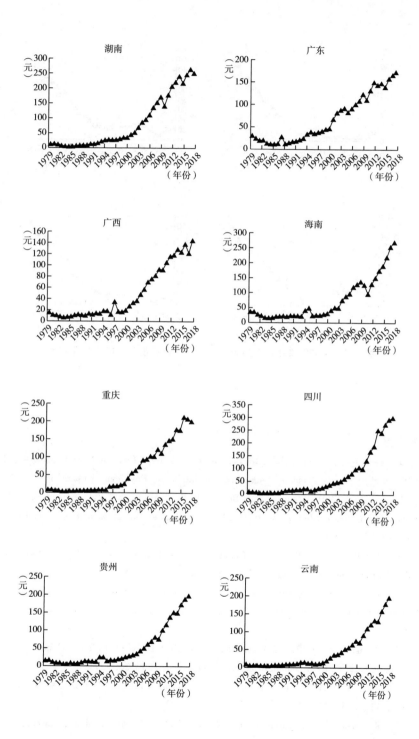

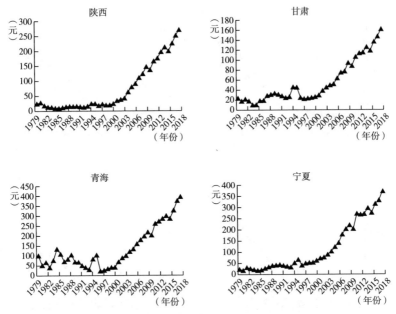

图4-13 1979~2018年全国及各地区人均就业不足成本变化趋势

参考文献

［1］Berik，G.，Gaddis，E.（2011）. *The Utah Genuine Progress Indicator（GPI），1990 to 2007：A Report to the People of Utah.* Utah Population and Environment Coalition.

［2］Erickson，J. D.，Zencey，E.，Burke，M. J.，Carlson，S.，Zimmerman，Z.（2013）. *Vermont Genuine Progress Indicator，1960-2011：Findings and Recommendations.* Gund Institute for Ecological Economics.

［3］Hamilton，C.（1999）. The Genuine Progress Indicator Methodological Developments and Results from Australia. *Ecological Economics*，30（1），13-28.

［4］Harford，J. D.（2006）. Congestion，Pollution，and Benefit-to-cost Ratios of US Public Transit Systems. *Transportation Research Part D：Transport and Environment*，11（1），45-58.

［5］Hayashi，T.（2015）. Measuring Rural-urban Disparity with the Genuine Progress Indicator：A Case Study in Japan. *Ecological Economics*，120，260-271.

［6］Hou，Y.（2017）. Calculating a GPI for Liaoning Province of China. *Social Indicators Research*，134（1），263-276.

［7］Kubiszewski，I.，Costanza，R.，Gorko，N. E.，Weisdorf，M. A.，Carnes，A. W.，

Collins, C. E., et al. (2015). Estimates of the Genuine Progress Indicator (GPI) for Oregon from 1960 – 2010 and Recommendations for a Comprehensive Shareholder's Report. *Ecological Economics*, 119, 1-7.

[8] Long, X., & Ji, X. (2019). Economic Growth Quality, Environmental Sustainability, and Social Welfare in China-provincial Assessment Based on Genuine Progress Indicator (GPI). *Ecological Economics*, 159, 157-176.

[9] Mustard, D. (2010). *How Do Labor Markets Affect Crime? New Evidence on an Old Puzzle* (No. 4856). Institute of Labor Economics (IZA).

[10] Wen, Z., Zhang, K., Du, B., Li, Y., & Li, W. (2007). Case Study on the Use of Genuine Progress Indicator to Measure Urban Economic Welfare in China. *Ecological Economics*, 63 (2-3), 463-475.

[11] Talberth, J., & Weisdorf, M. (2017). Genuine Progress Indicator 2.0: Pilot Accounts for the US, Maryland, and City of Baltimore 2012-2014. *Ecological Economics*, 142, 1-11.

[12] De Boer, D., Roldao, R., Slater, H., Qian, G. (2017). 2017年中国碳价调查. 中国碳论坛.

[13] 陈硕, 刘飞. (2013). 中国转型期犯罪的社会成本估算. 世界经济文汇, (03), 42-64.

[14] 侯芳. (2015). 工业固体废物现状及环境保护防治措施的研究. 绿色科技, (01), 192-193.

[15] 梁甄桥, 李志, 丁从明. (2018). 国有企业下岗潮与犯罪率的实证研究. 世界经济文汇, (01), 22-43.

[16] 李宣. (2014). 国外真实发展指标(GPI)研究及其在我国的应用. 西南交通大学硕士学位论文.

[17] 佟琼, 王稼琼, 王静. (2014). 北京市道路交通外部成本衡量及内部化研究. 管理世界, (03), 1-9+40.

[18] 王茂园. (2013). GDP与GPI比较: GPI应用探讨. 西南交通大学硕士学位论文.

[19] 赵丽娜, 姚芝茂, 武雪芳, 任春, 徐成. (2013). 我国工业固体废物的产生特征及控制对策. 环境工程, 31 (S1), 464-469.

[20] 章元, 刘时菁, 刘亮. (2011). 城乡收入差距、民工失业与中国犯罪率的上升. 经济研究, 46 (02), 59-72.

第 5 章　GPI 的测算与比较研究

5.1　经济增长与可持续发展的比较研究

经济增长①（Economic Growth）通常是指在一个较长的时间跨度上，一个国家人均产出（或人均收入）水平的持续增加。经济增长率的高低体现了一个国家或地区在一定时期内经济总量的增长速度，也是衡量一个国家或地区总体经济实力的标志。决定经济增长的直接因素有投资量、劳动量、生产率水平等。产出水平通常用国内生产总值（GDP）来衡量。对一国经济增长速度的度量，通常用经济增长率来表示。GDP 最早由 Simon Kuznets（1934）提出，指按照市场价格测算一个国家或地区在一定时期内生产的最终产品和服务的总价值。尽管支出法测算的 GDP 能在一定程度上反映社会总体的效用水平，但很难测度经济发展的质量和居民的真实福利水平。主要有以下原因：第一，GDP 无法区别产出增长带来的是福利增长还是福利损耗；第二，GDP 无法体现经济增长的环境破坏代价；第三，GDP 无法体现经济发展的可持续性。

基于 GDP 核算指标的缺陷，学界和政府分别发展了一些替代指标来测度经济的可持续发展水平，如绿色 GDP（Green National Accounting or Green GDP）（Nordhaus & Tobin，1973；联合国统计署 1989 年发布）、真实储蓄指数（Genuine Saving）（世界银行 1997 年发布）、可持续发展指标体系（Sustainable Development Indicators）（欧盟委员会 2005 年发布）、经济环境核算体系（SEEA）（联合国、国际货币基金组织、经济合作与发展组织和世界银行 2003 年发布）和真实进步指标（GPI）（Cobb 等，1994）等。本

---

① 杜尔劳夫、布卢姆：《新帕尔格雷夫经济学大辞典》，经济科学出版社，2016。

报告选取真实进步指标（GPI）来测度经济发展的可持续性，原因第一章已经详细说明，这里不做赘述。

从图 5-1A 可知，中国的 GPI/GDP 在整个研究阶段呈现为"S"形，不妨称之为"S"形曲线。根据全国人均 GPI 和 GDP 的趋势（见表 5-1 和图 5-1B），可以将中国 1979~2018 年分为三个阶段，即 1979~1996 年，经济发展起步阶段；1997~2008 年，经济高速发展阶段；2009~2018 年，经济发展平稳阶段。改革开放之初，中国经济改革尚未步入正轨，经济处于恢复和发展生产力的过渡期和震荡期。此阶段中国经济体制改革最突出的特点是采取渐进方式，先易后难，逐步推进，并根据实践的发展不断调整思路。各种改革举措密集发力，如 20 世纪 70 年代末 80 年代初，农村实行了家庭联产承包责任制；逐步放开农副产品、小商品和工业消费品价格；对国有企业实行放权让利以及允许个体工商户发展，兴办经济特区和引进外资；等等。[①] 因此，该阶段经济发展不充分，要素资源并未得到充分调动，对环境的破坏程度相对较低，反映在 GPI 和 GDP 的指标上是 GPI 的增速快于 GDP 的增速，GPI/GDP 的值在不断增加。通过计算可以得到，GPI/GDP 从 1979 年的 0.69 上升到 1984 年的 0.80，GPI 和 GDP 的年均增速分别为 11.74% 和 8.56%，前者的年均增速比后者高 3.18 个百分点。

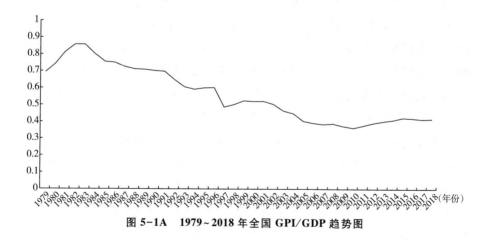

图 5-1A 1979~2018 年全国 GPI/GDP 趋势图

---

① 参见张卓元：《中国经济四十年市场化改革的回顾》，《经济与管理研究》2018 年第 3 期。

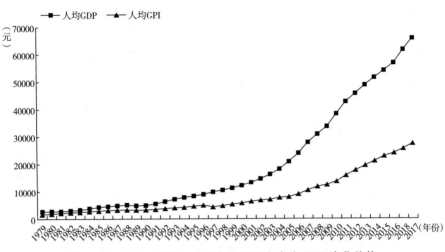

图 5-1B　1979~2018 年全国人均 GPI 和人均 GDP 变化趋势

　　20 世纪 80 年代之后，中国经济的市场化改革目标逐渐浮出水面。特别是，1984 年 10 月 20 日党的十二届三中全会做出《关于经济体制改革的决定》，肯定了中国社会主义经济是公有制基础上的有计划商品经济，以党的文件的方式对经济学界持续几年的争论做了总结。[①] 1987 年，党的十三大报告指出，"社会主义有计划商品经济的体制，应该是计划与市场内在统一的体制"。新的经济运行机制，总体上来说应当是"国家调节市场，市场引导企业"的机制。1992 年 10 月，党的十四大正式宣布，"我国经济体制改革的目标是建立社会主义市场经济体制"，并明确指出，"社会主义市场经济体制，就是要使市场在社会主义国家宏观调控下对资源配置起基础性作用"。这就意味着社会主义市场经济体制改革目标确立起来了，市场化改革方向确立起来了（张卓元，2018）。1992 年社会主义市场经济体制改革目标确立后，中国的市场化改革大步推进，并于 20 世纪末初步建立起社会主义市场经济体制，社会主义经济运行从计划主导型转为市场主导型。市场化改革的过程中，中国经济得到了快速的发展。GDP 从 1984 年的 3.95 万亿元，快速增长到 1996 年的 10.88 万亿元，增加了近 2 倍。但是，在此期间，GPI 从 1984 年的 3.17 万亿元仅仅增长到 6.55 万亿元，上升了不到 1.1 倍，

[①]　参见《中共中央关于经济体制改革的决定》，1984 年。

GPI 的增长速度远远落后于 GDP 的增速。

第二阶段是 1997～2008 年，中国经济处于高速增长阶段，增长速度快于增长质量，对于社会资本和环境资源的破坏力度大，是一种典型的粗放式发展。具体而言，1997～2008 年，环境与社会成本年均增速达到 9.24%，比第一阶段的年均增速高 3.05 个百分点。

该阶段中国经济的高速增长可以归因为继续扩大开放和融入全球贸易体系。21 世纪初中国加入 WTO，逐渐融入全球经济贸易体系之中，在此过程中，中国经济实现了高速发展。从 2000 年到 2008 年，中国 GDP 实现年均 12.92%的增速，从人民币 15 万亿元快速上升到接近 40 万亿元。而 GPI 的增速在放缓，年均增速仅有 8.99%，并且 GPI 和 GDP 的差距在不断扩大。2008 年，GPI/GDP 已从 2000 年的 0.52 下降到 0.39。

第三阶段是国际金融危机之后，中国经济逐渐迎来"新常态"，开始进入平稳发展阶段，发展方式逐渐从粗放型、外延型向集约型和内涵型转变。前者侧重于经济增长的速度，较少关注居民的福利水平以及经济增长的可持续性，而后者则侧重于经济的增长效益、居民的福利水平以及经济增长的可持续性。2006 年，《环境保护》和《科学管理研究》相继刊文，指出中国经济发展要实现绿色转变，就必须制定国家绿色发展战略规划。2008 年 9 月，中央决定全党全面分批学习实践科学发展观活动，着力把握发展规律，创新发展理念，转变发展方式，破解发展难题，提高发展质量和效益，实现又好又快的发展。2015 年，中共十八届五中全会通过《中共中央关于制定国民经济和社会发展第十三个五年规划的建议》，将绿色发展与创新、协调、开放、共享等发展理念合在一起共同构成五大发展理念。2017 年，中国共产党第十九次全国代表大会首次提出"高质量发展"，指出不简单以 GDP 论英雄，不被短期经济指标的波动所左右，坚定不移地实施创新驱动发展战略。随着国家逐渐对环境保护和人民生活质量的重视，GPI 近些年有了较为快速的提升，从 2009 年到 2018 年，人均 GPI 年均增速达到 10.01%，超过人均 GDP 年均增速 2.27 个百分点，GPI/GDP 也从 2009 年的 0.38 上升到 2018 年的 0.46。

总的来说，第一阶段经济以发展不充分①为特征，GPI 占 GDP 的比重较

---

① 或者说要素资源未得到充分调动。

高；经过第一阶段的调整和准备，中国经济逐步迈入工业化时期，迎来第二阶段的高速增长时期，对资源环境破坏程度日趋严重，不平等成本和其他社会成本也在增加，GPI 占 GDP 的比重逐渐下降。第三阶段，中国经济发展逐渐进入"新常态"，工业化后期的经济发展模式弊端逐渐凸显，经济转型压力加大，因此结构性改革逐步推开，经济发展质量有所好转，GPI/GDP 的比例开始上升。

表 5-1 显示了 1979~2018 年全国和各地区的人均 GPI 数值，图 5-2 显示了 1979~2018 年各地区人均 GDP 和人均 GPI 的变动趋势。首先，在我国大部分省份，尽管人均 GPI 有一定的波动，但存在增长的趋势，这意味着这些省份一直在致力于增进社会福利。但是，天津、辽宁和吉林人均 GPI 下降的趋势已经出现，可能揭示了经济增长质量的下降，意味着环境的可持续性存在威胁以及这些省份的社会福利在下降。此外，近些年，河北、内蒙古、黑龙江、江苏、安徽、山东、贵州、陕西、甘肃、青海和宁夏等 11 个地区人均 GPI 增速已经开始放缓，说明这些地区的经济增长质量存在潜在的下滑风险。与之相反，北京、山西、上海、福建、河南、江西、湖北、湖南、广东、广西、海南、重庆、四川和云南等 14 个地区人均 GPI 增速依然强劲。

将 GPI 按照 1979~1996 年、1997~2008 年和 2009~2018 年三个时间段来核算，其排名变化见表 5-2。排名上升的地区有 11 个，包括北京（2，2，1），天津（4，3，3），广东（8，6，6），江苏（13，7，4），湖北（16，16，15），重庆（21，18，13），山东（22，13，10），宁夏（23，20，18），河南（28，21，19）、山西（29，26，20）和浙江（7，5，5）；排名下降的省份有 10 个，包括青海（1，4，7），黑龙江（6，9，11），海南（9，14，16），辽宁（11，11，12），湖南（12，15，17），云南（15，21，22），广西（17，17，27），安徽（18，23，28），江西（19，24，24）和贵州（26，29，29）；排名先上升后下降的地区有 4 个，包括上海（3，1，2），福建（10，8，9），吉林（14，12，14）和河北（27，19，23）；排名先下降后上升的地区有 4 个，包括内蒙古（5，10，8），陕西（20，28，26），四川（24，25，22）和甘肃（25，27，25）。

表 5-1　1979～2018 年全国与各地区人均 GPI 数值

单位：元

年份	1979	1980	1981	1982	1983	1984	1985	1986	1987	1988	1989
全国	1849.80	2033.43	2296.53	2548.20	2771.50	3020.73	3224.15	3390.37	3513.00	3587.00	3377.53
北京	4684.98	4705.38	5530.78	6624.28	7219.73	8720.48	8494.82	10503.56	10578.58	10597.13	10293.08
天津	2586.72	3034.46	3577.87	3872.26	4578.67	5124.40	5014.07	5458.10	6027.68	6508.67	6426.05
河北	1063.89	1213.43	1313.82	1440.86	1698.54	1840.22	2060.07	2085.08	2196.67	2405.08	2170.40
山西	415.06	419.36	643.31	844.95	994.44	1143.07	1181.10	997.06	786.41	826.34	707.07
内蒙古	3756.33	4030.58	4376.31	4570.49	4665.64	4691.40	4936.48	4854.35	4873.74	4962.99	4804.23
辽宁	1852.20	2197.57	2576.66	2834.36	3054.19	3362.41	3259.14	3473.22	3743.86	3729.43	3693.38
吉林	2244.84	2341.64	2563.12	2630.20	2903.19	3258.68	3173.18	3375.66	3613.25	3612.19	3263.59
黑龙江	3585.34	3745.91	3808.73	3866.30	3990.91	4191.55	4431.47	4452.39	4385.07	4519.52	4474.26
上海	3850.21	4147.81	5008.43	5379.12	5934.71	6931.37	7676.35	8545.11	8392.00	8041.25	7838.66
江苏	1645.65	1874.27	2196.96	2556.37	2841.53	3122.54	3318.83	3368.06	3444.94	3350.52	3038.41
浙江	1857.02	2060.55	2550.26	2735.94	2855.92	3310.99	3687.00	4106.38	4411.08	4620.20	4322.00
安徽	1417.07	1903.33	2451.95	2961.33	3047.31	3030.96	3250.12	3506.89	3519.81	3396.11	3234.83
福建	1480.11	1755.62	2118.74	2440.82	2692.75	2937.31	3060.12	3145.10	3491.91	3555.25	3548.34
江西	1798.55	1948.62	2185.44	2465.19	2632.02	2876.61	2956.24	2923.28	3024.20	2981.90	2916.19

续表

年份	1979	1980	1981	1982	1983	1984	1985	1986	1987	1988	1989
山东	951.88	1327.15	1676.63	2116.41	2348.65	2538.08	2628.82	2722.12	2820.36	2760.46	2650.10
河南	945.19	1115.39	1259.72	1459.10	1584.75	1728.03	1960.98	2044.49	1967.84	1848.45	1734.08
湖北	1629.09	1807.87	2104.97	2566.57	2832.45	3387.89	3403.92	3629.51	3570.24	3542.24	3655.54
湖南	2375.92	2576.33	2800.17	3192.21	3393.13	3591.32	3721.06	3733.50	3718.98	3443.28	3141.59
广东	2420.08	2758.16	2896.56	3279.72	3445.53	3653.47	3638.34	3975.17	4164.68	4298.88	4298.52
广西	1990.31	2024.45	2244.95	2355.94	2520.96	2627.64	2793.21	2917.93	2985.36	3141.77	2944.22
海南	2385.68	2866.93	3253.38	3713.90	3924.30	4079.15	4135.10	4257.84	4220.65	4137.39	3668.21
重庆	1815.85	1923.40	2246.76	2431.20	2559.59	2754.08	2768.15	3036.50	2998.27	2967.43	2909.28
四川	1715.58	1723.60	1901.02	2098.02	2259.90	2395.98	2394.81	2502.34	2594.44	2600.97	2425.78
贵州	1442.91	1540.71	1737.64	1839.23	1921.45	2185.45	2256.05	2417.57	2456.48	2306.40	2116.30
云南	2407.03	2438.41	2534.10	3131.10	3400.78	3516.33	3351.98	3549.83	3615.44	3315.64	3228.59
陕西	1763.89	1933.35	2159.97	2435.45	2618.69	2830.54	2715.95	2961.34	3078.37	3273.38	3140.47
甘肃	1926.01	1998.63	2038.35	2122.90	2409.89	2483.01	2415.62	2614.92	2540.79	2314.79	2097.86
青海	11351.98	11355.47	11375.58	11496.94	12065.85	11918.76	12253.03	12519.68	12097.01	11721.71	11380.91
宁夏	669.93	1194.81	1588.56	2129.59	2446.12	2730.87	2748.80	2986.91	2969.03	2764.32	2611.88

续表

年份	1990	1991	1992	1993	1994	1995	1996	1997	1998	1999	2000
全国	3456.93	3830.22	4095.25	4333.89	4601.87	4967.66	5348.21	4744.60	5238.73	5854.77	6310.70
北京	9231.33	9164.77	6446.69	8185.53	9980.93	10495.96	11257.71	10094.33	7830.38	9724.80	11557.69
天津	6282.71	6418.69	5895.10	6415.59	6922.03	7215.30	8218.28	7449.13	8080.68	9838.86	10568.49
河北	2166.30	2642.86	2671.93	2956.13	2771.51	3301.42	3387.02	3073.46	3592.09	4144.81	4267.65
山西	1004.85	1842.71	2178.67	2368.05	2186.79	2618.13	2891.97	2690.85	2692.92	3482.09	3526.24
内蒙古	5557.06	5389.90	5379.41	5454.01	5498.12	5906.08	5786.17	5255.10	5480.12	6113.91	6148.88
辽宁	3686.53	3975.29	4338.08	4543.24	4831.25	5178.24	5603.93	4906.14	6180.61	6670.15	6849.48
吉林	3327.13	3388.33	3573.08	3791.69	4220.04	4570.84	4978.63	4575.99	5119.68	5466.24	5881.54
黑龙江	4426.72	4627.42	4744.41	4833.69	5385.98	5722.76	5735.32	5305.00	6053.21	6899.61	7381.59
上海	8904.35	8621.22	207.00	7953.36	10791.44	11941.28	12743.95	12651.17	14183.14	15911.67	17403.52
江苏	3563.33	4004.88	4145.63	4200.05	4843.42	5449.41	6012.83	5538.19	5930.98	6475.95	7077.11
浙江	6226.26	6623.92	6821.30	6757.60	5968.85	6874.95	8740.71	6598.75	6516.44	8151.36	8679.93
安徽	3217.94	3007.67	2985.36	3288.46	3617.80	3540.02	3400.37	2934.54	3953.40	4226.24	4804.50
福建	4032.31	4325.31	4760.69	5214.54	5691.03	5941.59	6440.24	6075.09	6565.21	7099.50	7326.92
江西	3034.29	3416.22	3463.17	3489.13	3686.79	3933.12	3999.66	3836.83	4079.12	4176.82	4545.80

续表

年份	1990	1991	1992	1993	1994	1995	1996	1997	1998	1999	2000
山东	2807.91	3195.67	3350.06	3418.95	4135.57	4514.27	4623.56	4108.37	4673.24	5410.76	5247.34
河南	1803.36	2118.20	2236.68	2755.90	2920.00	3293.13	3371.48	3147.28	3494.20	4026.87	4394.69
湖北	3760.01	4024.76	3918.33	4016.34	4124.15	4066.82	4228.27	3566.01	4151.96	4718.00	4942.25
湖南	3675.86	4147.55	4131.67	4157.84	4160.05	4324.11	5002.79	4721.50	5017.19	5139.46	5230.62
广东	4445.30	4902.86	2689.93	4739.21	6269.39	7194.06	7339.01	6992.96	7446.05	7479.06	7978.99
广西	3260.96	3523.42	3704.16	3931.76	4316.17	4601.31	4728.95	4147.61	4158.05	4264.55	4388.18
海南	3463.39	3893.11	4388.76	4990.13	4808.50	4772.02	5244.80	4613.78	5087.84	6012.63	6202.32
重庆	3062.17	3090.77	3060.90	3306.21	3394.21	3219.27	3692.30	3201.65	3223.56	3813.80	4333.08
四川	2538.43	2795.68	2704.78	3208.88	3710.75	3879.73	3851.08	3419.87	3602.99	3836.00	4309.48
贵州	2341.29	2405.06	2475.25	2649.62	2762.36	3164.95	3280.53	2880.48	2722.07	2919.14	2941.14
云南	3487.53	3978.37	3914.94	3651.96	3590.45	3614.74	4059.81	3362.43	3611.69	4355.53	4906.40
陕西	3326.24	3495.12	3440.84	3474.06	3191.93	3226.01	3282.76	2855.20	3195.19	3226.31	3256.68
甘肃	2165.56	2622.12	2769.88	2730.89	2807.82	2966.79	3333.78	2745.30	2804.67	2823.94	3777.59
青海	11749.73	12203.75	11879.26	11700.51	11753.30	11874.99	11850.81	10496.18	10482.48	11044.49	11378.09
宁夏	3248.38	3557.62	3593.87	3555.50	3689.73	3641.65	3718.54	3147.09	3461.02	4074.28	4693.49

续表

年份	2001	2002	2003	2004	2005	2006	2007	2008	2009	2010	2011
全国	6896.82	7335.92	7503.09	8150.06	8417.64	9341.41	10710.69	12079.65	12837.77	14370.49	16842.02
北京	13340.67	14722.27	16191.45	19206.36	23336.85	27462.94	32546.41	36843.58	40611.44	43380.13	50200.58
天津	11819.12	13066.51	14775.06	15761.18	16448.74	18528.19	20628.87	23216.03	25906.06	28595.34	33144.25
河北	4448.30	4980.78	5232.56	6755.76	6747.21	7131.29	7630.26	8770.40	8854.25	10293.05	11740.16
山西	3408.78	3675.70	3725.34	5264.95	5968.18	6392.82	7181.47	8273.55	9172.48	9948.79	11279.05
内蒙古	6647.65	7317.21	7186.73	7708.17	8458.36	9172.91	10453.23	12433.99	14783.10	16992.89	19544.65
辽宁	7253.85	7461.87	7108.11	7675.57	8085.51	8464.60	9168.62	10452.29	12280.61	14278.60	16921.19
吉林	6497.57	6818.73	7771.17	7994.07	7324.68	8458.84	10479.88	11484.50	12390.11	13776.28	15979.90
黑龙江	7892.82	8153.27	8435.21	8818.13	8125.22	9642.65	10496.20	12146.28	13067.26	15361.58	16918.75
上海	18883.34	20781.08	22907.07	26142.46	28682.04	32115.52	35807.77	39915.61	43354.70	44183.16	48689.23
江苏	7867.10	8370.48	9438.31	10818.15	11042.79	13116.92	15484.72	17345.94	19162.77	21509.71	24622.09
浙江	10099.45	10953.48	11543.03	11815.28	14104.78	15830.96	17874.86	19337.60	20816.53	22605.16	26298.20
安徽	5140.63	5528.74	5545.51	5568.40	5190.35	5893.16	6531.34	7007.47	7102.26	8618.32	10464.52
福建	7999.95	8249.68	8848.96	9179.89	9350.98	10580.35	11773.76	13042.90	14168.26	15517.96	18183.18
江西	4611.57	4497.74	4381.44	5339.77	5353.07	5670.01	7435.39	7986.05	8251.92	9364.06	10791.86

续表

年份	2001	2002	2003	2004	2005	2006	2007	2008	2009	2010	2011
山东	6067.37	6548.15	6932.63	7521.97	7998.25	9183.39	10375.51	12355.31	11924.68	13384.25	15879.70
河南	4651.34	4720.35	4874.87	5614.55	6343.93	6879.54	7942.18	8048.86	8717.08	10173.80	12154.65
湖北	5358.96	5864.54	6127.72	6524.41	6606.97	7243.53	8709.26	10053.93	10532.73	12103.14	14201.11
湖南	5918.93	6070.10	6244.54	6312.85	6837.61	7554.36	8401.70	9377.78	9713.60	10583.73	12794.85
广东	8990.07	9958.89	10486.85	11404.77	11924.74	13408.40	14950.54	16959.04	17858.02	19711.76	22805.17
广西	5913.54	5916.69	5927.31	6012.29	6127.91	6713.21	7309.81	7841.72	8460.94	9459.44	10091.37
海南	6193.51	6747.37	6676.12	7125.85	7006.00	7659.13	8258.44	9098.18	9572.14	10801.37	12788.29
重庆	4375.27	4921.09	5162.18	5697.04	6083.52	7168.81	7970.65	11281.46	9984.53	11040.26	13970.57
四川	4303.56	4633.48	4537.25	5380.06	5487.44	6275.28	7032.44	7719.31	7907.58	9524.64	10894.53
贵州	2826.31	3506.13	3214.43	3560.74	3863.43	4580.02	5383.78	5736.56	6049.28	6176.37	8147.74
云南	4918.27	5196.66	4968.24	5541.10	5723.07	6385.06	6639.33	6820.01	8136.50	9076.50	10800.52
陕西	3826.31	3694.35	3560.21	3442.84	4652.12	4697.64	5714.45	6906.25	8570.53	9215.84	11253.54
甘肃	4042.95	3694.62	3616.89	4517.70	5105.76	5546.76	5972.45	7814.94	8146.89	9488.31	10472.31
青海	11659.86	11731.90	12029.69	13657.95	14204.73	15727.25	16913.84	18141.64	17691.16	19275.48	21002.07
宁夏	6042.18	6180.73	5522.36	5010.04	5440.00	6225.47	7315.93	7813.61	7257.67	7527.62	10025.45

续表

年份	2012	2013	2014	2015	2016	2017	2018
全国	18970.21	21055.95	22939.85	25204.63	26519.92	28316.23	30296.27
北京	54779.99	58229.79	64943.54	67942.09	69085.08	74334.80	81084.98
天津	36276.21	40058.57	44036.87	48194.19	51391.59	52783.09	53389.12
河北	14181.45	14324.40	16011.00	16697.15	18415.04	19408.19	20472.46
山西	13384.86	14714.59	16028.25	18606.88	18825.22	21135.90	22767.64
内蒙古	21655.36	25172.42	25571.99	27026.86	29138.71	30805.41	31912.22
辽宁	18641.13	21466.41	22846.28	24020.44	24461.51	25081.02	25796.86
吉林	17806.78	20244.04	19675.47	20655.07	20491.77	21828.13	22354.93
黑龙江	19379.21	20550.62	22000.80	22804.83	23861.38	25921.73	26470.06
上海	51723.64	54264.27	61279.08	63503.35	66923.70	72291.30	76509.16
江苏	26999.54	30709.22	35343.36	39132.91	43291.15	46254.24	48482.89
浙江	28720.24	31023.89	35172.32	37080.25	39240.32	42805.68	45886.78
安徽	11113.31	12898.50	13640.15	16077.32	16907.24	17743.91	18858.27
福建	19579.88	21205.23	22752.89	25397.38	27390.09	30551.44	33315.24
江西	12401.39	14731.72	15401.15	17805.93	18453.89	19355.11	21572.52

续表

年份	2012	2013	2014	2015	2016	2017	2018
山东	18539.81	20822.87	21806.39	23173.39	26739.43	28878.58	30462.81
河南	13163.41	15452.38	17022.37	19634.18	20562.00	22528.99	24081.92
湖北	15433.98	17517.60	19119.06	21382.71	22302.29	25062.98	27037.46
湖南	14408.99	15423.83	16862.65	19791.85	20660.75	22869.21	24363.50
广东	24664.08	27510.33	28433.61	31398.17	32614.72	34595.04	37421.44
广西	11983.59	14177.69	15145.59	16945.10	17746.45	18289.23	20033.71
海南	15343.87	16666.63	17660.84	22041.40	24076.85	25459.80	28253.25
重庆	16886.24	18117.78	20607.65	22282.47	24888.53	26692.80	28020.74
四川	13046.28	14919.39	16274.57	18224.02	18997.51	20474.97	23240.54
贵州	8726.52	9748.38	10632.89	14733.72	14643.81	16360.82	17134.39
云南	12856.90	15428.48	17163.80	18684.11	19284.88	20258.63	22507.92
陕西	12664.97	13738.60	15227.04	17122.92	17549.85	19734.23	20650.00
甘肃	12371.66	14112.38	15939.03	17318.12	18025.15	19617.51	20328.65
青海	22832.08	22264.88	24040.43	28640.90	30596.17	33420.90	35182.96
宁夏	13409.70	15915.43	16440.63	20727.93	21699.02	24854.96	26710.87

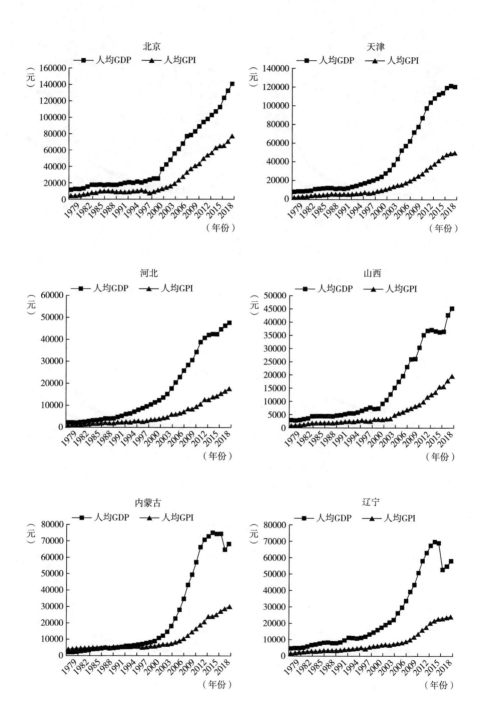

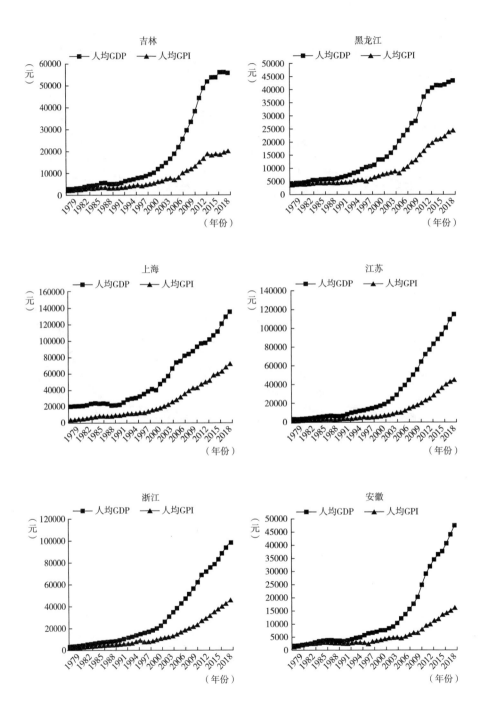

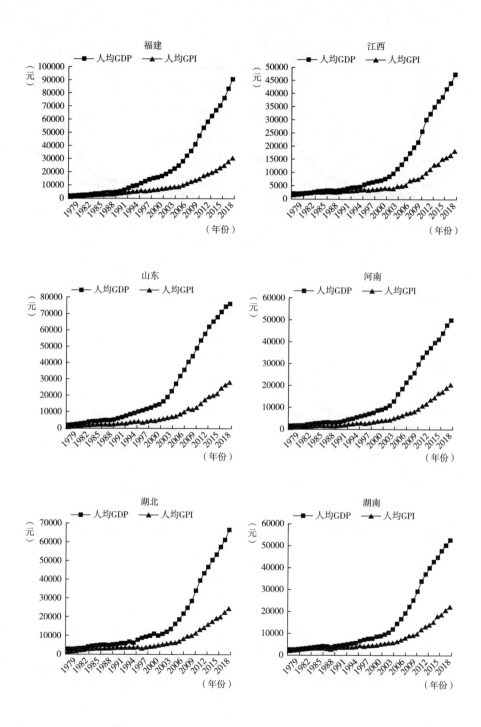

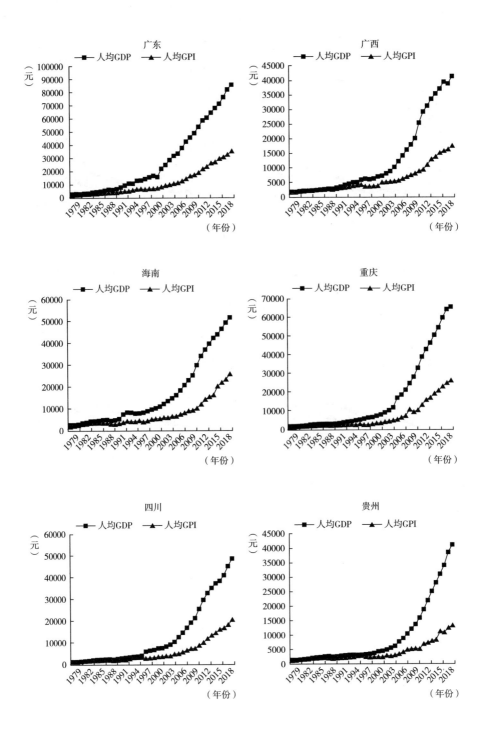

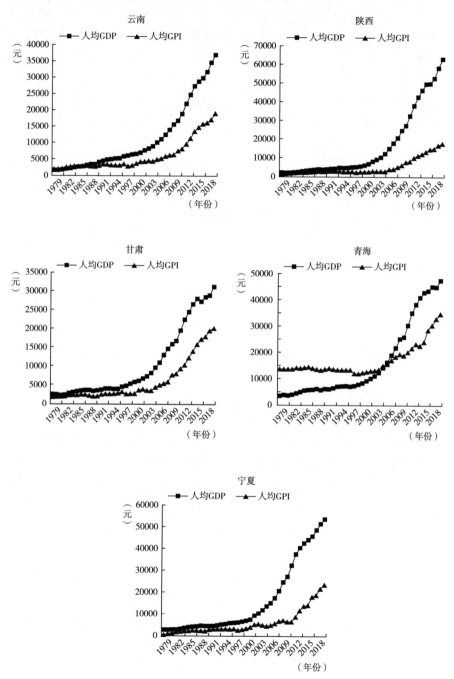

图 5-2　1979~2018 年各地区人均 GDP 与人均 GPI 变动趋势

表5-2　1979~1996年、1997~2008年和2009~2018年中国各省份人均GPI排名变化情况

年份	1979~1996	1997~2008	2009~2018	年份	1979~1996	1997~2008	2009~2018
青海	1	4↓	7↓	湖北	16	16	15↑
北京	2	2	1↑	广西	17	17	27↓
上海	3	1↑	2↓	安徽	18	23↓	28↓
天津	4	3↓	3	江西	19	24↓	24
内蒙古	5	10↓	8↑	陕西	20	28↓	26↑
黑龙江	6	9↓	11↓	重庆	21	18↑	13↑
浙江	7	5↑	5	山东	22	13↑	10↑
广东	8	6↑	6	宁夏	23	20↑	18↑
海南	9	14↓	16↓	四川	24	25↓	22↑
福建	10	8↑	9↓	甘肃	25	27↓	25↑
辽宁	11	11	12↓	贵州	26	29↓	29
湖南	12	15↓	17↓	河北	27	19↑	23↓
江苏	13	7↑	4↑	河南	28	21↑	19↑
吉林	14	12↑	14↓	山西	29	26↑	20↑
云南	15	22↓	21↑				

　　排名上升表明该地区相对于其他地区来说，发展质量不断提高，环境破坏程度不断降低，居民福利水平持续改善，这些地区中北京和湖北前后变化幅度小，只提高了1个名次；江苏、河南、山西，排名变化幅度较大；山东排名提高幅度最大，中期提高了9个名次，后期提高了3个名次。排名下降的地区表明该地区可持续发展状况恶化，经济发展缓慢且环境破坏更加严重，居民福利水平下降，上述下降的地区中辽宁和贵州下降幅度较小，分别为1和3个名次；广西和安徽的排名下降幅度最大，都下降了10个名次。

　　排名先上升后下降（不妨称之为倒"U"形发展模式）和先下降后上升（不妨称之为"U"形发展模式）的地区都属于经济发展质量不稳定的地区，前者说明该地区并没有形成可持续发展的长期有效机制，经过一段时间又回到原来的经济发展轨道上，河北最为典型。后者则相反，自身经济发展不可持续，并且不断恶化，但到达一定程度之后又有所改善，陕西的发展模式是最好的例子。

北京一直是全国的政治、文化和科技中心，尽管近些年空气污染影响较为严重，但是北京高端人才集中，技术创新度高，经济发展质量相对于其他地区依然很高。江苏借助其优势的地理位置、良好的轻工业经济基础和集约型的发展模式，经济的可持续发展状况持续改善，居民福利水平不断提高，2009~2018年江苏人均GPI的平均水平已经名列前茅。河南的可持续发展状况改善要比江苏艰难得多，改革开放早期，河南作为全国的粮食大省，工业基础薄弱，人口众多，可谓一穷二白，GPI处于全国倒数位置，进入20世纪90年代，乡镇企业异军突起，中小民营经济快速发展，食品、纺织、家具、造纸、印刷、白酒、机械、建材等行业逐步发展成为河南的优势产业，中国一拖、宇通客车、双汇火腿、民权葡萄酒、宋河酒业等成长为全国知名企业和名牌产品。但是，在2009年之后，河南产业结构面临升级压力，食品和中低端制造业对环境破坏较为严重，缺乏自主创新，增加值较低。因此，河南实施了"百千万"亿级优势产业集群培育工程、制造业供给侧结构性改革和中国制造2025河南行动，实施绿色化改造、智能化改造和企业技术改造，推动重点产业转型发展，推动工业从追求速度与总量扩张转向追求质量和效率提升，但由于产学研良性创新循环的缺失，产业升级效果不明显，GPI排名并没有得到明显改善。

5.2 全国和地区GPI账户分解研究

5.2.1 全国GPI账户的分解

图5-3给出了1979~2018年GPI各个账户指标的变化趋势，表5-3给出了1979~1996年、1997~2008年和2009~2018年三个阶段GPI各个分解指标的占比变化。从图5-3可知，价值项在不断增加，并且进入21世纪之后，增速加快；环境与社会成本账户经历了前期不断上升的过程，但经过2008年的经济危机，成本项增速放缓，并且在近些年有下降的潜在趋势。

从分阶段的账户分解指标可知，市场基础的商品和服务价值占GPI的比重经历了快速上升到增速逐渐回落的过程，在此期间，要素资本提供的服务价值占GPI的比重在不断下降，从1979~1996年平均占比55.08%下降到2009~2018年的49.59%；环境和社会成本占GPI的比重则是先快速上升而后缓慢下降。总的来说，GPI 三个子账户占比的变化趋势与中国改革开放之后的经济发展过程相一致。首先，改革开放之初，经济经历了缓慢的调整阶段，各种改革措施密集发力；之后经济改革（市场化改革和经济体制改革等）逐步进入正轨，经济迅速发展，中国迎来了快速工业化时期。工业化的典型特征包括工业的快速发展和环境的破坏，所以 1979~1996 年环境和社会成本项快速上升。此外，工业发展绝不是孤立进行的，总是与农业城市化和服务业发展相辅相成，而城市化的过程必然带来居民消费的迅速崛起。与发达国家相比，中国快速工业化过程中，政府发挥着决定性作用，首先其提供安全稳定的经济发展环境和相对完善的金融和基础设施服务，所以市场基础的商品和服务价值占比高，并且在不断上升。

　　进入工业化后期，尤其是 2008 年国际金融危机之后，经济的潜在增速下降，中国经济开始进入转型升级时期，以人力资本和知识部门为特征的高端城市化和部分制造业服务化是中国经济的发展方向（高培勇等，2019；高培勇等，2020）。所以，在此过程中，要素资本提供的服务价值占比小幅下降，市场基础的商品和服务价值占比小幅上升。

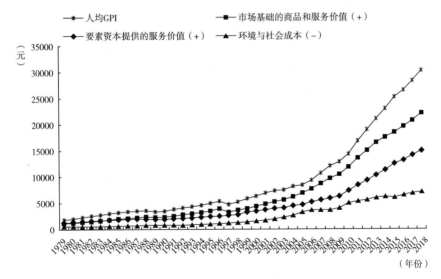

图 5-3　全国 GPI 分解

表 5-3　全国各阶段分账户指标分解

年份	市场基础的商品和服务价值（+）	要素资本提供的服务价值（+）	环境与社会成本（-）
1979~1996	67.11%	55.51%	22.62%
1997~2008	75.29%	54.65%	29.95%
2009~2018	76.55%	49.59%	26.14%

　　表 5-5、图 5-4A、图 5-4B 是 GPI 各个子账户的分解，显示了不同时期各个子指标的结构变化。首先来看市场基础的商品和服务价值的分解（见表 5-5），第二阶段的居民消费占比为 120.90%、公共物品服务占比为 38.44%，分别比第一阶段上升了 13.03 个百分点和 15.34 个百分点，是第二阶段市场基础的商品和服务价值占比上升的主要驱动力。扣除类指标中，收入不平等成本上升最快，从第一阶段的 8.97% 增加到第二阶段的 33.29%，增加了 2 倍多；其他扣除类指标，除了医疗保健成本、家居维修保养及改善支出成本与高等和职业教育支出成本小幅上升外，其他指标均有所下降。这表明，尽管收入不平等随着工业化的推进有所恶化，但居民的整体福利水平在不断提高。

表 5-5　各阶段市场基础的商品和服务价值分解

年份	1979~1996	1997~2008	2009~2018
居民消费总值（+）	107.87%	120.90%	111.19%
医疗保健成本（-）	2.83%	5.44%	4.53%
食品和能源浪费成本（-）	3.39%	3.35%	2.70%
福利中性商品成本（-）	3.81%	3.10%	2.42%
耐用品支出成本（-）	6.70%	6.68%	4.75%
家居维修保养及改善支出成本（-）	4.59%	5.57%	5.10%
高等和职业教育支出成本（-）	0.69%	1.91%	1.23%
收入不平等成本（-）	8.97%	33.29%	29.25%
公共物品与服务价值（+）	23.10%	38.44%	38.78%

　　其次，要素资本提供的服务价值分解指标的各阶段变化趋势见图 5-4A，家务劳动价值从第一阶段到第二阶段有较大幅度的下降（约 5 个百分点），之后家务劳动经历了增速放缓的过程，所以第三阶段家务劳动价值占要素资本提供的价值的比重略微下降。该变化说明中国的家务劳动时间正在回

归均值水平，一定程度上印证了中国发展阶段的转变。进一步说，经济发展水平低的时候，居民工作时间少，家务劳动时间较长，家务劳动价值占要素资本提供的价值账户的比重高，但是随着经济的不断发展，居民的工作时间逐渐增加，该比值不断减少；当经济发展到一定水平之后，家务劳动时间基本保持不变或者略微增加，该比值也相对稳定，因为随着居民物质生活水平的提高，人们会逐渐关注精神生活。制造业服务价值的变化趋势恰好与家务劳动价值的变化趋势相反，前期快速发展，第三阶段制造业面临转型升级压力，所以增长缓慢。另外，自然资本价值对于要素资本提供的价值账户的驱动力在减弱，取而代之的是高等教育的服务价值和家庭资本服务价值，其占比在快速提高，这说明中国的人力资本和潜在的生产力在提高，经济增长质量在逐步改善。除此之外，中国硬件设施的服务价值也在不断改善，因为交通基础设施服务价值、高铁服务价值和电力燃气水基础设施服务价值占比都不断上升，这也是经济健康发展的标志之一。

从要素资本提供的价值账户子指标占比变化的情况来说，中国经济结构正在转型升级，要素资本服务价值占比下降是经济结构健康转型过程的表征，一旦经济结构转型升级成功，该比值又会有所提升。

环境与社会成本账户分解指标的各阶段变化趋势见图5-4B，环境与社会成本体现的是经济发展的代价，一般来说，不同阶段经济发展所倚重的成本是不一致的。首先，在经济发展的第一阶段，经济发展以环境破坏为代价，不可再生能源替代成本和温室气体排放成本占比最大，两者占比超过60%；水污染和空气污染占比接近18%；社会成本中，犯罪成本和通勤成本相对较高，分别为8.83%和4.46%。其他子指标占比相对较低。进入发展的第二阶段，不可再生能源替代成本和温室气体排放成本占比大幅下降，分别为34.18%和5.94%，两者约占该账户总成本的40%，说明随着经济发展，各种活动对环境的破坏程度有所缓解。此外，水污染成本、空气污染成本、固体废物污染成本以及犯罪成本占比有所下降。但是，通勤成本和休闲时间成本大幅上升，两者占比接近37%，说明中国的工业化进程在加快，因为人们的休闲时间在减少，待在工厂的工作时间在加长。此外，就业不足成本略微上升。进入经济发展的第三阶段，环境的破坏程度日益减小，不可再生能源替代成本、温室气体排放成本和水污染成本占比分别下降到25.92%、5.52%和4.54%，空气污染成本占比略微提高，为8.14%；社会成本占比在快速上升，超过 50%。其中，休闲时间成本占比为 37.83%，超过不可再生能源替代成本的占比约 12 个百分点，通勤成本上升为 12.77%，就业不足成本也略微上升。

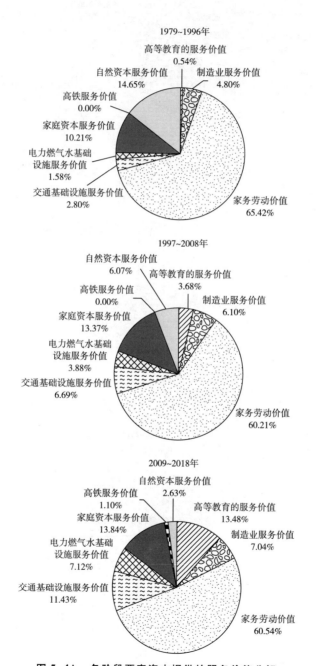

图 5-4A　各阶段要素资本提供的服务价值分解

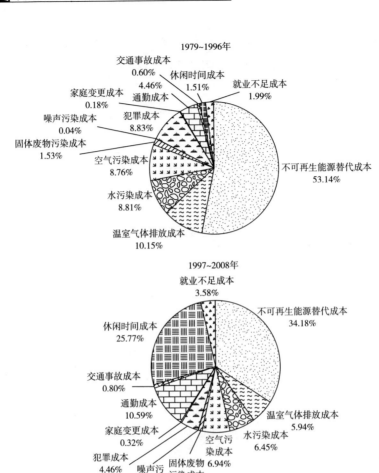

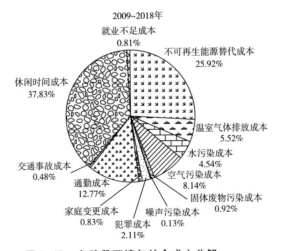

图 5-4B 各阶段环境与社会成本分解

5.2.2 代表性地区 GPI 账户的分解

鉴于本节的篇幅，我们不可能逐一讨论每个地区（省份）经济发展质量的变化趋势（GPI账户分解），由于地区发展具有趋同性，或者至少存在几种发展模式，因此可以把所有地区进行归类讨论。本节正是基于此原理，讨论了四种典型的发展模式，不妨称之为"江苏模式"、"河南模式"、"安徽模式"和"青海模式"，其中"江苏模式"代表发达地区的发展模式，如北京、上海、广东和浙江等地区；"河南模式"代表发展中地区的发展模式，如湖北、山东、山西和重庆等地区；"安徽模式"代表落后地区的发展模式，如贵州、广西、甘肃和陕西等地区；"青海模式"则代表自然资源丰富地区的发展模式，如内蒙古、云南和黑龙江等地区。

1. "江苏模式"的讨论

图5-5表示江苏省GPI和各个分指标的变化趋势，表5-4表示江苏省各个阶段各个子指标分解指标的占比变化，反映了江苏省发展模式的转变方向。从图5-5可知，江苏省的GPI 1979~2018年一路上升，尤其是2013年之前，增速非常快。其主要原因有以下两点：首先，子指标市场基础的商品和服务价值以及要素资本提供的服务价值都在不断上升，前者增速快于后者；其次，环境与社会成本增速较慢，尤其2005年以后，环境与社会成本占比显著下降。表5-4进一步验证了上述解释，市场基础的商品和服务价值占比在不断上升，第三阶段已达到83.29%，相比于第一阶段上升了10.49个百分点；要素资本提供的服务价值占比则经历了先上升后下降的过程，第三阶段要素资本提供的服务价值占比接近40%；环境与社会成本也有类似的特征，先上升后下降，最后环境与社会成本占比维持在20%左右的水平，与前期发展阶段成本占比相近。值得注意的是，尽管江苏省也经历

表5-4 江苏省各阶段子账户指标占比

年份	市场基础的商品和服务价值（+）	要素资本提供的服务价值（+）	环境与社会成本（-）
1979~1996	72.80%	48.38%	21.19%
1997~2008	77.39%	50.21%	27.59%
2009~2018	83.29%	39.04%	22.33%

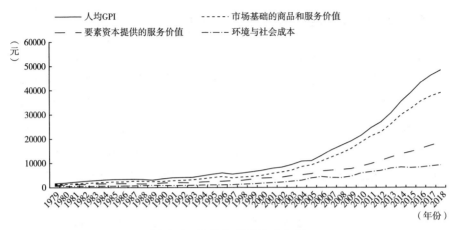

图 5-5 江苏省 GPI 账户分解

了高速工业化的过程，但该过程的代价也就是环境与社会成本占比仍然未超过 30%，这是发达地区工业化过程的重要特征之一。

"江苏模式"的典型特征之二：江苏省的居民福利水平不断提高，是典型的高福利地区。从表 5-5 可知，居民消费总值占比较高，基本维持在 100%~110%；该子指标项目中成本和支出项占比相对于河南和安徽都要低，并且每个阶段下降幅度都很大（除了少数指标上升外）。收入不平等成本占比在工业化过程中快速上升，达到 25.66%，但进入第三阶段收入不平等成本占比有所回落，符合库兹涅茨所描述的不平等和经济发展关系的倒"U"形假说。与河南和安徽相比，江苏的收入不平等成本占比相对较低。公共物品与服务价值占比在后两个阶段接近 40%，说明政府在改善居民福利方面发挥着越来越重要的作用。

表 5-5 江苏省市场基础的商品和服务价值的分解

年份	1979~1996	1997~2008	2009~2018
居民消费总值（+）	109.52%	110.51%	102.24%
医疗保健成本（-）	2.23%	4.51%	3.66%
食品和能源浪费成本（-）	3.27%	2.74%	2.00%
福利中性商品成本（-）	3.85%	3.08%	2.31%
耐用品支出成本（-）	7.48%	6.87%	4.16%
家居维修保养及改善支出成本（-）	7.20%	5.34%	3.96%

年份	1979~1996	1997~2008	2009~2018
高等和职业教育支出成本（-）	0.64%	1.78%	1.36%
收入不平等成本（-）	6.49%	25.66%	24.18%
公共物品与服务价值（+）	21.63%	39.47%	39.39%

"江苏模式"的典型特征之三：要素资本提供的服务价值质量越来越高。衡量中国经济增长潜力和增长质量的人力资本质量在迅速提高，因为高等教育的服务价值占比从第一阶段的 1.57% 上升到第三阶段的 20.77%。家务劳动价值、自然资本服务价值和家庭资本服务价值占比分别从第一阶段的 25.48%、9.16%、28.78% 下降到 20.73%、0.85% 和 18.49%，表 5-6 反映的是传统要素（自然资源、普通劳动和耐用品）提供的服务价值比例在下降。传统制造业转型升级，所以传统制造业占比有所下降。总的来说，江苏经济的驱动力正在从传统要素向知识和创新要素过渡。

表 5-6　江苏省要素资本提供的服务价值分解

年份	1979~1996	1997~2008	2009~2018
高等教育的服务价值（+）	1.57%	6.50%	20.77%
制造业服务价值（-）	25.48%	24.01%	20.73%
家务劳动价值（-）	25.48%	24.01%	20.73%
交通基础设施服务价值（-）	5.37%	10.28%	10.09%
电力燃气水基础设施服务价值（-）	4.16%	8.19%	7.46%
家庭资本服务价值（-）	28.78%	24.17%	18.49%
高铁服务价值（-）	0.00%	0.00%	0.90%
自然资本服务价值（+）	9.16%	2.83%	0.85%

2. "河南模式"的讨论

图 5-6 表示河南省 GPI 和各个分指标的变化趋势，表 5-7 表示河南省各个阶段各个子指标分解指标的占比变化，反映了河南省发展模式的转变方向。从图 5-6 可知，河南省的 GPI 从 1979 年到 2018 年一路上升，2007 年之后增速加快。主要原因在于：首先，子指标市场基础的商品和服务价值以及要素资本提供的服务价值增速在后期加快；其次，环境与社会成本

增速较慢，尤其 2005 年以后，环境与社会成本占比显著下降。从表 5-7 可知，河南省的市场基础的商品和服务价值占比小于江苏省该要素占比；河南省的要素资本提供的服务价值占比在不断下降，降幅接近 13 个百分点，并且河南省的环境与社会成本占比一直维持在高位（三个阶段成本项平均占比为 31%）。

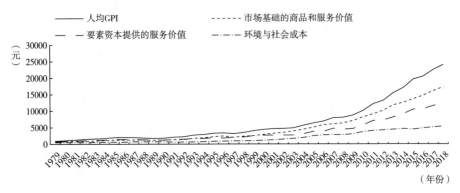

图 5-6　河南省 GPI 账户分解

表 5-7　河南省各阶段子账户指标占比

年份	市场基础的商品和服务价值（+）	要素资本提供的服务价值（+）	环境与社会成本（-）
1979~1996	66.20%	66.08%	32.28%
1997~2008	74.50%	58.39%	32.89%
2009~2018	73.99%	53.20%	27.20%

"河南模式"的典型特征 1：要素资本提供的服务价值质量改善效益较弱。从表 5-8 来看，高等教育的服务价值占比提高幅度远小于江苏省该比值增幅，第三阶段该比值仅为 7.22%，说明河南省的人力资本积累不足，未来经济高质量发展前景并不乐观。尽管家务劳动价值占比在不断下降，但由于河南为人口大省，第三阶段该比值仍然很高，超过 60%。家务劳动价值和家庭资本价值仍然占据要素资本提供的服务价值账户的主要位置。因此河南省能否转入经济高质量、可持续的发展轨道取决于河南省能否有效利用其人口优势，将普通劳动力升级为人力资本，从而提高高等教育服务价值在该账户的占比。

尽管河南省中小民营经济快速发展，食品、纺织、家具、造纸、印刷、白酒、机械、建材等行业逐步发展成为河南的优势产业，中国一拖、宇通客车、双汇火腿、民权葡萄酒、宋河酒业等成长为全国知名企业和名牌产品，但是由于河南省人口众多，工业基础薄弱，其制造业服务价值占比仍然较低，不到4%。2009年之后，河南制造业面临产业升级压力，食品和中低端制造业对环境破坏较为严重，缺乏自主创新，增加值较低。总的来说，河南省的要素资本提供的服务价值仍以传统要素提供的服务价值为主。

表5-8　河南省要素资本提供的服务价值分解

年份	1979~1996	1997~2008	2009~2018
高等教育的服务价值	0.32%	2.54%	7.22%
制造业服务价值	2.32%	3.09%	3.21%
家务劳动价值	80.37%	70.54%	64.92%
交通基础设施服务价值	3.18%	7.26%	6.70%
电力燃气水基础设施服务价值	1.49%	3.50%	4.71%
家庭资本服务价值	8.98%	11.81%	11.85%
高铁服务价值	0.00%	0.00%	0.94%
自然资本服务价值	3.35%	1.25%	0.46%

"河南模式"的典型特征2：河南省经济发展的代价相对较高，环境代价在降低，但社会代价在快速上升（见表5-9）。虽然河南省的环境成本随着经济的逐渐发展在不断降低，如不可再生能源替代成本和水污染成本下降幅度分别约为20个百分点和11个百分点，但家庭变更成本、通勤成本、休闲时间成本和就业不足成本等社会成本占比增加了约45个百分点，其中休闲时间成本和通勤成本占比增加最多，两者占比之和在第三阶段超过50%。说明河南在快速发展的过程中居民的福利损失逐渐超过了环境损失。

表5-9　河南省环境与社会成本价值分解

年份	1979~1996	1997~2008	2009~2018
不可再生能源替代成本	47.33%	35.48%	26.88%
温室气体排放成本	9.22%	5.50%	5.19%
水污染成本	13.88%	5.60%	2.68%

年份	1979~1996	1997~2008	2009~2018
空气污染成本	7.67%	6.77%	8.04%
固体废物污染成本	0.83%	0.75%	0.78%
噪声污染成本	0.02%	0.03%	0.08%
犯罪成本	13.55%	5.55%	3.33%
家庭变更成本	0.14%	0.28%	0.91%
通勤成本	3.64%	10.54%	11.74%
交通事故成本	0.36%	0.50%	0.22%
休闲时间成本	2.94%	28.63%	39.65%
就业不足成本	0.42%	0.37%	0.49%

3. "安徽模式"的讨论

图 5-7 表示安徽省 GPI 和各个分指标的变化趋势，表 5-10 表示安徽省各个阶段各个分解指标的占比变化，反映了安徽省发展模式的转变方向。从图 5-7 可知，安徽省的 GPI 在上升过程中波动幅度大于江苏和河南的波动幅度；在子指标中，安徽省市场基础的商品和服务价值上升速度快于其他两个指标，该要素占比在不断提升（见表 5-10）；要素资本提供的服务价值一度高于市场基础的商品和服务价值，并且一直处于较高水平，三个阶段的该要素比值的平均占比为 61%，环境和社会成本占比在不断提高，并且第三阶段该比值接近 40%（见表 5-10）。

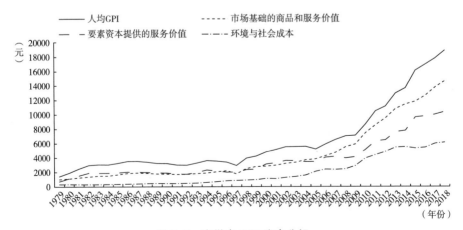

图 5-7　安徽省 GPI 账户分解

表 5-10 安徽省各阶段子账户指标占比

年份	市场基础的商品和服务价值（+）	要素资本提供的服务价值（+）	环境与社会成本（-）
1979~1996	54.94%	59.86%	14.80%
1997~2008	64.93%	64.22%	29.15%
2009~2018	79.47%	57.70%	37.18%

"安徽模式"的典型特征1：消费的真正福利效应较弱。尽管居民消费总值占比比江苏和河南的消费占比要高，但是食品和能源浪费成本、福利中性商品成本和耐用品支出成本下降缓慢，并且医疗保健成本、家居维修保养及改善支出成本、高等和职业教育支出成本和收入不平等成本占比不但没有下降，反而有所上升。说明居民享受消费福利的代价整体处于较高水平，其中第二阶段收入不平等成本占比为41.27%（见表5-11），显著高于江苏的26%和河南的32%，第三阶段该比值仍然超过30%，处于较高水平。三个阶段的公共物品和服务价值占比的平均值为27%，分别低于江苏的33.5%和河南的34.4%。总体来说，安徽省的居民福利增加的数量效应大于质量效应。

表 5-11 安徽省要素市场基础的商品和服务价值的分解

年份	1979~1996	1997~2008	2009~2018
居民消费总值（+）	115.97%	140.54%	127.79%
医疗保健成本（-）	2.39%	4.93%	4.90%
食品和能源浪费成本（-）	3.85%	3.97%	3.27%
福利中性商品成本（-）	5.42%	5.65%	5.23%
耐用品支出成本（-）	5.81%	5.97%	4.60%
家居维修保养及改善支出成本（-）	6.68%	6.25%	6.76%
高等和职业教育支出成本（-）	0.77%	2.05%	2.00%
收入不平等成本（-）	8.98%	41.27%	34.47%
公共物品与服务价值（+）	17.92%	29.55%	33.45%

"安徽模式"的典型特征2：安徽省经济发展前期环境成本高昂，后期社会成本高于环境成本。这一特征其实和"河南模式"有相似之处。从表

5-12可知，安徽省的工业化早期发展以高度的环境破坏为代价，进一步说，第一阶段安徽省环境成本占比接近80%，显著高于江苏，略高于河南的环境成本占比。与之相反，第二阶段和第三阶段的社会成本占比在不断上升，其中第三阶段的社会成本占比为56.68%，占据环境与社会成本账户的主导地位。

表5-12 安徽省环境与社会成本价值分解

年份	1979~1996	1996~2008	2008~2018
不可再生能源替代成本	56.05%	32.34%	25.77%
温室气体排放成本	10.89%	6.19%	4.55%
水污染成本	0.63%	4.67%	3.79%
空气污染成本	9.91%	6.19%	8.47%
固体废物污染成本	1.98%	0.97%	0.85%
噪声污染成本	0.04%	0.05%	0.11%
犯罪成本	11.84%	6.74%	2.38%
家庭变更成本	0.10%	0.18%	0.61%
通勤成本	4.30%	8.43%	8.11%
交通事故成本	0.47%	0.66%	0.48%
休闲时间成本	3.14%	32.98%	44.29%
就业不足成本	0.65%	0.61%	0.59%

4. "青海模式"的讨论

图5-8表示青海省GPI和各个分指标的变化趋势，表5-13表示青海省各个阶段各个分解指标的占比变化，反映了青海省发展模式的转变方向。从图5-8可知，青海省的GPI变化趋势在发展前期相对稳定，但进入21世纪之后，GPI快速上升。从表5-13可知，发展前期，GPI的变化趋势主要由要素资本提供的服务价值主导，1979~1996年其占GPI比重的平均水平为79.38%。进入21世纪，青海省经济也得到了快速发展，市场基础的商品和服务价值不断提高，伴随工业化水平提高的成本也在不断加大，自然资本服务价值减少，要素资本提供的服务价值不再是青海省GPI变化的主导力量。

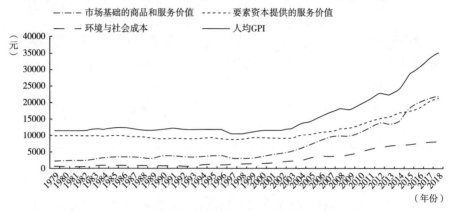

图 5-8　青海省 GPI 账户分解

表 5-13　青海省各阶段子账户指标占比

年份	市场基础的商品和服务价值	要素资本提供的服务价值	环境与社会成本
1979~1996	27.07%	79.38%	6.45%
1997~2008	41.50%	75.52%	17.01%
2009~2018	60.76%	64.56%	25.33%

　　"青海模式"的典型特征 1：居民福利水平低。1979~2018 年青海的消费水平平均不到 60%。居民消费总值占比远低于前述省份，但是食品和能源浪费成本、福利中性商品成本和耐用品支出成本下降缓慢，并且医疗保健成本、家居维修保养及改善支出成本、高等和职业教育支出成本及收入不平等成本等的占比都经历了一个上升过程。之后即使大部分项目占比下降，也较为缓慢。说明居民享受消费福利的代价没有明显下降，同时由于居民的消费水平低，他们并没有真正享有较多的社会福利。

表 5-14　青海省市场基础的商品和服务价值的分解

年份	1979~1996	1997~2008	2009~2018
居民消费总值（+）	62.79%	46.46%	46.60%
医疗保健成本（-）	2.65%	3.15%	2.33%
食品和能源浪费成本（-）	2.02%	1.52%	1.53%
福利中性商品成本（-）	3.57%	1.54%	1.42%

续表

年份	1979~1996	1997~2008	2009~2018
耐用品支出成本（-）	2.80%	2.37%	1.64%
家居维修保养及改善支出成本（-）	1.85%	2.01%	2.64%
高等和职业教育支出成本（-）	0.34%	0.61%	0.59%
收入不平等成本（-）	5.95%	14.57%	13.69%
公共物品与服务价值（+）	18.03%	27.77%	29.55%

"青海模式"的典型特征2：要素资本提供的服务价值以自然资本服务价值为主导。青海省的自然资本服务价值占比非常高，1979~1996年其平均占比为74.27%，远高于江苏的9.16%和河南的3.35%。在各个阶段，青海省的家庭资本服务价值都不到6%，要远低于江苏、河南和安徽地区。通常，快速工业化的过程中，家务劳动价值占比会下降，因为居民把更多的时间花在工作上，而不是家庭劳务上。江苏和河南在发展过程中就表现出此特征（见表5-6和表5-8），但青海却表现出截然相反的特征，一种解释是青海省的工业化过程进展缓慢，经济发展严重不足。青海省的制造业服务价值占比也远低于江苏、河南和安徽，不到1%。这为青海省工业化进程缓慢提供了现实依据。此外，尽管青海省的高等教育服务价值经历了快速发展过程，但高等教育服务价值占比仍然很低，人力资本积累不足，今后的经济发展潜力受到约束。

表5-15　青海省要素资本提供的服务价值的分解

年份	1979~1996	1997~2008	2009~2018
高等教育的服务价值	0.09%	1.14%	4.59%
制造业服务价值	0.35%	0.73%	0.97%
家务劳动价值	20.12%	26.34%	34.52%
交通基础设施服务价值	1.87%	5.48%	10.90%
电力燃气水基础设施服务价值	1.27%	3.86%	10.05%
家庭资本服务价值	2.04%	3.72%	5.87%
高铁服务价值	0.00%	0.00%	1.01%
自然资本服务价值	74.27%	58.73%	32.09%

"青海模式"的典型特征3：青海省的发展以破坏环境为代价。青海省经济发展不充分，整体的环境和社会成本占比低于其他三省，但其成本账户中环境成本占据主导地位（各阶段环境成本占比均超过50%），这说明青海省的发展模式比较低级，同时这也是经济发展不充分的典型特征。在后期的发展过程中，休闲时间成本占比在迅速上升，这可能与家务劳动时间的快速增加有关。

表 5-16　青海省环境与社会成本价值分解

年份	1979~1996	1997~2008	2009~2018
不可再生能源替代成本	40.32%	32.59%	28.70%
温室气体排放成本	7.46%	5.92%	5.21%
水污染成本	0.55%	1.93%	1.45%
空气污染成本	9.63%	9.35%	13.44%
固体废物污染成本	1.49%	1.08%	5.84%
噪声污染成本	0.06%	0.05%	0.10%
犯罪成本	27.91%	5.42%	2.68%
家庭变更成本	0.65%	0.56%	0.73%
通勤成本	4.93%	9.17%	9.24%
交通事故成本	1.29%	0.80%	0.50%
休闲时间成本	3.12%	32.28%	31.34%
就业不足成本	2.58%	0.84%	0.77%

5.3　阈值效应

20世纪80年代，Max-Neef等人在研究中发现一个有趣现象："每个社会似乎都有一个时期，此时经济增长能够改善人们的生活质量，但是经济增长到一定程度时，就会有一个临界点，超过这个临界点将导致人们生活质量的下降。"（Max-Neef，1995）由此，他们提出了"阈值假说"，即当宏观经济体系经过一段时间的扩张之后，边际成本就会超过边际收益，出现"不经济增长"（Uneconomic Growth）的情况。在此之后，人们享受到的福利水平就会停滞不前甚至下降。

1990 年代初，Max-Neef 进一步发现，很多国家和地区的可持续经济福利指数（ISEW），都呈现出倒"U"形曲线的特征。这些曲线初期持续上升，在到达某一个点时，便开始出现下降趋势，这个现象有力地支持了"阈值假说"。从 GPI 在国际、国家和地方三个层面的研究成果来看，也普遍存在类似现象，可以说是验证了"阈值假说"。

生态经济学家认为，宏观经济的持续增长，在生态上是不可持续的，也是一个不正常的现象。"阈值假说"显然为他们的这个观点或者信念提供了有力的事实证据。但是，仍有学者对 GPI 的倒"U"形曲线提出了质疑。比如，Neumayer（2000）认为：ISEW 或 GPI 之所以出现倒"U"形，关键原因在于不可再生能源消耗成本的计算方法。很多国家在测算 GPI 这一指标时，都有一个前提假设：不可再生能源的消耗量是逐年递增的，比如美国设定的递增幅度是每年 3%。Neumayer（2000）通过研究认为，如果假设不可再生能源的消耗量保持稳定，那么 ISEW 或 GPI 就不会出现"阈值"。

Bob（2012）也持类似观点：按照 Clarke 和 Lawn（2008）的计算方法，由于石油价格上升和过去的排放累积，未来福利货币价值的减少远快于 GDP 的增长。随着时间的推移，这种差距越来越大，在其他条件不变的情况下，自然就会造成"阈值"现象。同时，他在研究荷兰 ISEW 时发现，即使使用 Clarke 和 Lawn（2008）的方法，甚至对不可再生能源的估价更高，荷兰也没有像其他国家那样出现一个"阈值"。他认为，之所以出现这样的情况，是因为在他的研究中，采用的消费支出基数比较大，使不可再生能源的损耗成本难以发生显著影响。

Kubiszewski 等（2013）测算了 16 个国家的人均 GPI 和人均 GDP，结果如图 5-9 和图 5-10 所示（图 5-9 我们添加了中国的内容）。从测算结果来看，发达国家的人均 GPI 普遍较高，其中美国，澳大利亚，奥地利、比利时、智利、荷兰、新西兰、瑞典等国家数据显示存在"阈值现象"，德国、日本和英国等国则没有明显的"阈值现象"。发展中国家中，中国（见图 5-1B），印度都存在"阈值现象"，越南则不明显。国内数据如图 5-11 和图 5-12 所示，在山西、内蒙古、辽宁、安徽、江西、福建、山东、河南、湖北、湖南、广西、重庆和陕西等省份，人均 GPI/GDP 近年来整体呈现下降趋势，人均 GPI 和人均 GDP 两者之间的差距仍在扩大，表明存在"相对阈值效应",社会福利的提升滞后于经济规模的增长。相对来讲,北京、天津、河北、上海、浙江和江苏等省份人均 GPI/GDP 呈现微弱的上升趋势,上述省份的经济增长足以弥补环境破坏和社会成本等造成的福利损失,社会福利整体上是在提高的。

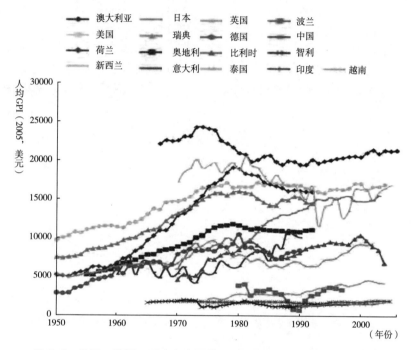

图 5-9 美国、德国、日本和中国等 17 个国家的人均 GPI 变化趋势
资料来源:各国 GPI 计算数值来源于 Kubiszewski 等(2013)。

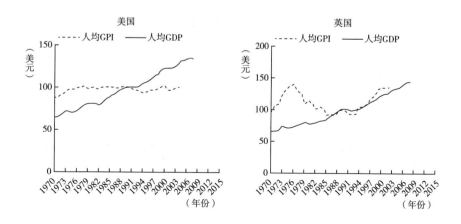

泰国

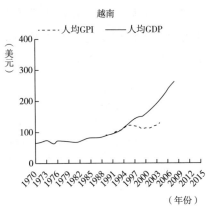

越南

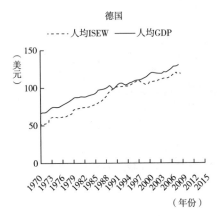

德国

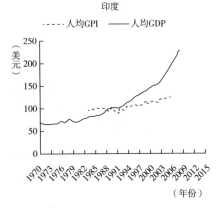

印度

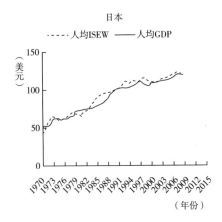

日本

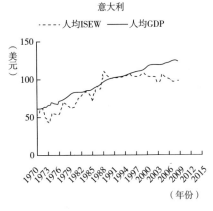

意大利

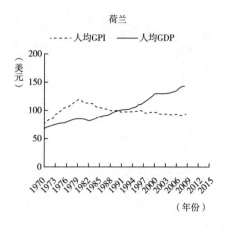

荷兰

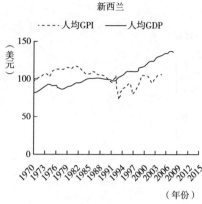

新西兰

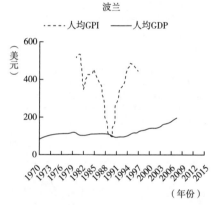

波兰

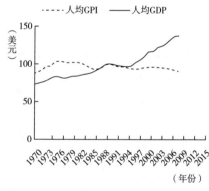

瑞典

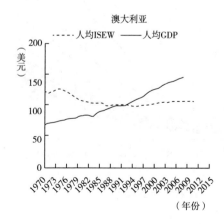

澳大利亚

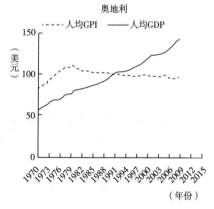

奥地利

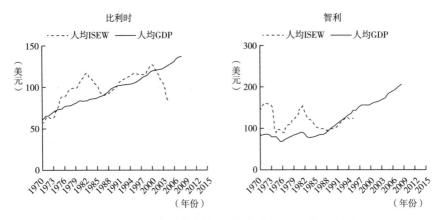

图 5-10 16 个国家人均 GDP 和人均 GPI 的趋势图

资料来源：Kubiszewski（2013）。

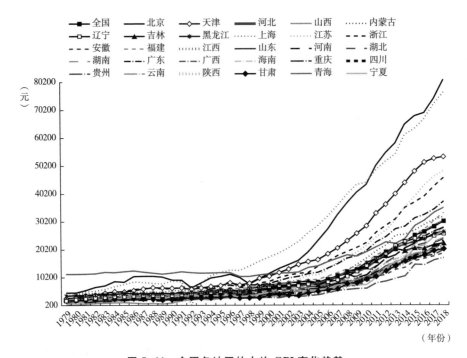

图 5-11 全国各地区的人均 GPI 变化趋势

资料来源：中国各地区 GPI 数值由笔者整理。

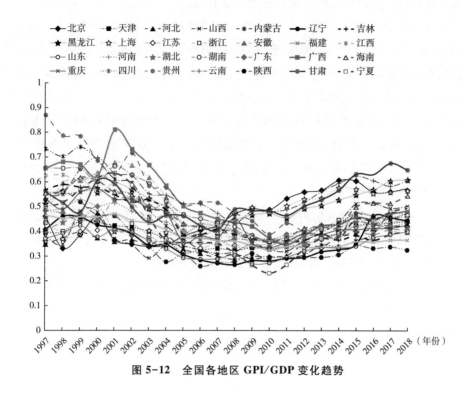

图 5-12　全国各地区 GPI/GDP 变化趋势

　　Clarke 和 Lawn（2008）指出 ISEW 或 GPI 在理论上存在"阈值效应"。然而，现实中的"阈值效应"依赖所在国家或者地区经济所处的发展阶段和经济的发展模式。也就是说，即使是经济条件相对落后的国家，如果社会不稳定并且采取以高污染、高能耗以及压榨劳动力为代价的粗放型发展模式，则经济依然会出现"阈值效应"，而发达地区如果发展模式以创新型为导向，社会包容和共享是其特征，则 GPI 依然会不断上升，经济发展质量会持续改善。所以"阈值效应"是一个开放性问题，很难有唯一论断。

　　基于本章的分析内容，中国和各地区的 GPI 以及各个子账户的趋势变化已经很明了。在进入下一章分析之前（寻找影响 GPI 的更深层因素），有必要对本章的研究内容做一总结。

　　1. 本章研究发现，1979~2018 年中国的 GPI/GDP 比值变化趋势呈现为"S"形，暗含了中国经济发展的主要进程：改革初期的经济震荡；快速的工业化阶段；工业化后期中国经济的艰难转型。

2. 根据各个地区 GPI 的趋势特征，我们将 1979~2018 年分为三个时期，即 1979~1996 年，1997~2008 年，2009~2018 年。三个阶段的发展特征为：市场基础的商品和服务价值占比逐渐增加，要素市场提供的服务价值占比不断下降，环境与社会成本占比先增加后下降。

3. 地区的发展模式可以归结为以下四种：代表发达地区的"江苏模式"，代表正处于发展进程中，经济发展质量正在逐渐改善的"河南模式"，代表经济发展质量较为落后的"安徽模式"，以及以环境资源为导向的"青海模式"。

4. 通过对比国际和国内 GPI/GDP 的变化趋势，我们发现目前，部分国家和地区已经出现"阈值现象"，但是否出现"阈值现象"很大程度上依赖这些国家和地区的发展阶段、发展模式和测算方法。

5. 国家和地区间的"阈值效应"并不明显，"阈值效应"依赖它们的发展阶段和发展模式。

参考文献

［1］Anielski, M., & Rowe, J. (1999). *The Genuine Progress Indicator-1998 Update*.

［2］Bob, Moerkerk. (2012). *The Threshold Hypothesis: The Index of Sustainable Welfare for the Netherlands*. Bachelor Thesis.

［3］Clarke, M.E., & Lawn, P.E. (2008). Sustainable Welfare in the Asia-Pacific: Studies Using the Genuine Progress Indicator. *Asian Pacific Economic Literature*, 23 (1), 117-118.

［4］Cobb, C.W., & Cobb, J.B. (1994). *The Green National Product: A Proposed Index of Sustainable Economic Welfare*. University Press of America.

［5］Kubiszewski, I., Costanza, R., Franco, C., Lawn, P., Talberth, J., Jackson, T., & Aylmer, C. (2013). Beyond GDP: Measuring and Achieving Global Genuine Progress. *Ecological Economics*, 93, 57-68.

［6］Kuznets, S. (1934). National Income, 1929-1932. pp. 1-12. NBER.

［7］Max-Neef, M. (1995). Economic Growth and Quality of Life: A Threshold Hypothesis. *Ecological Economics*, 15 (2), 115-118.

［8］Neumayer, E. (2000). On the Methodology of ISEW, GPI and Related Measures: Some Constructive Suggestions and Some Doubt on the 'Threshold' Hypothesis. *Ecological Economics*, 34 (3), 347-361.

［9］Nordhaus，W.，& Tobin，J.（1973）. Is Growth Obsolete? The Measurement of Economic and Social Performance. *Studies in Income and Wealth*，38，509-532.

［10］杜尔劳夫，布卢姆.（2016）.新帕尔格雷夫经济学大辞典.经济科学出版社.

［11］高培勇，杜创，刘霞辉，袁富华，汤铎铎.（2019）.高质量发展背景下的现代化经济体系建设：一个逻辑框架.经济研究，（04），4-17.

［12］高培勇，袁富华，胡怀国，刘霞辉.（2020）.高质量发展的动力、机制与治理.经济研究参考，（12），85-100.

［13］张卓元.（2018）.中国经济四十年市场化改革的回顾.经济与管理研究，（03），3-15.

［14］中共中央关于经济体制改革的决定.经济体制改革.1984，（5）.

第6章 GPI 影响因素的分析研究

在上一章中本报告分析了 1979~2018 年中国 GPI 的变动趋势，并进行了账户之间和地区之间的对比分析，进而揭示了各地区之间不同的发展阶段和发展模式。在本章中，我们将对 GPI 进行更深入的研究。

从 GDP 的促进因素出发，本报告总结出了科技创新水平、产业结构、实物资本、人力资本、城镇化率和开放水平 6 个因素，对 GPI 进行整体、分阶段和分地区回归。这几个因素对居民福利都有不同程度的影响。科技创新会提高生产率，同时也有利于建设环境、资源友好型经济体；产业结构升级，尤其是生产要素从低生产率部门流向高生产率部门是经济发展的规律；城市集中了大量优质的就业、教育及医疗资源，能够提供更高的生活水平；实物资本是商品和服务生产的物质基础，且本身也会带来一定的服务价值；人力资本的积累指的是劳动力教育、工作和健康水平的提升，其对提高劳动生产率有着积极作用；对外开放不仅能促进商品的跨境流通，更重要的是可以吸取世界范围内先进的技术和管理模式，进而提高社会运转效率。对这些影响因素进行探究，不仅是对过去几十年来经济发展的一次考察，更可以为未来的经济增长和居民福利提升指明方向。

6.1 GPI 的影响因素

经济增长一直都是学术研究的重点，有许许多多的学者都对这一问题给出了见解，但目前最具有影响力的是以 Solow 和 Romer 为代表的现代经济增长理论。Solow 于 1956 年提出新古典增长模型，把资本和劳动作为决定经济产出的因素纳入生产函数中，并推导出在达到稳态时，经济增长取决于外生的人口增长和技术进步。新古典增长模型至今仍是经济分析的基本框架，Solow 也因这一开创性工作而获得 1987 年的诺贝尔经济学奖。在此之后最具有影响力的理论是以 Romer（1986）、Lucas（1988）为代表提出的内生增长模型。其中，Romer 因把技术进步作为经济增长的核心并将其内生化而摘得 2018 年诺贝尔奖。现代经济增长理论两获诺贝尔奖足以说明其重要性，严成樑（2020）将之归纳为三点：经济增长理论为解释经济增长源泉和不同国家之间的收入差距提供了基准分析框架；为研究其他学科提供了重要分析框架；为宏观经济政策评估提供了重要分析框架。

在理论构建的基础上，许多学者从实证检验的角度对促进经济增长的因素进行分析，并在资本和劳动之外纳入了更多的解释变量，这有助于全面剖析经济增长的动力。同时，中国 40 多年来高速崛起的历程为实证研究提供了丰富的材料和数据。吴沛、李克俊（2007）利用 Cobb-Douglas 生产函数分析了中国 1985~2004 年实物资本、劳动力、人力资本和技术进步对产出的影响，发现实物资本、劳动力、人力资本对经济增长的平均贡献率分别为 36.87%、4.21%、64.85%，而代表技术进步的 R&D 经费对 GDP 的影响不显著。刘家旗、茹少峰（2019）把影响经济增长的因素归为四类：要素投入、制度变迁、结构转型及创新驱动，并利用 Lasso 法（Least Absolute Shrinkage and Selection Operator）从 21 个解释变量中筛选出了 5 个对西部地区经济增长有显著影响的指标。其中，起促进作用的为实物资本投入、资源消耗、第三产业增加值、第二产业增加值，而金融发展则会起到相反的作用。作者之后通过固定效应模型、混合效应回归模型验证了这一结论。崔俊富等（2020）分别运用多元线性回归模型、误差修正模型、岭回归模型和随机森林算法对中国经济增长的因素进行深入探讨，研究发现实物资本、人力资本、科技进步、对外交流和能源消耗都起到了十分显著的作用。上述变量可以被纳入一个函数中，即：

$$Y = Af(K, L) = f(K, H, L, T, etc)$$

其中，Y 表示总产出；A 表示全要素生产率；K 代表资本；L 表示劳动；H 表示人力资本；T 表示技术进步；其他因素包括对外开放、制度变迁、产业结构等。

多种因素都在推动着经济能量的快速释放，但与此同时粗放的发展方式也带来了极大的负面成本。大量资本、能源、原材料和劳动力的投入导致环境污染、资源过度消耗、社会贫富差距过大等问题愈演愈烈。这种发展模式毫无疑问是不可持续的。党的十九大报告亦指出，"我国经济已由高速增长阶段转向高质量发展阶段，正处在转变发展方式、优化经济结构、转换增长动力的攻关期，建设现代化经济体系是跨越关口的迫切要求和我国发展的战略目标"。同时，已经有学者把研究焦点转移到如何提高中国经济发展质量上来。关于经济发展质量的表征，由于受到 Solow 增长模型的巨大影响，全要素生产率 TFP 成为被广泛采用的指标。

张先锋等（2010）等用固定效应模型研究研发资本、人力资本、公共基础设施投入及这些因素的地理溢出效应对全要素生产率的影响，结果发现三者对全要素生产率都存在积极作用，同时公共基础设施投入的地理溢出效应为负，而研发投入的地理溢出效应显著为正。赵文军和葛纯宝（2019）首先把 TFP 指数作为衡量经济增长方式的指标，分析了 2000~2015 年中国 248 个城市的 TFP 指数变化情况，然后利用动态 GMM 法考察研发投入、人力资本、地方政府干预等 9 个因素对经济增长方式的影响。研究显示环境规制、城镇化和民营经济发展能够明显促进经济增长方式转变，同时各城市的影响因素也存在显著差异。王艳等（2020）基于数据包络分析（DEA）的 Malmquists 指数模型测度了 2009~2016 年 30 个省份的工业要素生产力，在此基础上作者利用 GMM 法识别了工业增长质量的作用因素。其中，区域创新能力、开放程度、工业所有制结构对工业增长质量有正向影响，而污染治理水平、经济发展水平的作用显著为负，教育水平的作用则不显著。综合学者们的研究成果，TFP 可以表示为：

$$TFP = f(K, H, T, E, G, U, etc)$$

其中，E 表示环境规制；G 表示政府干预；U 表示城镇化；其他因素还包括对外开放、民营经济发展、金融效率、产业结构等。

对全要素生产率的研究无疑是对经济增长的一个重要补充，然而其始终局限在 GDP 框架内，衡量的是同等投入导致的产出的差异，而没有直接涉及经济的可持续发展能力，包括不可再生能源消耗、社会成本和环境成本等，因此其结论并不全面。相较之下，本报告核算的 GPI 指数以经济发展带来的物质消费为基础，同时考虑了要素资本提供的服务价值并纳入废水、废气排放等带来的环境成本以及犯罪、失业、离异等导致的社会成本，能够更准确地度量经济发展的质量和居民的福利水平。

与 GDP 和全要素生产率一样，分析哪些因素会对 GPI 产生作用，有助于识别出影响居民福利水平的关键变量。然而目前对 GPI 的研究仍处于早期阶段，对其影响因素的研究更是十分匮乏。Feeny 等（2013）和李燕等（2014）的研究是目前所仅见的。前者研究发现在决定韩国人均 GDP 的 5 个因素中，即人均实物资本支出、人均出口、人均 R&D 支出、通货膨胀、人力资本中，只有人均实物资本支出对人均 GPI 有显著影响。李燕等（2014）利用固定效应模型对影响经济发展质量的经济结构、社会结构、科技发展水平、教育水平 4 个因素进行回归，结果显示所有因素对 GPI 的作用都显著为正，其中系数最大的为代表社会结构的城镇化水平。同样地，在这里 GPI 也写成各影响因素的函数：

$$GPI = Cosumption + Services\ of\ capital - Environmental\ costs - Social\ costs = f(K, H, T, U, I, etc)$$

其中，*Cosumption* 表示以市场为基础的商品和服务价值；*Services of capital* 表示要素资本的服务价值；*Environmental costs* 表示环境成本；*Social costs* 表示社会成本；*I* 表示产业结构；其他因素还包括资源消耗、社会治理、民营经济发展、金融效率等。

对 GPI 影响因素的探究，不仅是对中国过去经济发展方式及居民福利提升的一次考察，更可以为之后国民经济的高质量可持续发展指明方向。这也是我国新旧动能转换、经济结构优化和满足人民对美好生活新向往的必然要求。综合已有的研究，本章选取的指标包括科技创新水平、产业结构、城镇化率、实物资本、人力资本以及开放水平。这些变量对 GDP 的增长有显著的推动作用，但对可持续发展福利，即 GPI 的影响却仍有待验证。通常认为加强科技创新会提高生产率，同时也有利于建设环境、资源友好型经济，对 GPI 存在正面效应；产业结构升级，尤其是生产要素从低生产率部门流向高生产率部门，会促进经济增长，但也会因粗放的发展方式带来严重的污染问题；城市集中了大量优质的就业、教育和医疗资源，但同时也存在许多现代城市病问题，其对 GPI 的影响尚待确定；实物资本是商品和服务生产的物质基础，其本身也会带来一定的服务价值，对 GPI 应存在正面影响；人力资本的积累指的是劳动力教育水平、工作能力和健康水平的提升，对提高劳动生产率有着积极作用，进而也可能提升 GPI；开放水平提高不仅能促进商品的跨境流通增加，更重要的是可以吸取世界范围内先进的技术、商业模式和管理模式，进而提高社会运转效率和居民福利。在下一节中，本报告将详细描述各个变量的作用并给出相应的衡量方法。

6.2 变量选取与数据说明

6.2.1 科技创新水平

科学技术的发展在中国一直都具有很高的政策地位。从邓小平"科学技术是第一生产力"的论述，到党的十八大报告强调提出"科技创新是提高社会生产力和综合国力的战略支撑，必须摆在国家发展全局的核心位置"，进而明确科技创新驱动发展战略，对科技创新的论述逐渐清晰，其重要性也越来越突出。

"创新"一词最早由熊彼得在《经济发展概论》中提出，其认为创新就是建立一种新的生产函数，把一种生产要素与生产条件的新组合引入生产体系。这包括五种情况：引入一种新产品，引入一种新的生产方法，开辟一个新的市场，获得原材料或半成品的一种新供应来源，以及实现任何一种工业的新组织。作为一个经济学家，熊彼得是从经济学而不是科学或技术的角度来定义这一概念的。创新一词的广泛使用产生了各种各样的使用语境，科技创新便是其中之一。张来武（2011）指出，科技创新这一概念延续着创新、技术创新到科技创新的演变路径，其背后反映的是各时期经济和社会发展状况，并最终在科学和技术日益融合的背景下诞生了科技创新这一概念。作者最终把科技创新定义为科学发现、技术发明与市场应用在协同演进下的一种复杂涌现，是这个三维螺旋结构共同演进的产物。

目前已有许多学者就科技创新与经济增长、经济增长质量的关系做了相应研究。严成樑和龚六堂（2013）基于R&D驱动的经济增长理论（R&D-based Growth Theory）将R&D活动分为基础研究和应用研究，并运用1998~2009年31个省份的数据考察了其规模和结构对中国经济增长的影响。研究发现，R&D规模对中国经济增长存在抑制作用；同时，基础研究、高等学校R&D支出占总支出的比例越高，经济增长率越高。针对R&D规模与经济增长率呈负相关这一意外结果，作者认为可能的原因如下：创新基础薄弱，自主研发能力有限；R&D支出的使用效率低；R&D规模对经济增长的影响可能主要集中在技术密集型企业和高新技术产业，其溢出效应没有真正显现出来；科研产出的质量不高。后来，严成樑和朱明亮（2016）进一步发现 R&D 强度对经济增长具有显著的正向作用，并把背后的机制归结于全要素生产率和投资率的提高。白俊红、王林东（2016）从技术创新、产业创新、制度创新和文化创新四个维度构建了基于省级区域的创新驱动能力指标，在此基础之上考察了创新驱动对地区经济增长质量的影响。结果表明这一作用因地区而异——在全国和东部地区，创新驱动可以直接促进经济增长质量的提升，而在中部、西部地区，这一作用呈现为不显著和显著抑制。谷慎和汪淑娟（2018）把科技金融投入定义为政府、金融机构、资本市场及创业风险投资机构等为科技创新活动提供的融资的总和，并用 2000~2016 年中国 30 个地区的相关数据验证了科技金融投入对经济增长质量的提升作用，但同时发现这一作用存在时空异质性。

虽然可能存在结构问题和一定的时空异质性，但总体而言科技创新活动不仅充当了经济发展的动力引擎，也是经济增长从要素驱动转变为创新驱动的关键。此外，其对居民福利水平的提升也是毫无疑问的。例如科技创新会产生新的增长动力，表现在扩大就业市场和产品需求市场两方面；科技创新会研发出更先进的环保治理技术，从而减轻当前的污染问题；信息技术会极大方便居民的生活，如线上支付、共享单车等在降低居民生活成本的同时深刻改变了其消费方式。综上，本报告认为科技创新的发展对GPI 有正向提升作用。

衡量国家或地区的科技创新状况和能力，应该从创新资源投入、知识创造及创新产出和绩效影响等整个创新链的主要环节来选择指标（朱迎春，2017）。创新投入方面的指标有 R&D 投入强度、每万人 R&D 人数等；创新产出方面的指标有国际科学论文（如 SCI 论文）发表数、（发明）专利申请数、（发明）专利授权数等；创新成果方面的指标则有劳动生产率、单位 GDP 能耗等。大多数文献都使用 R&D 投入强度作为衡量指标，但由于其早期数据缺失，本报告转而使用数据较为齐全的每万人国内专利申请授权数。国内专利申请授权数可以直接体现出一国的创新活跃程度，因此也十分具有代表性。

6.2.2　产业结构

简单来讲，可以将产业结构理解为生产要素、生产产值在产业间的分布情况。产业结构的变迁包括两个方面的内容：一是各产业技术进步速度、技术吸收能力不同导致各产业增长速度存在较大差距，从而引起产业结构发生变化；二是不同的发展阶段需要由不同的主导产业来推动经济发展，主导产业更替会直接影响到生产和消费的方方面面，这在根本上会对一国产业结构造成巨大冲击（干春晖等，2011）。产业结构的演进，特别是生产要素从农业部门到非农业部门的转移，是一个国家经济发展的必然过程。

刘伟（1995）通过比较发达国家初期的经济发展与发展中国家的经济发展，证明对于工业化未完成的发展中国家而言，工业制造业的结构性扩张无论对于国内生产总值的增长，还是对科技进步、资本效率或劳动生产率的提高都具有首要意义。刘伟和李绍荣（2002）进一步认为资本、劳动和技术是在一定产业结构中被组织在一起进行生产的，对于给定的资本、劳动和技术，不同的产业结构会导致不同的生产。就此，作者利用Cobb-Douglas生产函数对各地区1997~2000年的数据进行了回归，结果发现从产值来看，第三产业能够最有效地拉动经济增长；从产值占比来看，扩大第二产业的比重有利于扩大经济的规模，但同时会提高资本生产效率降低劳动生产效率，从而扩大资本所有者和劳动者之间的收入差距，扩大第三产业的比重则相反。严成樑（2016）把中国经济长期增长的源泉归因于产业结构变迁。他认为产业结构的变迁使劳动力由生产效率低的农业部门流向生产效率高的非农业部门，由此形成的对GDP的贡献与各部门实际人均GDP增长大致相当。同时，作者也认为产业结构变迁的差异是导致东部地区与中西部地区之间经济发展水平不断扩大的原因。干春晖等（2011）将产业结构变迁分为产业结构合理化和高级化[①]并考察了产业结构变迁对中国经济增长和波动的影响。回归结果显示产业结构合理化与经济增长之间具有较强的稳定性，而高级化则表现出较大的不确定性；同时，产业结构高级化是经济波动的一个重要来源，产业结构合理化则有助于抑制经济波动。

学者们从产业结构变迁的多个方面出发研究其对经济增长的影响，可以达成共识的是，产业结构变迁通过推动投入要素从低生产率部门流向高

---

① 作者采用引入泰尔指数的结构偏离度对产业结构合理化进行衡量，即 $TL = \sum_{i=1}^{n}\left(\frac{Y_i}{Y}\right)\ln\left(\frac{Y_i/L_i}{Y/L}\right)$。$TL$表示泰尔指数，$Y$和$L$分别表示产值和就业，$i$和$n$分别表示产业和产业部门数；产业结构高级化则用第三产业产值与第二产业产值之比来表示。

生产率部门能促进社会生产率提高和经济增长。然而,随之而来的却往往是严重的环境污染和能源过度消耗。尤其是第二产业迅速扩张和相应治理落后,导致部分粗放的工业制造企业在生产过程中直接排放大量的废水、废气和废固,造成严重的环境污染。这些负面成本会对居民的生产生活和生命健康造成巨大损害,对 GPI 而言亦是一个巨大的减项。

马丽(2016)运用 Kaya 方程将工业废水和废气排放的影响因素分解为产值规模、高污染部门比重、产污系数和污染物来源部门,并运用 LMDI 因素分解法测算这四个因素对污染物排放的贡献度。结果发现自 2001 年以来,工业规模的扩张增加了废水、废气的排放,而单位产值污染物排放量(产污系数)的下降对废弃物的增长起负向作用。隋建利等(2018)认为工业污染始终是人类工业化进程中面临的重要挑战,并基于工业三废排放量的增长率与工业经济的增长率构建了"工业污染与工业经济"系统,刻画捕捉了系统处于"低速增长区制"与"快速增长区制"时的多阶段变迁过程。此外,环境污染会显著削弱居民的主观幸福感,且一旦居民主动感知到这一问题,其自身幸福感会随之下降(黄永明、何凌云,2013;郑君君等,2015)。

基于上述研究,本报告将从第二产业占比出发来研究产业结构和 GPI 之间的关系。第二产业的发展有利于推动经济增长,提高居民的收入和物质生活水平,但同时又会造成严重的环境污染并可能会扩大地区差距,因此对居民福利存在显著的增强和削弱两方面效应,其总影响仍有待检验。

6.2.3 实物资本

在 Solow 提出的新古典增长理论中,资本、劳动是一国生产所需的基本要素投入,此处的资本指的便是实物资本。早期的实物资本含义较为简单,指的是在一定时点下安装在生产单位中的资本数量,包括机器、工厂、办公楼等。但随着技术进步和生产智能化,资本的含义逐渐延伸到除了建筑、机器、设备等有形资产之外的无形资产,比如资源勘探、软件开发、文艺创作、研发活动等产生的无形资产,甚至还包括人力资本(OECD,2009)。但由于无形资本没有实物形态且缺少统计,对其进行测度较为困难,而人力资本又因其特殊性被单独列为一个指标研究,因此本报告仅考虑传统的实物资本。

在经济增长核算、生产力分析以及潜在产出估计等经济研究领域中，资本存量都是一项不可或缺的经济变量。张帆（2000）使用每年净投资累计加总法（Aggregation over Vintages）估计了1953~1995年中国的实物资本和人力资本，在此基础上作者通过增长核算计算了各要素对中国经济增长的贡献，各要素按贡献大小排列依次为实物资本、全要素生产率、人力资本和简单劳动。王静（2015）以中国29个省份1997~2012年的数据，构建实物资本、健康和教育人力资本与经济增长间的实证MRW模型对区域实证结果进行对比，结果发现区域经济增长的主要驱动力仍为实物资本投入。许妮娅、解刚刚（2018）利用2005~2014年中部六省的实物资本、人力资本数据分析两者对经济增长的要素贡献率，结果发现实物资本依然在中部地区经济增长中占有最重要地位，其贡献率高达4/5，同时，人力资本存量对经济增长的拉升也不可忽视。

测算资本存量最常用的方法是Goldsmith在1951年提出的永续盘存法。简单来说，永续盘存法将资本存量分为前期的资本存量与当期新增投资。本报告在计算存量资本服务价值中的交通基础设施服务价值、电力燃气水基础设施服务价值和家庭资本服务价值时也采用了这一方法。中国关于固定资产投资的统计口径有全社会固定资产投资额和固定资本形成总额。若要使用永续盘存法来计算全国及各地区的实物资本存量，则需要确定基期年份及当年的固定资产存量，这对数据完整性提出了较高要求。因此，本报告使用第三章中测算的存量资本服务价值对实物资本存量进行替代。存量资本服务价值中选择的4项指标在实物资本中十分具有代表性，与居民福利水平也密切相关，因此这一替代能体现出实物资本存量的变化趋势。

6.2.4　人力资本

人力资本指的是由教育和知识内化于劳动队伍带来的劳动改进。狭义的人力资本投资为教育投资和健康投资，广义的人力资本投资还包括研究和发展投资以及有形人力资本投资，即把儿童抚养到工作年龄的消费支出。人力资本是国家的重要财富，也是经济增长的重要要素之一，经济发展水平高的国家往往有更多的教育资源投入和更为丰富的人力资本（张勇，2020）。

早期的增长理论并没有将人力资本纳入，其资本仅指机器、工厂等实

物资本，同时也没有区分简单劳动和复杂劳动对产出的影响差异，因此对
人力资本的研究是缺失的。人力资本最早由 Schultz 于 20 世纪 60 年代在美
国经济学会上提及，Schultz 采用教育投资表示人力资本并用收益法测算出
了人力资本对美国 1929~1957 年经济增长的贡献。之后，Lucas（1988）沿
着 Schultz 和 Becker 的思路，在内生增长模型中引入人力资本从而提出了一
个以人力资本的外部效应为核心的模型。Mankiw，Romer 和 Weil（1992）
认为人力资本是 Solow 模型缺失的关键变量，把人力资本引入模型后发现模
型可以更好地描述跨国经济增长和收入差异。由此，人力资本逐渐进入了
经济增长的研究视野。

　　人力资本作为重要的生产要素之一，对经济增长的积极作用是多方面
的，科技创新、产业升级都离不开劳动者的参与。换言之，人力资本具有
极强的外部性。Teixeira 等（2016）发现人力资本的短期作用虽然不如长期
作用那样具有决定性，但仍是经济发展的决定性因素之一。同时，作者认
为人力资本对经济发展的影响可以分为直接和间接两部分：直接影响指通
过增加劳动力供给、提高劳动者教育水平提高劳动效率，促进经济增长；
间接影响指劳动者通过吸取先进技术，促进技术创新和产业升级拉动经济
增长。刘智勇等（2018）构建了考虑各层次人力资本相对变化的人力资本
结构高级化指数，并采用动态面板模型验证了初级人力资本向高级人力资
本的演变能够推动技术结构升级和产业结构升级，对经济增长产生重要的
促进作用。

　　大多数文献都从教育的角度出发对人力资本进行研究，但随着研究深
入，部分学者开始从健康的视角出发进行探讨。Bloom 等（2004）以十年为
间隔分别估计了 1970~1990 年教育、工作经验和健康人力资本对经济增长
的影响，发现预期寿命增加一年有助于产出增加 4%。杨建芳等（2006）把
健康和教育看作两种资本并按 Cobb-Douglas 生产函数组合成人力资本引入内
生增长模型中，研究发现两种人力资本的积累和存量对经济增长都有显著
的贡献。

　　然而，人力资本对经济发展的影响并不都是正面的。最近的研究发现
人力资本禀赋会加剧地区差异和社会不平等。Mestieri 等（2017）发现内生
人力资本的获取是社会不平等及其代际持续的重要因素，消除这一影响途
径将使国家收入前 10% 的家庭的收入减少将近一半，从而更有利于社会平

等。Hai 和 Heckman（2017）认为受信贷约束的群体会因无力支付教育成本而陷入贫困，人力资本在微观家庭层面上分布不均会在宏观层面上抑制经济增长。刘智勇等（2018）也发现相对于人力资本存量等其他因素，人力资本结构高级化的差距比人均资本存量、投资率、人均 FDI 等更能解释中西部地区之间的差异。同时，也有学者认为人力资本发挥作用会受到各类条件的限制。Ahsan 和 Haque（2017）认为只有当国家的经济发展水平超过某个临界水平后，人力资本才能有效地促进经济增长。

总体而言，人力资本对经济增长具有正向作用，进而会提高居民的收入和消费，但其导致的地区差异和社会不平等也可能会对居民整体福利产生一定的削弱作用。因此本报告认为人力资本对 GPI 的影响还有待验证。在指标选取方面，由于人力资本是劳动者质量的一个综合反映，其形成不仅仅来自教育，还与劳动者的工作经验、技术水平以及自身健康状况息息相关，因此对其的测算存在很大的难度。常见的测度方法有投入法、收入法以及教育年限法。已有的研究大多从教育指标出发对人力资本进行测算，这种方法强调教育在人力资本形成过程中的决定性作用，同时也最为直观、可得。本报告延续了这一方法，利用每年新增就业人员中高中及以上文化程度人员的占比来代表人力资本。

6.2.5 城镇化率

城镇化是伴随着经济发展的一个自然过程。当今的工业化国家，如美国、西欧和日本等，都是在经历过一个漫长的劳动力转移过程之后才实现了较高的城镇化水平。城市是居民生产生活的中心，能提供更多的就业机会和更大的消费市场，同时聚集着大量优质的教育、文化、医疗资源。相比农村而言，城市能提供更高水平的福利。

关于城镇化和经济增长之间的关系，已经有许多学者做出了研究。在理论方面，部分文献把城镇化推动经济增长的机制归纳为加速要素积累、促进劳动力转移、推动产业升级和拉动需求（王小鲁，2002；沈坤荣、蒋锐，2007；丁学东，2009；王国刚，2010）。更多的研究从实证检验方面对此进行了探讨。朱孔来、李静静和乐菲菲（2011）以中国 1978～2009 年的城镇化率和人均 GDP 为基础建立向量自回归模型，通过 Granger 因果检验、脉冲响应函数和方差分解法证实城镇化对经济增长有积极的作用，而经济增长对城镇化的贡献却不是很大。齐红倩等（2015）首先构建了衡量城镇化综合发展水平的指标体系，然后建立时变参数向量自回归模型（TVP-VAR）研究这一问题。结果显示无论是短期还是中长期，城镇化对经济增长的速度和质量均有正向促进作用，但是自2005年以来其作用不断减弱。作者将此归因于粗放的城镇化发展方式。喻开志等（2014）等将城镇化水平分为人口、产业及卫生城镇化，居民消费城镇化，科学教育城镇化，公共基础设施城镇化，并通过个体固定效应模型验证了城镇化水平越高，经济增长越快。

城市的聚集效应虽然能提高劳动供给和劳动生产率，发挥规模经济优势，但同时也会导致特有的城市病问题。城市化不仅是经济现象，更是一个社会现象。Bloom等（2008）认为尽管城市能够提供规模经济和更富裕的市场结构，城市工人也比农村工人更具生产力，但伴随快速城市化而产生的拥堵、环境恶化等问题会成为生产力的阻碍。此外，城镇化进程也可能成为收入差距不断扩大的原因之一（周云波，2009；曹光四、张启良，2015；李子叶等，2016）。关于其原因，阮杨等（2002）认为虽然在城镇化进程中城乡劳动力的转移有利于抑制收入差距，但农村居民转为城镇居民的渠道，即征地、户籍买卖、大学就业和婚姻，意味着较为富裕的农民有更大可能性进入城市中。

也有学者认为城镇化并不是促进经济增长的直接原因。Bloom等（2008）并未发现城市化对经济增长率有影响，而是认为城市化率更多只是衡量经济发展程度的一个指标，并不是一种促进经济发展的工具，任何希望以支持或者抑制城市化进程来实现经济长期增长的政策都无法成功。类似地，黄婷（2014）对19个在1960~2011年迅速城市化的经济体进行研究，结果发现城市化水平和经济增长率之间存在正向的长期稳定关系。但这一关系并没有因果逻辑，因此将城镇化作为一种政策工具来推动经济增长是行不通的。

尽管存在较多分歧，但本报告认为整体而言城镇化进程对居民福利的提升具有一定的正面作用。这一方面是因为与其他发达国家相比中国的城镇化率并不高，2018年中国常住人口城镇化率为59.58%，户籍人口城镇化率也尚未突破44%。相较之下，发达国家的城镇化率基本维持在80%左右。中国城镇化仍然具备保持较快增长速度的基础条件，即就业结构和产业结构间偏离较大，结构转变动能仍在；城镇化发展具有较大惯性；经济增长动能发生转变，对城镇化发展的支撑作用加强（范毅，2020）。另一方面，中国的城乡差距过大，继续提高城镇化率有助于农村居民享受到经济发展带来的优质资源。

按统计口径的不同，城镇人口可以分为常住城镇人口和户籍城镇人口。用这两种口径来计算城镇化率有各自的缺陷。使用户籍人口会低估实际的城镇化率，因为许多进城务工的农民工虽然保留着农村户籍，但他们常年生活居住在城市内部并不参与农业劳动，同时也有许多城市居民因不愿意放弃农村宅基地和土地使用权而继续保留农村户口。而使用常住人口则会高估城镇化率，因为这些进城的农民工无法取得城镇户籍，因此也无法享受城镇内部的医疗、教育福利。由于数据的可得性，本报告选择常住人口来计算城镇化率。

6.2.6 开放水平

自 1978 年以来，历经 40 多年的风风雨雨，中国已经成为世界上贸易规模最大的国家和第二大经济体。其中，对外开放政策起到了极大的推动作用。从最初引进外资和技术、试点经济特区，到具有标志性意义的 2001 年入世，再到党的十九大报告中提出的"全面开放新格局"，中国逐步从封闭走向拥抱世界。得益于良好的发展环境和发展机遇，中国逐渐实现经济增长和产业结构升级，进而提高了企业竞争力与经济整体素质。

大量的研究表明，对外开放所带来的 FDI 和国际贸易增加对经济增长具有显著的促进作用。刘文革、邱茂华（2019）用进出口总额、实际利用 FDI 与名义 GDP 之比分别表示外贸依存度和外资依存度，分析了 1978~2017 年我国对外开放与经济增长间的关系。结果发现两者对经济都存在显著的促进关系，且从长期来看，实际利用外资的效应大于进出口贸易因素。张建清、蒋坦（2014）认为，贸易开放与经济增长之间并不是线性关系，作者通过理论和实证检验了这一结论，发现贸易开放对经济增长的促进作用随着开放程度的提高而减小，但两者始终保持着正相关关系。田素华等（2019）认为引进来和走出去都是中国实现经济高质量增长的重要途径。作者分析了 1978~2018 年中国双向直接投资的变动趋势，并基于省级面板数据的回归证明引进外商直接投资和发展对外投资都能有效提升中国经济总量和人均 GDP。

然而，对外开放的积极作用不仅表现在利用外资和国际贸易方面。一国通过对外开放，同经济和科技更加先进的国家开展经济技术交流，吸收其先进的技术和知识体系，是该国技术进步和经济增长的重要源泉（刘文革、邱茂华，2019）。

李健等（2017）把 FDI 规模及进入速度和区域创新能力纳入 Cobb-Douglas 形式的创新生产函数中，结果显示 FDI 规模和进入速度都对区域创新能力产生了显著的影响。黄凌云和张宽（2020）对 2005～2015 年的 274 个城市进行分析，发现整体而言扩大贸易开放水平可以通过升级产业结构的数量、质量和合理化 3 个维度来提升城市创新能力。同时，这种机制只存在于经济发达地区。李光龙、范贤贤（2019）基于中国 30 个省区市的数据，以固定效应模型实证分析贸易开放与 FDI 对绿色全要素生产率的影响。结果表明贸易开放有利于促进技术进步，进而对绿色全要素生产率具有显著的提升作用；而 FDI 则表现为显著的抑制作用，作者认为这验证了"污染避难所"假说。

学者们从对外开放的不同表现、不同作用机制出发，揭示其对经济发展各方面的影响，且大都认可了对外开放在国民经济增长中的积极作用。这些正面影响同样适用于居民福利，即开放水平提高对人均 GPI 有明显的促进作用。在开放水平的度量方面，本报告采用进出口总额与名义 GDP 之比来表示。该指标最为简单直观，同时也十分具有代表性。

6.2.7　变量总结与统计描述

针对以上选取的变量，本报告在表 6-1、表 6-2 中分别做了总结描述与统计性描述。

表 6-1　变量的描述与数据来源

变量	描述	数据来源
人均真实进步指标 （GPI per capita）	以居民消费支出为基础，考虑了要素资本服务价值和环境、社会成本的综合指标（2018 年不变价，元）	本报告计算所得
每万人国内专利申请授权数 （patent granted every 10000 people）	代表科技创新水平（件/万人）	中国统计年鉴

变量	描述	数据来源
第二产业占比 （proportion of secondary industry）	第二产业产值/国内生产总值（%）	中国统计年鉴
人均实物资本 （physical capital per capita）	用人均存量资本服务价值，即交通基础设施服务价值、电力燃气水基础设施服务价值、家庭资本服务价值、高铁服务价值之和来表示（2018 年不变价，元）	本报告计算所得
人力资本（human capital）	就业人员中高中及以上文化程度人员占比（%）	中国统计年鉴
城镇化率（urbanization rate）	城镇常住人口/总人口（%）	中国统计年鉴
开放水平（openness）	进出口总额/GDP（%）	中国统计年鉴

表 6-2　变量统计性描述

变量	平均值	标准差	最小值	最大值	偏度	峰度
人均真实进步指标	9440	10004	207.0	77139	2.818	13.51
每万人国内专利申请授权数	2.660	6.475	7.00e-05	57.33	4.285	24.29
第二产业占比	0.447	0.0902	0.140	0.772	-0.189	4.266
人均实物资本	1257	1426	20.18	8227	1.860	6.538
人力资本	0.197	0.129	0.0368	0.783	1.478	5.585
城镇化率	0.401	0.184	0.0760	0.896	0.570	2.782
开放水平	0.161	0.229	0.00210	1.237	2.539	9.759

6.3　GPI 影响因素的实证检验

6.3.1　模型构建

在上一节中，我们对 GPI 的 6 个可能影响因素，即科技创新水平、产业结构、实物资本、人力资本、城镇化率和开放水平进行详细阐述并选取了相应变量。在本节中我们进一步使用面板数据的双向固定效应模型（同时固定个体效应和时间效应），分析这些变量对 GPI 指数的具体影响。样本为全国及 29 个地区（港澳台、新疆和西藏除外），时间段为 1979~2018 年。具体的模型如下：

$$\ln GPIpc_{i,t}=\beta_0+\beta_1\ln PG_{i,t}+\beta_2 PS_{i,t}+\beta_3\ln PCpc_{i,t}+\beta_4 HC_{i,t}+\beta_5 UR_{i,t}+\beta_6 Ope+\lambda_i+\gamma_t+\mu_{i,t}$$

其中，i 代表国家或各地区；t 代表年份；$GPIpc$ 代表人均真实进步指标；PG 代表每万人国内专利申请授权数；PS 代表第二产业占比；$PCpc$ 代表人均实物资本；HC 代表人力资本；UR 代表城镇化率；Ope 代表开放度；λ_i、γ_t 分别代表个体固定效应和时间固定效应；$\mu_{i,t}$ 代表随机干扰项。同时，本报告进行了随机效应模型回归和相应的 Hausman 检验，以证明选取固定效应模型是合理的。

6.3.2　所有地区全阶段回归

1. 所有地区全阶段回归

本报告首先对 1979~2018 年全国及各地区的全样本数据进行回归，以显示 40 年来的整体趋势（见表 6-3）。模型（1）和模型（2）分别使用了固定效应模型和随机效应模型，Hausman 检验的结果显示 Prob > chi2 = 0.0062，说明应在 1% 的显著性水平上拒绝原假设进而选择固定效应模型。

表 6-3　全国及各地区的整体回归结果

变量	(1) ln$GPIpc$	(2) ln$GPIpc$	(3) ln（GPI/GDP）	(4) ln（GPI/GDP）
每万人国内专利申请授权数的对数（lnPG）	0.068*** (3.77)	0.067*** (3.78)	-0.067*** (-3.70)	0.074*** (4.17)
第二产业占比（PS）	-0.650*** (-5.14)	-0.717*** (-5.75)	-1.713*** (-13.57)	-1.739*** (-13.97)
人均实物资本的对数（ln$PCpc$）	0.296*** (5.51)	0.362*** (7.83)	0.091* (1.70)	-0.109** (-2.36)
人力资本（HC）	0.901*** (4.14)	0.945*** (4.8)	0.356 (1.64)	0.162 (0.82)
城镇化率（UR）	0.135* (1.81)	0.169** (2.28)	0.178** (2.39)	0.200*** (2.71)
开放水平（Ope）	0.369*** (5.38)	0.356*** (5.37)	0.361*** (5.27)	0.352*** (5.31)

续表

变量	（1） ln*GPIpc*	（2） ln*GPIpc*	（3） ln（GPI/GDP）	（4） ln（GPI/GDP）
Constant	7. 253 *** (26. 68)	7. 024 *** (27. 38)	0. 155 (0. 57)	0. 184 (0. 72)
Observations	1200	1200	1200	1200
R-squared	0. 935		0. 740	
Number of regions	30	30	30	30
Country FE	YES		YES	
Year FE	YES		YES	
Country RE		YES		YES
Year RE		YES		YES

注：（1） *** 表示变量在 1% 的水平上显著；** 表示变量在 5% 水平上显著；* 表示变量在 10% 的水平上显著；

（2）FE 表示固定效应；RE 表示随机效应。以下表同。

在模型（1）中，代表科技创新水平的每万人国内专利申请授权数的对数在 1% 的水平上显著且变量前系数为 0.068，说明每万人国内专利申请授权数每增加 1%，人均 GPI 的对数会相应提高 0.068%。这一回归结果与我们的预期相符。科技创新除了是“第一生产力”之外，还能够提升经济发展质量，降低单位产出的能耗和污染，减少经济活动的环境、社会成本。比如新环保技术的应用能促进废弃排放物综合利用，安装监控系统能有效减少犯罪数量等。

第二产业占比对人均 GPI 的影响显著为负且变量前系数达到了 -0.650，即第二产业产值的占比每提高 1 个单位，人均 GPI 就会下降 0.650%。这反映出以工业制造业为代表的第二产业在国民经济中的占比提升会对居民福利有明显的削弱作用。过去 40 年来中国粗放、要素驱动型的工业发展模式产生了大量的废水、废气、废固，导致了极大的环境污染成本。同时，工业制造业对能源的需求巨大，其产生的不可再生能源消耗的替代成本也无法忽略。因此，虽然过去几十年来工业制造业的扩张显著促进了我国经济的增长，并提高了居民的收入和生活水平，但其占比提高对人均 GPI 而言有一定的负面影响。

人均实物资本的对数和人力资本变量前系数分别为 0.296 和 0.901，显著性水平也达到了1%。实物资本是经济得以运转的基础，其对经济增长的促进作用是毋庸置疑的，同时各种基础设施的建设也会为人民生活提供多种便利。此处的回归结果显示其对居民福利的提升具有显著正面作用。人力资本对居民福利的影响是间接而多样的。劳动力的知识、技能和健康水平提高，会提高生产率，增加科技创新活动，促进产业升级等，其对GPI的正面影响也在意料之中。

城镇化的作用在10%的水平上显著为正，说明城镇化所带来的要素流动有利于经济增长，并且能够抵消随之而来的通勤成本、交通事故成本、噪声污染成本等现代城市问题。开放水平上升同样会显著提升居民福利。进出口总额与GDP之比每提高1个单位，人均GPI就会上升0.369%，说明在中国40年来的发展历程中，来自国外的资本、技术和经验对内部成长发挥了积极作用。

2. 以取对数后的人均GPI/人均GDP作为因变量进行回归

在模型（3）、模型（4）中，本报告以取对数后的人均GPI/人均GDP〔也即取对数后的GPI/GDP，因此可以表示为ln（GPI/GDP）〕作为因变量进行扩展回归，自变量则保持不变。人均GPI从绝对值的角度衡量经济增长带来的居民福利提升；GPI/GDP则代表经济活动创造的居民福利占GDP的比重，从相对值出发来衡量经济增长的福利效应。ln（GPI/GDP）的系数为正说明人均GPI的增长快于人均GDP的增长，经济质量的提升快于经济规模的扩张；ln（GPI/GDP）的系数为负可能是因为人均GPI的增长速度小于人均GDP的增长速度，导致经济质量的提升慢于经济规模的扩张，也可能是因为变量对提升人均GPI没有帮助或存在一定程度的负面影响。

模型（3）、模型（4）分别使用了固定效应模型和随机效应模型，Hausman检验的结果显示Prob>chi2=0.0006，说明应在1%的显著性水平上选择固定效应模型（3）。① 比较模型（1）和模型（3）可知，每万人国内专利申请授权数虽然能显著提升人均GPI，却削弱了GPI/GDP，这可能是因为其对人均GPI的促进作用小于对人均GDP的促进作用而导致两者的比值变小。第二产业占比在1%的水平上对GPI/GDP起抑制作用，第二产业占

---

① 在之后的回归中，本报告同样使用了固定效应模型和随机效应模型，经Hausman检验后皆确认应选择前者，因此下文中不再列出使用随机效应模型回归得出的结果。

比提高在增加人均 GDP 的同时会削弱居民福利，因此其对 GPI/GDP 的负面作用并不令人意外。实物资本的积累，如道路、电力设备、厂房的建设是开展经济活动的物质基础，对人均 GDP 和人均 GPI 的增长都有促进作用。而模型（4）显示人均实物资本对 GPI/GDP 的作用显著为负，其中原因与每万人国内专利申请授权数一样。城镇化率和开放水平在提高人均 GPI 的同时，也能显著提高 GPI/GDP，说明这两个因素对经济质量提升的影响大于对经济规模扩大的影响，因此对高质量发展有着重要意义。此外，人力资本变量对 GPI/GDP 没有影响。

6.3.2 三大经济发展区域回归

1. 三大经济发展区域的划分

中国的经济发展具有很大的地域特征。在改革开放后，首先实现经济增长的是以广东、浙江、江苏等为代表的沿海省份，这些地区以外贸加工为突破口开启了腾飞之路。远在内陆的西部地区自然资源丰富、市场潜力巨大，但由于区位、历史和社会等因素发展相对落后，人均产值远低于全国平均水平。为了解决东西部发展差距过大这一问题，西部大开发战略正式进入"十五"计划中。中部崛起首次出现于 2004 年 3 月的政府工作报告，在之后的政策文件中其发展定位不断明确，最终中部地区被表述为全国重要先进制造业中心、全国新型城镇化重点区、全国现代农业发展核心区、全国生态文明建设区和全方位开放重要支撑区。

其实，对经济发展区域的划分远早于相应发展战略的提出。在"七五"计划时期，中国就根据我国各地区的自然条件、经济资源、经济发展水平、交通运输条件、经济效益等方面的差异，正式制定了三大经济带（东部、中部、西部）的经济发展区域划分；"十一五"期间又进一步将其规划补充为四大经济带（东部、中部、西部及东北）。这种按地理区位进行的划分必然有其不足。中国经济发展水平差异最大的地方在中部经济带和东部经济带之间，而非中部经济带和西部经济带之间，重庆、四川、陕西等省份与中部的湖南、湖北等省份之间的"同质性"在多个经济指标上大于区域之间的"异质性"；其次，西部经济带欠发达区域内部差异也很大（刘艳，2017）。就此，许多学者按不同的标准和方法构建了各自的分类体系（孙红玲、刘长庚，2005；马庆林，2009；张晓宇、曾德超，2013；刘艳，2017）。

由于有关研究尚未达成统一的标准和共识，本报告依旧按照传统的东中西部经济带划分进行回归，探讨不同地区间 GPI 影响因素的差异。之所以未把东北三省单独作为一个区域，是因为其内部存在较为明显的差异，且样本数量偏少，结果的准确性和可靠性存疑。经济区域划分的具体情况见表6-4。

表6-4 中国三大经济发展区域划分

区域	省份
东部经济带	上海、江苏、浙江、福建、山东、广东、北京、天津、海南、河北、辽宁
中部经济带	江西、吉林、湖北、湖南、河南、山西、黑龙江、安徽
西部经济带	陕西、甘肃、重庆、四川、贵州、云南、广西、青海、宁夏、内蒙古

2. 三大经济发展区域回归

在此基础上，本报告对东、中、西三大经济发展区域按人均 GPI 的对数［模型（1）、模型（2）、模型（3）］和 GPI/GDP 的对数［模型（4）、模型（5）、模型（6）］分别进行回归，结果如表6-5所示。

表6-5 三大经济发展区域回归结果

变量	(1) 西部 $\ln GPIpc$	(2) 中部 $\ln GPIpc$	(3) 东部 $\ln GPIpc$	(4) 西部 $\ln(GPI/GDP)$	(5) 中部 $\ln(GPI/GDP)$	(6) 东部 $\ln(GPI/GDP)$
每万人国内专利申请授权数的对数（$\ln PG$）	0.091*** (3.57)	-0.014 (-0.39)	0.088 (2.46)	-0.057** (-2.01)	-0.065* (-1.67)	-0.064* (-1.88)
第二产业占比（PS）	-0.399 (-1.82)	-1.155*** (-5.70)	-0.867*** (-2.80)	-1.901*** (-7.81)	-2.246*** (-10.42)	-1.776*** (-5.97)
人均实物资本的对数（$\ln PCpc$）	0.425*** (4.46)	1.427*** (12.52)	0.294** (2.37)	-0.086 (-0.81)	1.084*** (8.93)	-0.029 (-0.24)
人力资本（HC）	0.053 (0.14)	0.784* (1.7)	-0.081 (-0.18)	-0.534 (-1.32)	0.423 (0.86)	0.02 (0.05)
城镇化率（UR）	0.297*** (3.28)	-0.151 (-0.96)	-0.064 (-0.37)	0.111 (-1.10)	0.051 (0.31)	-0.003 (-0.02)
开放水平（Ope）	1.546*** (5.11)	2.268*** (3.8)	0.206 (1.9)	1.596*** (4.74)	2.027*** (3.19)	0.440*** (4.22)

变量	（1）西部 ln*GPIpc*	（2）中部 ln*GPIpc*	（3）东部 ln*GPIpc*	（4）西部 ln（*GPI/GDP*）	（5）中部 ln（*GPI/GDP*）	（6）东部 ln（*GPI/GDP*）
Constant	7.128 *** (15.83)	2.823 *** (5.79)	7.602 *** (12.52)	0.659 (1.32)	-3.755 *** (-7.24)	-0.137 (-0.23)
Observations	400	320	440	400	320	440
R-squared	0.956	0.96	0.94	0.884	0.782	0.664

就第二产业占比来说，该变量对三个区域的人均 GPI 和 GPI/GDP 基本都表现出了显著的负面作用。这一结果再次印证了发展第二产业虽然能够提高人均产出，但对居民福利的提升却并无益处，且该结论并不因地区不同而发生变化。与第二产业占比相反的变量是开放水平，其能够显著提升所有地区的人均 GPI 和 GPI/GDP，这说明对外开放带来的贸易、资金和技术流动对三个区域的发展和福利提升都有积极意义。

就各经济发民区域来看，人力资本对解释变量的作用并不显著。尽管经过多 40 多年的发展我国的人力资本已经获得极大积累，但就回归结果而言，这一积累对福利的提升作用似乎微乎其微。类似地，城镇化建设仅有助于提高西部经济带的人均 GPI。这可能是因为西部经济带多山区、多贫困地区，城镇化率低且城乡差距比中、西部经济带更大，因此城镇建设能够带来较为明显的生活改善。

此外，对西部经济带而言，每万人国内专利申请授权数和人均实物资本对人均 GPI 有显著促进作用，但无法提升 GPI/GDP。东部经济带也大致如此。而对中部经济带而言，人均实物资本能显著提高人均 GPI 和 GPI/GDP；每万人国内专利申请授权数对人均 GPI 没有影响但能削弱 GPI/GDP。

6.3.3 三大发展阶段回归

在第 5 章中，本报告发现 GPI 与 GDP 的比值呈现出"S"形变化趋势：1979~1984 年，GPI 与 GDP 的比值短暂上升至 0.80；1984~2010 年，两者比值呈现出下降趋势，直到 2010 年的最低点 0.36；2010~2018 年，曲线则开始缓慢回升。这三个阶段分别有各自的时代背景和发展特征，因此在本节中，我们分别对这三个时间段进行回归以发掘其不同，尤其是不同阶段GPI 变化的驱动因素。模型（1）、模型（2）、模型（3）为对人均 GPI 的对数的回归，模型（4）、模型（5）、模型（6）为对 GPI/GDP 的对数的回归，具体结果见表6-6。

表 6-6　三大发展阶段回归结果

变量	（1）	（2）	（3）	（4）	（5）	（6）
	1979~1984 年 $\ln GPIpc$	1984~2010 年 $\ln GPIpc$	2010~2018 年 $\ln GPIpc$	1979~1984 年 $\ln (GPI/GDP)$	1984~2010 年 $\ln (GPI/GDP)$	2010~2018 年 $\ln (GPI/GDP)$
每万人国内专利申请授权数的对数（$\ln PG$）	-0.033 (-0.19)	0.063** (2.42)	0.01 (0.54)	0.05 (0.29)	-0.036 (-1.39)	0.045** (1.99)
第二产业占比（PS）	-0.904* (-1.91)	-0.660*** (-3.52)	0.370** (2.27)	-0.678 (-1.43)	-1.356*** (-7.20)	-1.280*** (-6.63)
人均实物资本的对数（$\ln PCpc$）	0.292 (1.34)	0.282*** (3.16)	0.303*** (3.26)	0.215 (-0.99)	-0.188** (-2.10)	0.309*** (2.8)
人力资本（HC）	1.23 (0.5)	0.278 (0.74)	0.178 (1.1)	3.913 (-1.57)	-0.259 (-0.68)	0.380* (1.97)
城镇化率（UR）	-1.002*** (-2.79)	0.098 (1.11)	1.374*** (3.48)	-0.880** (-2.44)	0.089 (1.00)	-0.74 (-1.58)
开放水平（Ope）	-0.39 (-0.18)	0.457*** 4.81	-0.195* (-1.87)	-0.056 (-0.03)	0.461*** (4.84)	0.215* (1.75)
Constant	6.800*** (3.98)	7.082*** (13.21)	6.342*** (10.28)	-0.547 (-0.32)	1.193** (2.22)	-2.620*** (-3.58)
Observations	180	780	240	180	780	240
R-squared	0.8	0.833	0.952	0.452	0.665	0.68
Number of regions	30	30	30	30	30	30
Country FE	YES	YES	YES	YES	YES	YES
Year FE	YES	YES	YES	YES	YES	YES

1979~1984 年是中国改革开放后经济发展的早期阶段。这一阶段年数较少且国民经济刚刚起步，变量的影响还未完全显现，除了第二产业占比和城镇化率之外都不具备显著性。第二产业占比对人均 GPI 的影响同之前的

回归一样，而城镇化率却对人均 GPI 存在削弱作用，这可能与当时特殊的政策环境有关——中国的经济改革以家庭联产承包责任制为标志率先从农村展开，农村生产力因而得到迅速释放，生活水平的改善也更明显。就 GPI/GDP 而言，城镇化率同样起到负面作用，但模型的总体 R^2 不高，解释能力并不强。

1984~2010 年中国开始了快速工业化的进程。在这 26 年中，人均 GPI 与人均 GDP 都以极高的速度成长（前者从 3224.14 元增长至 14370.39 元，后者从 4247.82 增长至 37782.18 元；2018 年价格），但两者的比值 GPI/GDP 却呈现下降趋势。这说明经济活动带来的环境、社会成本逐渐显现并愈加严重，即经济增长的边际成本越来越高，从而拉低了 GPI/GDP。从具体变量来看，第二产业占比提高是 GPI/GDP 曲线向下倾斜的主要因素，并且同时会降低人均 GPI。这表明尽管 1984~2010 年的工业化进程对经济增长有重要意义，但对提升居民福利水平没有帮助。此外，人均实物资本虽然能够提升人均 GPI，但对人均 GDP 的作用更大，因此对 GPI/GDP 也表现出负面作用。开放水平尽管能够显著提升 GPI/GDP，但并不能抵消其他两个变量的影响。

2010 年以来，GPI/GDP 进入了一个缓慢爬升的阶段，从 0.36 提高到了 0.42。这对应了我国经济发展的新常态，即从粗放型、外延型向集约型、内涵型转变，并更加注重经济增长效益、居民福利水平以及经济增长的可持续性。由模型（6）可见，GPI/GDP 的驱动因素发生了很大的变化。代表科技创新水平的每万人国内专利申请授权数开始对 GPI/GDP 表现出显著的提升作用，这说明科技创新对社会福利的溢出效应已经开始显现。第二产业占比对 GPI/GDP 的作用系数仍然为负，但其绝对值相对于前一发展阶段已经有所下降，且开始对人均 GPI 表现出显著的提升作用，说明随着产业升级、环保技术的更新，工业制造业导致的环境、社会问题已经得到一定程度的控制。同时，人均实物资本对 GPI/GDP 也表现出正面作用，这可能是因为近些年的基础设施建设不仅在原材料利用、环保等方面有所改进，对居民福利水平的作用也越来越直接，比如高铁建设能极大方便居民出行、提供较高的服务价值。此外，人力资本对 GPI/GDP 的提升也有积极作用。这些表现出积极作用的因素最终扭转了 GPI/GDP 的下降趋势，使其转而开始缓慢上升。

6.4　小结

在本章中，我们参考了众多研究经济增长和经济增长质量的文献，并从中选择出 6 个影响因素，即科技创新水平、产业结构、实物资本、人力资本、城镇化率和开放水平，以探究它们对人均 GPI 和 GPI/GDP 的影响。这不仅是对我国过去几十年来经济发展及居民福利改善的一次回顾，更可以为之后国民经济的新旧动能转换以及高质量、可持续发展指明方向。

从所有地区全阶段的回归可知，除了第二产业占比之外，其余变量都对人均 GPI 表现出显著的促进作用。第二产业具有高污染、高消耗的特点，其占比提高在使环境承载过大压力的同时也对居民生活造成负面影响，因而会抵消自身发展带来的福利提升，削弱人均 GPI 和 GPI/GDP。此外，每万人专利申请授权数和人均实物资本因对人均 GDP 的促进作用大于对人均 GPI 的促进作用而会削弱 GPI/GDP；城镇化率和开放水平则有助于提升 GPI/GDP。

从不同经济发展区域的回归来看，第二产业占比对三个区域的人均 GPI 和 GPI/GDP 基本都表现出了显著的负面作用，这说明第二产业占比提高对提升居民福利并无益处，这一结论并不因地区不同而发生变化。开放水平其能够显著提升所有地区的人均 GPI 和 GPI/GDP，说明对外开放带来的贸易、资金和技术流动对各区域的发展都有积极意义。其余变量的影响则表现出一定的区域差别。

本报告同样进行了不同发展阶段的回归分析，结果发现随着经济发展由快速工业化时期过渡为经济新常态，GPI/GDP 的驱动因素也发生了明显改变。1984~2010 年 GPI/GDP 曲线向下倾斜的主要因素是第二产业占比提高。此外，人均实物资本也表现出负面作用。2010 年以来 GPI/GDP 开始上升，原因是代表科技创新水平的每万人国内专利申请授权数，以及人均实物资本和人力资本开始对 GPI/GDP 表现出显著的提升作用，从而扭转了其下降趋势。第二产业占比对 GPI/GDP 的作用系数仍然为负，但其绝对值已经有所下降，且对人均 GPI 表现出显著的提升作用，说明随着产业升级、环保技术更新，工业制造业导致的环境、社会问题已经得到一定程度的控制。

参考文献

［1］ Ahsan, H., & Haque, M. E. （2017）. Threshold Effects of Human Capital: Schooling and Economic Growth. *Economics Letters*, 156, 48-52.

［2］ Bloom, D. E., Canning, D., & Sevilla, J. （2004）. The Effect of Health on Economic Growth: A Production Function Approach. *World Development*, 32 （1）, 1-13.

［3］ Bloom, D. E., Canning, D., & Fink, G. （2008）. Urbanization and the Wealth of Nations. *Science*, 319 （5864）, 772-775.

［4］ Feeny, S., Mitchell, H., Tran, C., & Clarke, M. （2013）. The Determinants of Economic Growth versus Genuine Progress in South Korea. *Social Indicators Research*, 113 （3）, 1055-1074.

［5］ Hai, R., & Heckman, J. J. （2017）. Inequality in Human Capital and Endogenous Credit Constraints. *Review of Economic Dynamics*, 25, 4-36.

［6］ Lucas R. E. （1988）. On the Mechanism of Economic Development. *Journal of Monetary Economics*, 22 （1）, 3-42.

［7］ Mankiw, N. G., Romer, D., & Weil, D. N. （1992）. A Contribution to the Empirics of Economic Growth. *The Quarterly Journal of Economics*, 107 （2）, 407-437.

［8］ Mestieri, M., Schauer, J., & Townsend, R. M. （2017）. Human Capital Acquisition and Occupational Choice: Implications for Economic Development. *Review of Economic Dynamics*, 25, 151-186.

［9］ OECD. （2009）. *Measuring Capital OECD Manual* （2nd ed）. OECD Publication.

［10］ Romer, P. M. （1986）. Increasing Returns and Long-run Growth. *Journal of Political Economy*, 94 （5）, 1002-1037.

［11］ Romer, P. M. （1990）. Endogenous Technological Change. *Journal of Political Economy*, 98 （5, Part 2）, S71-S102.

［12］ Solow, R. M. （1956）. A Contribution to the Theory of Economic Growth. *The Quarterly Journal of Economics*, 70 （1）, 65-94.

［13］ Teixeira, A. A., & Queirós, A. S. （2016）. Economic Growth, Human Capital and Structural Change: A Dynamic Panel Data Analysis. *Research Policy*, 45 （8）, 1636-1648.

［14］ 白俊红，王林东.（2016）.创新驱动是否促进了经济增长质量的提升？科学学研究，34 （11），1725-1735.

［15］ 曹光四，张启良.（2015）.我国城乡居民收入差距变化的新视角.调研世界，（05），9-12.

［16］ 崔俊富，沈传河，陈金伟.（2020）.中国经济增长影响因素研究.统计与决策，36 （10），100-104.

[17] 丁学东．（2009）．关于扩大内需的几点思考．管理世界，（12），1-6.

[18] 范毅．（2020）．我国城镇化发展趋势和新特征．求知，（06），22-24.

[19] 干春晖，郑若谷，余典范．（2011）．中国产业结构变迁对经济增长和波动的影响．经济研究，46（05），4-16+31.

[20] 谷慎，汪淑娟．（2018）．中国科技金融投入的经济增长质量效应——基于时空异质性视角的研究．财经科学，（08），30-43.

[21] 黄凌云，张宽．（2020）．贸易开放提升了中国城市创新能力吗？——来自产业结构转型升级的解释．研究与发展管理，32（01），64-75.

[22] 黄婷．（2014）．论城镇化是否一定能够促进经济增长——基于19国面板VAR模型的实证分析．上海经济研究，（02），32-40+50.

[23] 黄永明，何凌云．（2013）．城市化、环境污染与居民主观幸福感——来自中国的经验证据．中国软科学，（12），82-93.

[24] 李光龙，范贤贤．（2019）．贸易开放、外商直接投资与绿色全要素生产率．南京审计大学学报，16（04），103-111.

[25] 李健，卫平，张玲玉．（2017）．外商直接投资规模、进入速度与区域创新能力——基于中国省际动态面板模型的实证分析．经济问题探索，（02），53-61.

[26] 李燕，李应博．（2014）．我国区域经济发展质量的测度和演化——基于真实进步指标的研究．科技与经济，27（05），6-9+64.

[27] 李子叶，韩先锋，冯根福．（2016）．中国城市化进程扩大了城乡收入差距吗——基于中国省级面板数据的经验分析．经济学家，（02），69-74.

[28] 刘家旗，茹少峰．（2019）．西部地区经济增长影响因素分析及其高质量发展的路径选择．经济问题探索，（09），82-90.

[29] 刘伟．（1995）．工业化进程中的产业结构研究．中国人民大学出版社．

[30] 刘伟，李绍荣．（2002）．产业结构与经济增长．中国工业经济，（05），14-21.

[31] 刘文革，邱茂华．（2019）．对外开放与中国经济增长：理论与证据．政治经济学报，（02），66-85.

[32] 刘艳．（2017）．财政视角下中国经济区域划分研究——基于模糊聚类算法．中国物价，（12），31-35.

[33] 刘智勇，李海峥，胡永远，李陈华．（2018）．人力资本结构高级化与经济增长——兼论东中西部地区差距的形成和缩小．经济研究，53（03），50-63.

[34] 马丽．（2016）．基于LMDI的中国工业污染排放变化影响因素分析．地理研究，35（10），1857-1868.

[35] 马庆林．（2009）．中国经济区域划分与区域经济协调发展问题研究．南方金融，（07），27-31.

[36] 齐红倩，席旭文，高群嫒．（2015）．中国城镇化发展水平测度及其经济增长效应的时变特征．经济学家，（11），26-34.

[37] 阮杨，陆铭，陈钊．（2002）．经济转型中的就业重构与收入分配．管理世界，

（11），50-56.

　　［38］隋建利，刘碧莹，刘金全．（2018）．中国工业经济增长与工业污染的内在关联机制测度．资源科学，40（04），862-873.

　　［39］孙红玲，刘长庚．（2005）．论中国经济区的横向划分．中国工业经济，（10），29-36.

　　［40］沈坤荣，蒋锐．（2007）．中国城市化对经济增长影响机制的实证研究．统计研究，（06），9-15.

　　［41］田素华，李筱妍，王璇．（2019）．双向直接投资与中国经济高质量发展．上海经济研究，（08），25-36.

　　［42］王国刚．（2010）．城镇化：中国经济发展方式转变的重心所在．经济研究，45（12），"70-81" +148.

　　［43］王静．（2015）．物质资本、人力资本与区域经济增长的实证研究——基于1997 年-2012 年省际面板数据估计．现代管理科学，（02），76-78.

　　［44］王小鲁．（2002）．城市化与经济增长．经济社会体制比较，（01），23-32.

　　［45］王艳，苏怡，刚翠翠．（2020）．中国工业增长质量测度及影响因素分析．生产力研究，（07），77-81.

　　［46］吴沛，李克俊．（2007）．中国经济增长影响因素的实证分析．统计与决策，（10），75-76.

　　［47］熊彼特．（2008）．经济发展理论．北京出版社．

　　［48］许妮娅，解刚刚．（2018）．物质资本与人力资本对经济增长影响的实证分析．统计与决策，34（09），117-120.

　　［49］严成樑．（2016）．产业结构变迁、经济增长与区域发展差距．社会科学文摘，（11），53-54.

　　［50］严成樑．（2020）．现代经济增长理论的发展脉络与未来展望——兼从中国经济增长看现代经济增长理论的缺陷．经济研究，55（07），191-208.

　　［51］严成樑，龚六堂．（2013）．R&D 规模、R&D 结构与经济增长．南开经济研究，（02），3-19.

　　［52］严成樑，朱明亮．（2016）．我国 R&D 投入对经济增长的影响及其传导机制分析．产业经济评论，（01），20-29.

　　［53］杨建芳，龚六堂，张庆华．（2006）．人力资本形成及其对经济增长的影响——一个包含教育和健康投入的内生增长模型及其检验．管理世界，（05），"10-18" +34+171.

　　［54］喻开志，黄楚蘅，喻继银．（2014）．城镇化对中国经济增长的影响效应分析．财经科学，（07），52-60.

　　［55］张帆．（2000）．中国的物质资本和人力资本估算．经济研究，（08），65-71.

　　［56］张建清，蒋坦．（2014）．贸易开放与经济增长的非线性关系：理论及中国的实证研究．世界经济研究，（05），"27-33" +52+ "87-88".

　　［57］张来武．（2011）．科技创新驱动经济发展方式转变．中国软科学，（12），

1-5.

[58] 张先锋, 丁亚娟, 王红. (2010). 中国区域全要素生产率的影响因素分析——基于地理溢出效应的视角. 经济地理, 30 (12), 1955-1960.

[59] 张晓宇, 曾德超. (2013). 增长极理论视角下的中国区域经济划分研究. 经济研究参考, (61), 75-86.

[60] 张勇. (2020). 人力资本贡献与中国经济增长的可持续性. 世界经济, 43 (04), 75-99.

[61] 赵文军, 葛纯宝. (2019). 我国经济增长方式变化特征及其成因——基于 248 个地级以上城市的实证分析. 财贸研究, 30 (11), 14-25.

[62] 郑君君, 刘璨, 李诚志. (2015). 环境污染对中国居民幸福感的影响——基于 CGSS 的实证分析. 武汉大学学报 (哲学社会科学版), 68 (04), 66-73.

[63] 周云波. (2009). 城市化、城乡差距以及全国居民总体收入差距的变动——收入差距倒 U 形假说的实证检验. 经济学 (季刊), 8 (04), 1239-1256.

[64] 朱孔来, 李静静, 乐菲菲. (2011). 中国城镇化进程与经济增长关系的实证研究. 统计研究, 28 (09), 80-87.

[65] 朱迎春. (2017). 从主要指标看中国科技创新发展态势——基于历年统计数据的分析. 世界科技研究与发展, 39 (05), 419-424.

第 7 章 结论与政策建议

对经济活动进行核算并不是一件容易的事。GDP 作为常用指标，衡量的是一个国家或地区在一定时期内生产的最终产品和服务的总价值。其定义简单、易于核算，因而广为流行，在经济观察、政策制定和学术报告中皆不乏其身影。但毫无疑问，一个国家或地区的社会福利绝不能同其 GDP 等同起来。一方面，GDP 并没有区分增长的性质，同时也忽略了非市场交易活动；另一方面，影响福利水平的并不仅是经济因素，环境、社会因素也都会起到不同程度的作用。若要充分体现出发展的可持续性和社会福利水平，就必须对既有框架进行调整或修改。而 GPI 就是在对社会问题的反思和对经济福利的认知觉醒中诞生的一个新指标，其涵盖了经济、社会和环境三个方面，通过全面核算对社会福利的贡献和损失来弥补 GDP 的不足。GPI 对当前处于发展转型时期的中国而言尤为重要。如何在经济发展的同时，实现经济、社会、环境协调发展，保证人们享受到持续的福利提升，是当前亟待解决的时代课题。

本报告以 GPI 2.0 指标体系作为整体框架，对 1978 年改革开放以来中国的经济增长重新进行了核算。从宏观层面讲，GPI 测算可以让我们一窥这 40 多年来人民消费福利的变化（第 2 章）、积累的要素资本服务价值（第 3 章）以及伴随而生的环境与社会成本（第 4 章）。对于国家或地区而言，反思其成长过程中的得失可为之后的经济发展提供方向。从微观层面讲，GPI 可以体现人民在经济发展过程中切实感受到的获得感与幸福感。经济和社会发展必须以人为本，人民福利的提升才是国家发展的目的。

在第 5 章中，本报告分析了不同发展阶段 GPI 的特征以及地区和国际之间的对比。1979~2018 年，我国 GPI 与 GDP 的比值呈现"S"形变化趋势，其中暗含了中国经济发展的主要进程：改革初期的经济震荡，快速的工业化阶段和工业化后期中国经济的艰难转型。从地区比较来看，可以概括出以下四种发展模式：代表发达地区的"江苏模式"；代表正处于发展进程中、经济发展质量正在逐渐改善的"河南模式"；代表经济发展质量较为落后的"安徽模式"；以环境资源为导向的"青海模式"。另外，我国部分地区表现出了比较明显的"阈值效应"。

最后，本报告阐述了影响人均 GPI 以及人均 GPI 与人均 GDP 比值的若干个因素，并使用固定效应模型分别对整体、东中西部发展区域和不同发展阶段进行了回归。整体而言，科技创新、实物资本和人力资本的积累、城镇化推进、对外开放对提升人均 GPI 有显著促进作用，而第二产业占比则因其高污染、高消耗的特点起到相反作用；对各发展区域、各发展阶段而言，产生积极影响的因素并不相同，这与当时当地的特点有关。借由此部分的回归分析，本报告希望能为过去 40 年来中国 GPI 的增长提供些许见解，并为未来的发展指明方向。

基于以上分析结果，本报告提出如下结论和建议。

1. 提高科技创新水平

科技创新对于我国提高经济增长质量、转变经济发展方式具有重要意义，也是一国综合实力的重要组成部分。同时，坚持"创新发展战略"，寻求新的经济增长点是实现可持续发展的关键。每一次科技革命都会推动人类生产、生活的伟大进步，因此我们需要加大基础科学研究并推动科学技术应用，走在科学领域前沿，为下一次科技革命的到来做好准备。

2. 加快工业制造业转型升级

第二产业占比提高会显著抑制人均 GPI 和人均 GPI 与人均 GDP 比值。工业制造业高污染、高消耗的内生缺陷对居民的福利产生了明显的负面作用。但不应该盲目反对或抑制制造业的发展。制造业是一国经济的基础，能够解决大量的就业，是居民物质财富的创造者。一方面，应该促进产业转型升级，发展高附加值、低污染的高端产业，增强制造业实力；另一方面，应该加强环境管制，扩大环境保护设施投资，将污染控制在源头，不能再走"先污染后治理"的老路。

3. 提高固定资产投资效率

固定资产按其投资主体不同可以分为两类——公共固定资产投资，如道路、桥梁、水电设施等，以及私人固定资产投资，如厂房、机器设备等。这些固定资产是经济活动得以开展的基础，对经济发展有着强劲的推动作用，同时也会对居民生活产生直接的福利提升。过去几十年来中国大规模的基础设施建设为经济发展奠定了良好的基础，但同时也产生了大量问题，如造成地方政府高负债、投资效率低、高污染、高消耗等。因此，在后续基础设施建设中不能再走以前粗放式发展的老路，而应筛选投资项目，提高投资效率。同时，在"新基建"背景下，如何解决好资金来源问题、促进私有资本参与也是一个难题。

4. 推动新型城镇化建设

提高城镇化率对提升居民福利有着积极作用。农村居民可以充分享受城市内部优质的医疗、教育、文化服务，获得比在农村更高的生活水平。但目前的户籍政策仍把许多进入城市谋求生活的务工人员拒之门外。因此在提高城镇化率时，必须考虑到这些城市边缘人群的利益，而不仅仅是简单地促进人口流动。同时，应积极推进新型城镇化建设。新型城镇化以城乡统筹、城乡一体、产城互动、节约集约、生态宜居、和谐发展为基本特征，谋求有产业基础、生活成本低、服务配套并实现与自然环境协调相处的县域经济。

5. 扩大对外开放

过去几十年来中国的对外开放以"引进来"为主。吸引国外的资金、技术、管理经验对于完善内部法治体系、优化营商环境起了重大推动作用。中国逐渐实现了从引进模仿到开放创新、从外向驱动到内外并举、从低端代工到高端制造的跨越。但要构建更高层次的开放型经济体系，还必须坚持全方位的对外开放，不断提高"引进来"的吸引力和"走出去"的竞争力。例如，在货物贸易已达到较高水平的情况下，可以凭借高水平开放推进服务贸易高质量发展。目前，服务贸易已经成为全球自由贸易的重点和焦点，在国内存在巨大的发展潜力。另外，要以高水平开放促进深层次市场化改革，打破市场垄断和行政垄断，形成公平竞争的市场环境。

图书在版编目（CIP）数据

中国真实进步指标测算报告：1979-2018 / 关成华
等著. -- 北京：社会科学文献出版社，2022.1
　ISBN 978-7-5201-8665-0

　Ⅰ.①中…　Ⅱ.①关…　Ⅲ.①中国经济-经济发展-
经济指标-测算-研究报告-1979-2018　Ⅳ.①F124

　中国版本图书馆 CIP 数据核字（2021）第 136413 号

中国真实进步指标测算报告（1979~2018）

著　　者 / 关成华　涂　勤　张　婕　等

出 版 人 / 王利民
责任编辑 / 赵慧英　关晶焱　崔晓璇
责任印制 / 王京美

出　　版 / 社会科学文献出版社
　　　　　地址：北京市北三环中路甲 29 号院华龙大厦　邮编：100029
　　　　　网址：www.ssap.com.cn
发　　行 / 市场营销中心（010）59367081　59367083
印　　装 / 三河市龙林印务有限公司

规　　格 / 开　本：787mm × 1092mm　1/16
　　　　　印　张：21.5　字　数：353 千字
版　　次 / 2022 年 1 月第 1 版　2022 年 1 月第 1 次印刷
书　　号 / ISBN 978-7-5201-8665-0
定　　价 / 98.00 元

本书如有印装质量问题，请与读者服务中心（010-59367028）联系